아이가 자라며 심령이 강하여지며
이스라엘에게 나타나는 날까지 빈 들에 있으니라
누가복음 1장 80절

✦

τὸ δὲ παιδίον ηὔξανεν καὶ ἐκραταιοῦτο πνεύματι,
καὶ ἦν ἐν ταῖς ἐρήμοις ἕως ἡμέρας ἀναδείξεως αὐτοῦ πρὸς τὸν Ἰσραήλ.
KATA ΛΟΥΚΑΝ 1.80.

자네, 정말 그 길을 가려나

A Guide for Seminary Students on
How to Prepare for Pastoral Ministry

김남준

김남준 현 안양대학교의 전신인 대한신학교 신학과를 야학으로 마치고, 총신대학교에서 목회학 석사와 신학 석사 학위를 받았으며, 신학 박사 과정에서 공부했다. 안양대학교와 현 백석대학교에서 전임 강사와 조교수를 지냈다. 1993년 **열린교회**(www.yullin.org)를 개척하여 담임하고 있으며, 현재 총신대학교 신학과 조교수로도 재직하고 있다. 저자는 영국 퓨리턴들의 설교와 목회 사역에 감화를 받아 그 모본을 따르고자 노력해 왔으며, 아우구스티누스를 비롯한 보편교회의 신학과 칼빈, 오웬, 조나단 에드워즈, 17세기 개신교 정통주의 신학과 함께 현대 사회와 사상을 해석하면서 조국교회에 신학적 깊이가 있는 개혁교회 목회가 뿌리내리기를 갈망하며 말씀을 전하고 있다.

주요 저서로는 1997년도 기독교 출판문화상을 수상한 『예배의 감격에 빠져라』와 2003년도 기독교 출판문화상을 수상한 『거룩한 삶의 실천을 위한 마음지킴』, 2005년도 기독교 출판문화상을 수상한 『죄와 은혜의 지배』, 2015년도 기독교 출판문화상을 수상한 『가슴 시리도록 그립다, 가족』을 비롯하여 『그리스도인이 빛으로 산다는 것』, 『깊이 읽는 주기도문』, 『인간과 잘 사는 것』, 『영원 안에서 나를 찾다』, 『교회와 그리스도의 남은 고난』, 『신학공부, 나는 이렇게 해왔다 제1권』, 『그리스도인은 누구인가』, 『그리스도는 누구이신가』, 『거기 계시며 응답하시는 하나님』, 『염려에 관하여』, 『김남준 목사의 절기 설교』 등 다수가 있다.

자네, 정말 그 길을 가려나

ⓒ 생명의말씀사 2008, 2021

2008년 4월 30일 1판 1쇄 발행
2019년 10월 31일 16쇄 발행
2021년 2월 22일 2판 1쇄 발행
2022년 4월 25일 4쇄 발행

펴낸이 | 김창영
펴낸곳 | 생명의말씀사

등록 | 1962. 1. 10. No.300-1962-1
주소 | 서울시 종로구 경희궁1길 6 (03176)
전화 | 02)738-6555(본사) · 02)3159-7979(영업)
팩스 | 02)739-3824(본사) · 080-022-8585(영업)

지은이 | 김남준

기획편집 | 태현주, 김정주
디자인 | 조현진, 윤보람
인쇄 | 영진문원
제본 | 다인바인텍

ISBN 978-89-04-07145-6 (03230)

저작권자의 허락없이 이 책의 일부 또는 전체를
무단 복제, 전재, 발췌하면 저작권법에 의해 처벌을 받습니다.

자네, 정말 그 길을 가려나

A Guide for Seminary Students on
How to Prepare for Pastoral Ministry

재출간에 부쳐

이 책이 세상에 나온 지 24년이 되었습니다. 저는 이 책이 이렇게 오래도록 읽힐 줄 그때는 몰랐습니다. 잠시 품절되었던 이 책을 2008년에 재출간했을 때는 오탈자만 약간 고쳤을 뿐이었습니다. 그런데 이번에는 문장 전체를 손보았습니다.

화려한 문체를 담백하게 다듬었습니다. 시대 흐름에 맞게 문장 길이는 줄이고 반복되는 듯한 표현은 삭제했습니다. 그리고 부족한 부분에는 몇 줄을 추가하였습니다. 24년이라는 세월의 차이 때문에 느껴지는 약간 비현실적인 예화들도 일부 빼거나 수정하였습니다.

그러나 책의 내용 중 철회해야 할 만큼 잘못되거나 제 생각이 변한 것을 발견하지는 못했습니다.

이 책은 두 출판사를 거치면서 7만 부 정도 인쇄되어 독자들의 꾸준한 사랑을 받았습니다. 2016년에 출간된 『신학공부, 나는 이렇게 해왔다 1』

⟨생명의말씀사⟩은 이 책의 지적인 확장판입니다.

　이제껏 그러했듯이 앞으로도 하나님께서 이 책을 사용하시기를 기도합니다. 어떻게 신학교를 다니면서 목회자로 준비되어야 할지 혼돈을 겪는 사람들에게 안내판이 되길 바라는 마음입니다.

2021년 2월
그리스도의 노예 **김남준**

책을 열며

지난해 여름, 기도원에서 누가복음 1장을 읽고 있었습니다. 짧은 한 구절에 시선이 멎었고 하나님께서는 제게 말씀하기 시작하셨습니다. 때로는 우레와 같은 음성으로, 때로는 흐느끼시는 애절한 호소로…….

3박 4일 동안 그 한 구절의 숲에서 하나님과 마음을 나누었습니다. 이 책은 그 진리에 대한 경험의 결과입니다.

"아이가 자라며 심령이 강하여지며 이스라엘에게 나타나는 날까지 빈 들에 있으니라"(눅 1:80).

걸어갈 수 있는 길이 수없이 많음에도 불구하고 오직 한 길을 가야 할 숙명과 같은 필연을 느끼는 사람들이 있습니다. 바로 목회의 길을 가려는 사람들입니다. 그리고 그들은 반드시 신학 수업의 과정을 밟게 됩니다.

신학만큼 독특한 학문이 없습니다. 신학은 학문의 출발 자체가 신앙으로 시작됩니다. 학문을 탐구하는 과정도 신앙의 대상이신 하나님을 영화롭게 하기 위함입니다. 그리고 학문의 마지막 열매는 하나님 나라의 확장으로 나타나야 합니다. 자기 성숙과 복음 전도는 그 열매입니다. 확실히 신학은 학문의 분야이지만 단순한 학문이기를 거부합니다.

지난 10여 년의 기간, 두 신학교에서 신학도들을 섬겼습니다. 또 여러 신학교에서 설교와 강연을 통해 많은 신학생들을 만났습니다. 그중 많은 이들이 목회자로 부름받았음에도 불구하고 방황하는 것을 보았습니다. 때로는 방황 속에서 신앙적으로 파국을 맞는 광경도 지켜보아야 했습니다.

그때마다 언젠가 조국교회의 신학생들에게 진정한 신학 함이 무엇인지를 가르쳐 주고 싶었습니다. 신학이 신앙과 어떻게 소화를 이뤄야 하는지 말해 주고 싶었습니다. 또한 교회는 신학 교육을 통하여 그들에게 무엇을 기대하여야 하는지에 대해 조언하고 싶었습니다. 그러한 저의 바람은 신학생들과 목사 후보생들을 대상으로 행한 강연이나 설교, 대담들을 통해 피력되었습니다.

이 책은 이러한 문제와 관련된 많은 주제들을 다루고 있습니다. 목회자로서의 부르심이 무엇인가? 그 소명이 역사에 어떤 의미를 갖는가? 육체적으로, 지성적으로, 그리고 인격적으로, 정서적으로, 영적으로 어떻게 준비되어야 하는가? 총 일곱 장에 걸쳐 소상하게 다루어 보고자 하였습니다.

이 책에서 예화로 든 사건들은 대부분 직접 목격하거나 경험한 것들입니다. 전해 들은 이야기나 기억이 분명치 않은 사건들은 사실을 확인하고자 노력하였습니다. 그러나 어떤 부정적인 예화에 등장하는 인물은 자신과 주위 사람들이 명백히 알 수 없도록 모자이크 처리하였습니다. 진리를 밝히는 과정에서 사용한 예라고 할지라도 그분들의 명예를 보존해 주고 싶기 때문입니다.

  이 책은 신학생들은 물론, 신학 공부에 뜻을 둔 지망생들과 목회자들을 염두에 두고 쓴 글입니다. 이 글을 정독한다면 신학 수업을 받고 목회자가 되기까지의 과정에서 시간적인 낭비를 줄일 수 있을 것입니다. 바다를 항해하는 것 같은 목회의 길. 이 책을 통해 잘못된 신학 함 앞에 있는 암초를 미리 발견하길 바랍니다. 비둘기처럼 순결할 뿐 아니라, 뱀같이 지혜로운 자들로 준비되어 거룩한 복음 사역에 유익한 종들이 되소서.

1997년 2월
그리스도의 노예 **김남준**

차례

재출간에 부쳐　　04
책을 열며　　06

서론 천사들의 중계방송　　15
천국에서 들린 방송 | 신학의 문을 두드리던 때 | 어느 신학도의 불행한 귀향 | 신학의 독특성

제1장 그 한 사람　　23
파도 위의 물거품처럼 | 내 마음 사로잡은 한 사람 | 역사와 사람 | 한 사람 | '한 사람'들 | 상품과 작품 | 소명, 그 역사적 사건 | 깨어 있는 소수로 | 신학교에 들어오지만 | 하나님의 음성 | 휴학하는 신학생 | 목회의 소명 | 맺는말

제2장 육체적 준비: 건강과 순결   39

구원 역사의 서곡 | 육체의 성숙과 소명 | 야성미 넘친 강인함 | 양초의 소명 | 안식년? | 나를 울린 주님의 일과 | 건강으로 준비하라 | 불꽃처럼 산 사람들 | 살을 깎아 섬긴 사람들 | 무엇을 위하여 | 해변에서 생긴 일 | 한 번 무너지고 나면 | 신학교에서도 | 결혼은 했지만 | 실패, 그 가혹한 고통 | 갈등 가운데 오는 범죄 | 길선주 목사님 | 더러운 교회 | 악하고 음란한 세대 | 세상을 본받지 말라 | 회복이 가능한가? | 맺는말

제3장 지성적 준비: 성경과 학문   65

두 가지 극단 | 지식의 중요성 | 거인 같은 사람들 | 반지식주의의 역사 | 성경 지식 | '한 책'을 사랑하라 | 신학의 기초 | 신학은 성경을 위하여 | 어떤 신학생들의 데모 | 내가 만난 스님 | 회교도의 열심 | 단순한 믿음 | 신학을 아는 지식 | 무디도 쓰셨는데 | 공부할 땐 공부하라 | 주님을 영화롭게 한 지성 | 개혁을 이룬 지성 | 학문을 통한 하나님의 음성 | 수도사들의 회심 | 영력만큼 귀한 학문 | 지금 신학교에서는 | 부지런하라 | 번지는 악 | 순교자 최원초 목사님 | 게으름과 영적 생활 | 거룩한 감화와 학문 | 짧은 사역, 긴 준비 | 어떻게 보내시렵니까? | 맺는말

제4장 인격적 준비 : 성품과 생활　　　　　　　　107

지도자의 길은 | 두 종류의 지도자 | 세상의 지도자와는 다르다 | 변화를 거부하는 세대 | 썩 좋은 빌미 | 이빨 쑤시기 | 다 잡아넣을 거야! | 수치를 영광으로 | 사모의 인격도 목사의 책임 | 롱펠로의 노래 | 누가 목사를 가르칠까? | 겸손할 이유 있는 시절 | 고난을 통해 빚어짐 | 혈기 변하여 예수 향기로 | 고난의 신학교에서 | 섬기며 다듬어지며 | 성자와 같은 목회자도 | 인격과 증거 | 말씀, 변화의 능력 | 구원하신 듯 | 김장철 배추 절이기 | 큰 바위 얼굴 | 헤롯도 인정한 인격 | 우리는 어느 때나 | 광야에서 형성된 인격 | 변화산에서의 경험 | 모세의 인격적 변화 | 급조되지 않는 인격 | 웃기는 리포트 | 교수님, 의로우십니까? | 한상동 목사님 | 삶은 설교의 주석 | 부하기를 탐하지 말라 | 세상아, 나도 너를 버리노라 | 낙서하듯 마치지 말라 | 자족하는 마음 | 기적으로 살지 말게 | 잊을 수 없는 노(老)목사님 | 존 웨슬리의 모범 | 저택 옆의 헛간 | 순교자 김예진 목사님 | 히포크라테스의 선서처럼 | 맺는말

제5장 정서적 준비 : 사랑과 열정　　　　　　　　159

케인스의 경제학 | 차가운 복음주의 | 체험에 대한 오해 | 지성이냐 정서냐 | 하나님을 아는 지식 | 신앙 회복과 정서 회복 | 체험을 동반한 지식 | 세례 요한의 열정 | 병든 냉담함 | 피를 바른 설교 | 사도 파송의 동기 | 메마른 사람들 | 정서와 경외 | 하나님의 마음으로 | 뜨거운 열정의 실종 | 은혜로운 정서 | 아프리카의 사막들 | 신앙을 배우라 | 반짝인다고 모두 금일까? | 어느 신도시의 목회자 | 성경에서 말하는 거룩한 열정 | 예수님의 신적 정서 | 잃어버린 평화에 통곡함 | 헌신에 이르는 정서 | 불타는 하나님 마음 | 하나님의 열정 | 냉담함으로 얻는 것은 없다 | 신학이 불붙을 때 | 거룩한 정서에 붙잡힌 지성 | 지식은 은혜에 잠겨야 | 신학과 신학 함 | 주님의 누명을 | 소명 의식과 정서 | 말씀을 깨달으라 | 어느 날 밤에 | 목 놓아 울게 하실 때 | 전기를 읽으라 | 하나님을 추구하라 | 만져 주소서 | 삶으로 나타나는 영성 | 신학교에 입학하고 나서 | 삯꾼과 참목자의 정서 | 성경과 거룩한 정서 | 호세아를 알고 싶어요 | 불꽃같은 정서의 사람들 | 맺는말

제6장 영적 준비: 심령과 능력　　　　　　　　　　225

몸 파는 여전도회장 | 변하지 않는 사람들 | 성령을 의지하라 | 회개 요한 | 회개의 원동력 | 심령과 능력 | 능력으로 오는 나라 | 순진하면 마귀의 밥 | 하나님의 복 | 훈련과 능력의 차이 | 얄팍한 말장난 | 칼뱅을 굴복시킨 능력 | 철원의 홍수를 보며 | 주 앞에 큰 사람 | 능력을 사모했던 사람들 | 피 끓는 외침 | 가장 끔찍한 욕 | 목사는 안 변한다 | 교회가 부르는 사람들 | 마케팅과 영성 계발? | 맺는말

제7장 기다림의 미학　　　　　　　　　　251

긴 기다림 | 이스라엘에 나타남 | 먼저 교회로 보내심 | 주의 도를 만방에 | 교회와 세상 | 사랑의 정서가 마르지 않도록 | '한 사람'을 알리심 | 때를 기다리라 | 맺는말

참고 문헌　260
색인　268

이 땅에서 한 사람의 신학생이 회개하면 하늘에서는 신구약 성도가 모두 일어나 기립 박수를 친다는 우화를 시작으로, 신학 공부의 함정과 신학이라는 학문의 독특한 성격을 소개한다. 신학을 공부하면서 신앙의 열정을 잃어버리는 이유와 그러한 현상이 신학의 학문적인 특성 탓이 아님을 보여준다. 아울러 신학은 하나님의 사랑에 감동된 사람이 하나님의 영광을 위한 동기에서 시작하는 학문이어야 한다는 사실을 강조함으로써 제도적인 신학 수업에 만족하면서 약화되기 쉬운 하나님과의 관계를 점검하게 한다.

서론

천사들의 중계방송

천국에 들린 방송

어느 날 천국에 방송이 울려 퍼졌습니다. 낭랑한 천사의 목소리가 들려왔습니다. "천국에 계신 성도 여러분께 알려 드립니다. 지금 곧 모든 성도들은 한 분도 빠짐없이 지상을 내려다볼 수 있는 천국 전망대에 모여 주시기 바랍니다."

"아벨, 이게 무슨 소리죠? 왜 우리를 전망대로 모두 모이라고 하는 걸까요?" 모세가 걸어가면서 아벨에게 물었습니다.

"글쎄, 무슨 일이지? 이런 일이 가끔 있기는 하지만 오늘은 왜 모이라고 하는 걸까? 나도 모르겠는데……." 아벨은 고개를 갸우뚱거리며 대답했습니다.

"이보게 바울, 자네는 알아?" 다시 아벨이 마침 곁에 서 있던 바울에게 말을 건넸습니다.

"글쎄요……." 바울도 고개를 갸우뚱하였습니다.

그들이 많은 성도들과 함께 전망대에 도달했을 때, 천사의 방송 소리가 또다시 들려왔습니다. "성도들은 모두 저 아래를 내려다보십시오. 그리고 기립하여 박수를 쳐 주시기 바랍니다"

박수를 치면서 지상을 내려다보니 한 신학생이 회개하고 있는 장면이 클로즈업되고 있었습니다.

한 사람의 신학생이 회개하면 천국에서는 모든 성도들이 일어나 기립박수를 친다고 합니다. 이제는 이 사실이 공공연한 비밀이 되었습니다. 복음 사역을 위해 일생을 투신하기로 결심하는 것과 매일 하나님 앞에서 자신의 모습을 돌아보는 것은 같은 것이 아닙니다. 더욱이 매일 신령한 영적 삶을 이어 간다는 것은 별개의 문제입니다.

신학의 문을 두드리던 때

신학을 시작하기 전에는 어린아이처럼 말씀을 들으면서 은혜도 받았습니다. 예배 시간에 앉았던 자리가 눈물로 흠뻑 젖도록 참회의 기도를 드리기도 하였습니다. 그런데 신학의 문을 들어선 후에는 점점 머리만 커지고 가슴은 메마르게 되어 갑니다.

하나님과의 만남이 없이는 신학의 길에 들어설 수 없습니다. 목회자가 되기로 결심한 사람들은, 하나님과의 특별한 만남의 경험이 있습니다. 신학을 하겠다고 결심하기 전에, 하나님의 사랑에 감화받는 일이 먼저 일어납니다. 영혼에 대한 연민을 느끼고, 복음을 전파하지 않을 수 없는 부르심을 느낍니다. 하나님 사랑의 강제력입니다. 그런 사람들이 신학의 문을 두드리게 됩니다.

한때 거부할 수 없는 하나님의 부르심을 받았습니다. 오직 복음을 위하여 고난을 받으리라는 각오 속에서 두 주먹을 꼭 쥐었습니다. 그런데 막상 신학교에 다니다 보면 그런 감격은 사라집니다. 잡다한 신학 지식만이 머리를 채우는 처지가 됩니다. 신학의 깊은 맛을 보지도 못하였으면서도 교회와 다른 사람들을 판단하는 것만 좋아하게 됩니다.

이제는 설교를 들어도 전처럼 은혜를 받지 않습니다. 기도를 해도 마음 깊은 곳에서 기도의 영에 사로잡히지 않습니다. 그 대신 바쁜 신학교 생활과 틀에 박힌 교회 봉사 속에서 활기찬 영적 생활을 잃어버립니다. 혹시 지금 이것이 우리의 모습이 아닌지 생각해 보아야 합니다.

어느 신학도의 불행한 귀향

지난 세기 독일의 설교자이자 복음주의 신학자 중에 헬무트 틸리케 (Helmut Thielicke, 1908-1986)가 있었습니다. 그는 젊은 신학생들에게 권면의 글을 썼는데, 그 글에서 '어느 신학도의 불행한 귀향'(Trübe Erfahrungen mit Theologischen 'Heimkehrern')이라는 짧은 이야기 하나를 소개했습니다.[1]

시골 교회에서 그리스도를 만나 기쁨으로 신앙생활을 하던 형제가 있

---

[1] 헬무트 틸리케는 1908년 12월 4일 독일 부퍼탈 바르멘에서 태어났다. 독일의 본 대학교와 마르부르크 대학교, 그라이프스발트 대학교, 에를랑겐 대학교 등에서 수학하였고, 신학과 철학 두 분야에서 모두 박사 학위를 받았다. 그는 이론적인 신학자로서만이 아니라 뛰어난 설교가로서 수많은 회중들에게 감화를 끼쳤다. 그가 쓴 권면의 글은 『젊은 신학생들을 위한 권면』(*A Little Exercise for Young Theologians*)이라는 제명으로 영역되었는데, 틸리케를 기억하는 많은 사람들에게 고전처럼 읽힌 글이다. 신학자로서, 강단을 섬기는 목회자로서의 저자의 통찰이 엿보이는 이 글은 우리의 신학 교육의 허점과 신학 수학에 관한 신학도들의 잘못된 목표를 아울러 꼬집고 있다. 국내에는 다음과 같은 제목으로 번역되어 출간되었다. 헬무트 틸리케, 『친애하는 신학생 여러분』, 배응준 역 (서울: 도서출판 나침반, 1995); 헬무트 틸리케, 『신학을 공부하는 이들에게』, 박규태 역 (서울: IVP, 2019).

었습니다. 그는 자신을 구원해 주신 하나님의 은혜에 감사하면서 형제자매들과 함께 교회에서 봉사했습니다. 그러다가 부르심을 받아 신학교를 가게 되었습니다. 많은 지체들이 그가 목회자의 길을 가게 된 것을 기쁘게 생각하였습니다. 그래서 그의 신학 수업을 위해 기도해 주었습니다.

그는 도시에 있는 신학교에서 한 학기 동안 신학 수업을 받았습니다. 어느 날, 방학을 이용하여 이전에 섬기던 시골 교회를 방문하게 되었습니다. 마침 지체들이 함께 모여 성경 공부를 하고 있었습니다.

그들은 성경 본문을 읽고 그 말씀을 통해 자신이 깨달은 내용을 나누고 있었습니다. 물론 평신도들의 성경 공부였습니다. 그런데 모임 가운데 입을 굳게 다문 채 미소를 짓고 있는 청년이 있었습니다. 바로 한 학기 동안 신학교에 다닌 그 청년이었습니다.

성경 공부를 마치고 돌아오는 길이었습니다. 그 청년은 모임을 인도하던 형제에게 최근의 신학에 관해 주워들은 이야기를 장광설로 늘어놓기 시작하였습니다. "최근 신학 연구는 신화, 전설, 역사, 비평의 주제를 다루고 있는데 이에 대한 지식 없이는 성경을 이해하기 힘들어."

그는 신학교 강의실에서 대충 들은 이야기들을 쏟아 놓음으로써 그들의 기를 죽였습니다. 신학교 문턱도 못 가 본 지체들에게 말했습니다. "자네의 발언은 경건주의적이고, 아까 그 형제의 견해는 정통적이고, 저 친구의 의견은 메서디스틱(Methodistic)하더구먼." "오호라, 그렇게 생각한다고? 그렇다면 자네는 신학적으로 오지안더파[2])에 속해 있군. 그런네 그 오

---

2) 종교 개혁기의 신학자였던 안드레아스 오지안더(Andreas Osiander)는 1520년에 서품을 받았고, 1522년 루터파에 합류하였으며, 마르부르크 회담(1529)과 아우크스부르크 의회(1530)에 참여하였다. 그는 또한 『슈말칼덴 조항』(Schmalkaldische Artikel, 1537)의 서명자이기도 하다. 1549년에 쾨니히스베르크 대학교의 교수가 되었으며, 이 시기에 『칭의에 관하여』(De Justificatione)를 출판

지안더 학파는 말이야, 아직 성경이 말하는 칭의의 법적 성격에 대하여 적절한 이해를 가지고 있었다고 말할 수가 없지."

성경을 읽고 받은 은혜를 나누려고 하면 그때마다 그는 이런 식으로 그들을 가르치려고 했습니다. 그들이 낯설어 하는 신학 용어들을 마치 선심을 베풀 듯 설명해 주곤 하였습니다. 그의 어쭙잖은 신학 지식이 거기 모인 지체들을 무력하게 만들었습니다. 이 예화는 생명력 있던 한 젊은 그리스도인의 좋지 않은 변화를 보여줍니다. 신앙의 생명력이 신학의 관념이라는 갑옷에 눌려서 일어나지도 못하는 모습을 보여주는 것입니다.

지체들은 경이로운 눈빛으로 이 작은 신학자를 바라보았습니다. 그러나 그것은 애석하게도 어느 불행한 신학도의 귀향이었습니다. 그를 신학의 대가처럼 생각했지만, 그 신학생 때문에 성경 공부 모임의 생명은 사라졌습니다. 은혜와 사랑 대신 논쟁과 관념을 배우는 모임이 되어 버렸습니다. 그래서 지체들의 마음속에는 말씀대로 살아가게 하시는 그리스도가 떠오르지 않았습니다. 잡다한 관념이 가져다준 생각으로 혼란만이 가득하게 되었습니다.

이것이 바로 신학의 길을 걷는 사람들이 주의해야 할 대목입니다. 오늘날과 같이 지적인 탐구만으로도 하나님을 알 수 있다고 믿는 교만이 가득한 때에는 경건이 위협받습니다. 그래서 더욱 우리의 영적 삶을 성찰하지 않으면 안 됩니다.

하였다. 그는 개혁자이면서도 격렬한 논쟁가였다. 그는 특히 칭의가 단지 그리스도의 공로가 죄인들에게 전가(imputation)되는 것이 아니라, 그분의 의(義)가 신자들에게 본질적으로 전가되는 것(transference)이라고 주장하면서 마르틴 루터의 이신칭의의 교리를 반대하였다. F. L. Cross, E. A. Livingstone, eds., *The Oxford Dictionary of the Christian Church* (Oxford: Oxford University Press, 2005), 1207.

신학의 독특성

이 세상에서 신학만큼 독특한 학문이 없습니다. 대부분의 학문은 자기가 아는 것과 실제 살아가는 것이 별로 관계가 없습니다. 수학을 전공하는 사람이 문학적인 삶을 산다고 해서 잘못이 아닙니다. 경제학을 전공하는 사람이 경제적이지 않은 소비 생활을 한다고 해서 비난받지 않습니다. 법학을 전공한 사람이 법을 이용한 사기꾼에게 속아 넘어가도 그의 학문은 의심받지 않습니다.

그러나 신학은 그렇지 않습니다. 그 학문의 출발은 신앙입니다. 탐구하는 과정은 하나님 사랑입니다. 마지막 열매는 자신이 거룩한 사람이 되고, 이 땅에 하나님의 나라가 이뤄지는 것입니다.

그러므로 우리는 이렇게 정리할 수 있습니다. "신학은 그리스도를 통하여 성령 안에서 하나님을 향하여 살기 위한 것이다."[3] 따라서 신학은 하나님 사랑에 감동된 사람이 믿음으로 시작하는 학문입니다. 이성을 사용하여 하나님과 세계와 인간에 관해서 공부하되 신앙에 굴복한 이성으로써 하는 학문입니다. 그 학문을 통하여 자신과 이웃이 하나님을 더 사랑하게 하는 것입니다.

이 시대는 평범한 목회자들을 넘어서는 특별한 하나님의 종을 필요로 합니다. 특별한 목회자들은 반드시 특별한 준비 과정을 밟아야 합니다. 그 과정을 기대하는 마음으로 이 책의 첫 장을 여는 당신이 어쩌면 그 사람일 수 있습니다. 하나님과 조국교회가 기다려 온 그 사람.

---

[3] 김남준, 『신학공부, 나는 이렇게 해왔다』, vol. 1 (서울: 생명의말씀사, 2016), 419.

저자가 왜 세례 요한을 자신의 설교 사역의 스승으로 삼게 되었는지를 소개하고, 교회의 역사는 인간이 고안한 방법이 아니라 하나님께서 준비하신 '한 사람'들에 의하여 움직여 왔다는 사실을 밝힌다. 따라서 한 사람의 신학생이 소명을 받는 문제는 이미 개인의 문제가 아니라 역사적인 문제임을 상기시킨다. 신학교 안에 소명의 문제를 분명히 하지 않은 학생들이 많다는 사실과 이 같은 현상의 교회적인 위험성과 개인의 신앙적인 불행에 대하여 경고한다. 저자의 선지서 강의를 듣고 울면서 학교를 떠나던 신학생의 뒷모습을 보면서 눈시울을 붉힌 이야기가 우리의 가슴을 적신다.

제1장

그 한 사람

파도 위의 물거품처럼

저는 바다를 참 좋아합니다. 찾을 적마다 바다는 한 번도 저를 그냥 돌려보내지 않았습니다. 항상 묵상을 도와주고 특정한 때를 위한 하나님의 마음을 생각나게 해주었습니다. 끝이 없이 펼쳐진 바다를 보며 '부흥'(revival)에 대해 생각합니다. 온 땅을 뒤덮은 물을 볼 때 영광스러운 부흥을 그리워하게 됩니다.

어느 겨울날이었습니다. 겨울 바다를 보고 싶었습니다. 새벽 기도를 마치고 동해안의 한 도시로 가는 고속버스에 몸을 실었습니다. 검푸른 바다와 일렁이는 파도가 홀로 찾아온 저를 맞아 주었습니다.

바닷바람이 거셌습니다. 힘차게 밀려온 파도가 검은 바위에 부딪히고 있었습니다. 함성 지르며 밀려온 파도는 바위에 하얗게 부서졌습니다. 바다에는 온통 하얀 거품이 넘쳤습니다. 그러나 떠오른 거품들 중 두 번째 파도가 밀려올 때까지 남아 있는 거품은 많지 않았습니다.

잠시 있다가 포말(泡沫)처럼 사라지고 싶으십니까? 아니면 하나님 손에 붙잡혀 영광스럽게 쓰임받고 싶으십니까?

우리에게는 역사 변혁의 의식이 필요합니다. 하나님께서 나를 사용하셔서 이 시대를 바꾸실 것이라는 믿음이 필요합니다. 그런 열망이 필요합니다. 야망이 아니라 거룩한 꿈 말입니다.

하나님께서는 당신의 마음에 합한 사람들을 찾으십니다. 그리고 그런 사람들에게 거룩한 비밀을 알리셔서, 구원 계획에 동참하게 하십니다.

내 마음 사로잡은 한 사람

저는 성경을 읽으면서 감동을 주는 인물을 여럿 만났습니다. 그러나 제 마음을 사로잡은 인물은 없었습니다.

그러던 어느 해, 한 사람을 만났습니다. 온몸에 전율을 느꼈습니다. 바로 세례 요한이었습니다. 성경을 통해 그를 알면 알수록 저 자신이 왜소해져 가는 것을 경험하였습니다.[4]

그는 잠깐 이 세상에 살다 갔지만 못다 한 일이 없었습니다. 많은 사람들이 기억해 주지는 않았습니다. 하지만 삶의 단 한 부분도 하나님께 바쳐지지 않은 것이 없었습니다. 그는 불꽃처럼 살다간 설교자였습니다. 그

---

[4] 요한복음 1장 6-8절에 기록된 세례 요한의 소명을 통해 본 말씀 사역에 관해 당시 개인적으로 받았던 커다란 도전과 깨달음은 1992년 5월부터 7월 사이에 있었던 충남 대전 지역 횃불회를 위한 연속 강연에서 소개하였고, 그 후 책으로 출간하였다. 그 책에서는 설교자로서의 부르심을 위한 준비, 소명의 신적 기원, 설교자의 직무, 그리스도에 대한 증거와 영적 체험, 목회자의 우선적 직무, 하나님의 영광에 대한 헌신과 설교자의 소명 등을 다루었다. 김남준,『청중을 하나님 앞에 세우는 설교자』(서울: 생명의말씀사, 2000).

리스도께서 오시는 앞길을 사람들의 마음속에 예비하였습니다. 이를 위해 맡기신 사명과 예고된 예언들을 성취하였습니다.

여린 속살을 달군 쇠에 지지는 것처럼, 세례 요한의 삶은 제 마음에 설교자 상을 아로새겨 주었습니다. 설교자의 길이 무엇인지 보여주었습니다. 이 시대에 목회자가 된다는 것이 무엇인지 가르쳐 주었습니다.

그 후부터 세례 요한을 스승으로 생각했습니다. 그처럼 생각하고 말하고 섬기기를 사모하였습니다. 그리고 그처럼 불꽃처럼 살다가 죽고 싶었습니다. 그리고 이 책은 바로 그런 사모함과 탐구의 열매입니다.

역사와 사람

사람들은 방법을 찾아다니지만 하나님께서는 사람을 찾으십니다. 준비된 사람을 통해 역사를 움직이십니다. 야망에 사로잡힌 사람들을 통해서가 아닙니다. 당신 사랑에 사로잡힌 사람들을 통해 위대한 일을 이루십니다.

세례 요한이 살았던 때는 이스라엘 역사 중 가장 어두운 밤이었습니다. 그리스도의 오심으로 이르게 될 구원의 날은 가까웠습니다. 그러나 이스라엘 백성들은 참된 신앙으로 돌아올 기미를 보이지 않았습니다. 영적인 무지와 도덕적 어두움 속에서 빛을 잃어 가고 있었습니다. 그때 하나님께서는 한 아이를 광야에서 준비하셨습니다. 이는 위대한 한 시대의 개벽을 알리는 준비였습니다.

역사의 전환은 예고 없이 이루어지지 않습니다. 한 시대가 어떻게 변화될지는 하나님께서 쓰실 사람들을 보면 알 수 있습니다. 그런 사람으로 준비되는 일은 오랜 시간을 필요로 합니다.

한 사람을 준비하시는 하나님의 역사는 위대합니다. 천지 창조 못지않게 그분의 능력을 보여줍니다. 온 우주는 말씀 한마디로 창조되었습니다. 그러나 한 사람을 준비하시는 일은 한순간에 이루어지지 않습니다. 오랜 세월 동안 준비하시고 훈련시키십니다. 한 시대를 변혁할 거룩한 자질들을 그 사람 안에 만들어 가십니다.

한 사람

세례 요한은 그리스도의 앞길을 예비하도록 보냄을 받은 선지자였습니다. 성경을 기록한 선지자들의 계시가 끊어진 지 400년 가까운 세월이 흘렀습니다. 하나님께서는 한 사람을 예비하셨습니다.

그 사람은 여호와의 말씀을 선포하도록 부름받았습니다. 사람들의 마음에 주님이 오시는 길을 예비하기 위함이었습니다. 이 일은 오래전에 예고되었습니다.

> "외치는 자의 소리여 이르되 너희는 광야에서 여호와의 길을 예비하라 사막에서 우리 하나님의 대로를 평탄하게 하라 골짜기마다 돋우어지며 산마다, 언덕마다 낮아지며 고르지 아니한 곳이 평탄하게 되며 험한 곳이 평지가 될 것이요"(사 40:3-4)

그의 출현은 그리스도를 통해 이루어질 하나님 나라의 도래를 알리는 것이었습니다.

"보라 여호와의 크고 두려운 날이 이르기 전에 내가 선지자 엘리야를 너희에게 보내리니 그가 아버지의 마음을 자녀에게로 돌이키게 하고 자녀들의 마음을 그들의 아버지에게로 돌이키게 하리라……"(말 4:5-6).[5]

구약성경은 메시아의 선구자의 출현을 예고하는 말로 끝납니다. 그리고 신약성경은 그 성취로 시작됩니다. 누가복음 첫 장을 보십시오. 세례 요한의 출현을 예고하고서야 그리스도의 탄생을 보도하였습니다.

"그가 또 엘리야의 심령과 능력으로 주 앞에 먼저 와서 아버지의 마음을 자식에게, 거스르는 자를 의인의 슬기에 돌아오게 하고 주를 위하여 세운 백성을 준비하리라"(눅 1:17).

'한 사람'들

역사를 움직이는 지렛대는 사람이었고, 그것을 붙드신 분은 하나님이셨습니다. 죽임당할 것 같은 한 아기가 갈대 상자에 실려 나일강을 떠내려가려고 있었습니다. 하나님께서는 그 아이가 바로의 딸에 의해 구출받게

---

[5] 이 예언은 말라기서의 예언의 끝일 뿐 아니라, 구약의 계시 전체에 대한 후기(postscript)이다. 이 예언을 끝으로 정경 선지자들의 예언이 끝나고, 하나님의 계시의 역사는 오랜 침묵기에 접어든다. 그리고 엘리야가 오리라는 예언은 곧 세례 요한에 대한 출현을 예고하는 것이었다. 이 같은 사실은 마태복음 17장 10-13절을 통해서도 알 수 있다. 선지자로서의 세례 요한의 출현을 '엘리야'라는 이름을 통하여 예언한 것은 아마 두 가지 이유에서일 것이다. 하나는 세례 요한이 엘리야와 같은 능력 있는 말씀 사역을 전개할 것이라는 점에서이고, 또 하나는 엘리야가 소명을 받아 활동하던 구약의 아합 시대와 세례 요한의 시대가 사회의 죄악상과 종교의 타락상에 있어서 유사했기 때문일 것이다. David Alexander, Pat Alexander, eds., *The Lion Handbook to the Bible* (Sutherland: Albatross Books Pty Ltd., 1988), 460.

하셨습니다. 그 아이가 자랄 때 구원 역사의 물줄기도 함께 움직이고 있었습니다.

"그 아기가 자라매 바로의 딸에게로 데려가니 그가 그의 아들이 되니라 그가 그의 이름을 모세라 하여 이르되 이는 내가 그를 물에서 건져 내었음이라 하였더라"(출 2:10).

이스라엘 백성은 애굽에서의 구원과 가나안 정복의 역사를 잊어버렸습니다. 각기 제 소견에 옳은 대로 살아가고 있습니다. 그때 한 아이가 성소에 맡겨졌습니다. 하나님 앞에서 자라고 있었습니다.

"아이 사무엘이 점점 자라매 여호와와 사람들에게 은총을 더욱 받더라"(삼상 2:26).

그 아이가 하나님과 사람들의 은총을 받으며 점점 자라 가고 있을 때 하나님의 계획도 이루어지고 있었습니다.
세상을 구원하실 영광스러운 역사를 이루실 때를 생각해 보십시오. 하나님의 준비가 먼저 있었습니다. 그것은 바로 당신의 아들을 보내시는 것이었습니다.

"예수는 지혜와 키가 자라 가며 하나님과 사람에게 더욱 사랑스러워 가시더라"(눅 2:52).

상품과 작품

우리는 복음 사역을 위해 이 길에 들어섰습니다. 그러나 인생을 사는 방식에서 두 갈래로 나뉩니다. 상품으로서의 삶과 작품으로서의 인생입니다.

상품은 새로운 물건이 나올 때마다 그 가치가 떨어집니다. 그리고 마지막에는 똥값이 됩니다. 어느 시대에나 수많은 사람들이 명멸합니다. 한 순간 각광을 받는 것 같았지만, 잠깐 반짝이다가 사라진 사람들이 수없이 많습니다. 상품과 같은 삶입니다.

그러나 작품과 같은 인생은 다릅니다. 세월이 흘러갈수록 그 진가가 드러납니다. 더 많은 시간이 흐를수록 하나님께서 함께하셨던 그를 그리워하게 됩니다. 그의 생애의 기록들은 빛이 바랠지라도 감동은 더욱 찬란하게 빛납니다. 작품과 같은 인생을 살았기 때문입니다.

소명, 그 역사적 사건

세례 요한의 등장을 알리는 누가의 보도는 우리를 의아하게 합니다. 거창하게도 황제와 왕들과 대제사장들이 거명되기 때문입니다.

"디베료 황제가 통치한 지 열다섯 해 곧 본디오 빌라도가 유대의 총독으로, 헤롯이 갈릴리의 분봉왕으로, 그 동생 빌립이 이두래와 드라고닛 지방의 분봉왕으로, 루사니아가 아빌레네의 분봉왕으로, 안나스와 가야바가 대제사장으로 있을 때에 하나님의 말씀이 빈 들에서 사가랴의 아들 요한에게 임한지라"(눅 3:1-2).

역사적으로 이때는 주후 27년경이었습니다.[6] 누가는 세례 요한이 말씀 사역을 시작한 사건을 보도하면서 로마 황제를 거명하고 총독과 분봉왕들의 이름을 등장시킵니다. 그들과 함께 당시의 종교 지도자들은 요한의 말씀 사역의 시작을 알리는 시계로 사용되고 있습니다.

이것은 역사를 바라보시는 하나님의 시각이 사람들과 다른 것을 보여 줍니다. 로마의 왕이 바뀌고, 총독이 갈리고, 분봉왕이 부임하고, 대제사장이 취임하는 것은 사람들의 중요한 관심사였습니다. 그러나 하나님의 관심사는 당신의 음성을 전해 줄 한 사람의 등장이었습니다.

세례 요한은 그렇게 하나님의 음성을 가지고 그 시대에 나타났습니다.

"하나님께로부터 보내심을 받은 사람이 있으니 그의 이름은 요한이라 그가 증언하러 왔으니 곧 빛에 대하여 증언하고 모든 사람이 자기로 말미암아 믿게 하려 함이라 그는 이 빛이 아니요 이 빛에 대하여 증언하러 온 자라"(요 1:6-8).

그 시대를 향한 하나님의 마음은 바로 이것이었습니다. 자신의 백성이

---

6) 브루스(F. F. Bruce)는 세례 요한의 탄생을 주전 7년경으로 보고, 요한이 선지자로서 소명을 받은 때를 누가복음 3장 1-2절의 기사를 토대로 주후 27년경으로 보며, 그가 광야에서 지낸 기간들은 쿰란 공동체나 에세네파와 관계가 있을 것이라고 생각한다. 그렇지만 그의 선지자로서의 소명은 그러한 공동체와는 상관없는 독자적인 말씀 사역을 하게 했을 것이라고 본다. 그러니 에세네파의 선동과는 달리 요한이 독신이었던 점과 예루살렘 제도권의 제사장 가문인 그의 부모가 자신들과 종교적으로 적대 관계에 있던 그러한 종파들에게 어린 세례 요한의 양육을 맡길 수 있었을까 하는 의문이 여전히 제기된다. F. F. Bruce, "John the Baptist," in *New Bible Dictionary*, 3rd ed., ed. J. D. Douglas (Downers Grove: InterVarsity Press, 2006), 593-594; Paul W. Hollenbach, "John the Baptist," in *The Anchor Bible Dictionary*, vol. 3, ed. David Noel Freedman (New York: Doubleday, 1992), 898.

메시아의 출현을 마음으로 준비하는 것이었습니다. 그의 선포를 통해 이스라엘이 회개하길 바라셨습니다. 무너진 도덕이 다시 회복되길 원하셨습니다. 누구든지 그 시대에 태어나면 그 시대의 아들이 됩니다. 그러나 그렇게 되는 것을 거부하지 않고 살아가는 사람들은 결코 선지자가 될 수 없었습니다.

우리의 보람이 무엇입니까? 하나님을 위하여 사는 것이 아닙니까? 우리의 생애를 통해 하나님의 뜻이 이루어지는 것이 아닙니까?

우리에게는 인생의 다른 선택지가 있었습니다. 그러나 복음 전하는 자로 살기로 했습니다. 하나님께서 부르셨기 때문입니다. 복음을 통해서만 이 세상이 하나님께로 돌아올 수 있다고 믿기 때문입니다.

깨어 있는 소수로

목회자가 누구입니까? 그의 정체는 무엇입니까? 구약에서 하나님의 말씀을 외치다 피 뿌리며 죽어 간 선지자들의 후예입니다. 또한 신약에서 땅끝까지 복음을 전하다가 순교한 사도들의 후예입니다. 이것이 목회자의 정체성입니다.

그러므로 우리는 선지자들이 어떻게 하나님의 뜻을 따라 살았는지 가슴에 새겨야 합니다. 사도들이 어떻게 죽어 갔는지를 기억해야 합니다.

그들은 그 시대가 알지 못하는 하나님을 선포하였습니다. 남들이 보지 못하는 역사의 지평을 보여주었습니다. 하나님을 경외하며 사는 길을 보여주었습니다. 그리스도의 제자로 사는 삶을 보여주었습니다. 세상은 그 말씀에 충격을 받았습니다. 그 충격은 때로 회개로 나타나기도 하였고,

혹은 핍박으로 되돌아오기도 하였습니다.

그들은 그 시대의 틀에 찍혀 나온 사람들이 아니었습니다. 그들은 잠자는 다수이기를 거부하였습니다. 세상의 환영을 받는 꿀이 되기를 거절하였습니다. 서 말의 밀가루보다는 한 줌의 누룩이 되기로 선택했습니다.

그들은 깨어 있는 소수로 살기를 원했습니다. 하나님을 보여주기 위해 세상의 빛과 소금이 되기를 사모했습니다. 외롭지 않은 다수보다는 고독한 소수가 되기를 자청했습니다. 그들이 그렇게 독특한 사람들로 나타나기까지는 특별한 준비가 있었습니다. 그래서 그들은 '한 사람'으로서 살았으나, 사실은 하나님께서 함께하시는 다수였습니다.

신학교에 들어오지만

많은 사람들이 하나님을 위해서 살겠노라고 신학의 문을 두드립니다. 그들은 하나님의 나라를 위하여 살겠다고 서약합니다. 그러나 세상은 좀처럼 변하지 않습니다.

단 한 치의 땅이라도 하나님의 것이 아닌 것이 없습니다. 그럼에도 불구하고 세상 사람들은 하나님의 주권을 비웃으며 살아갑니다. 교회의 숫자는 늘어났습니다. 그러나 이제는 믿기로 결심하는 사람들보다 신앙을 버리는 사람들이 더 늘어가고 있습니다.

신학교를 졸업한 사람들 사이에는 개척 교회를 시작해도 안 될 것이라는 인식이 일반화되었습니다. 고통하는 세상은 더욱 복음을 필요로 하고 있는데 사람들은 점점 교회의 필요성을 느끼지 못합니다. 이것이 바로 복음 사역에 헌신하려는 우리가 살고 있는 시대입니다.

그러니 우리가 세상의 풍조를 좇아가며 뒷북이나 쳐서 목회가 되겠습니까? 사람들이 가렵다고 생각하는 곳이나 긁어 주며 목회하시렵니까? 그러다가 거짓 선지자들의 후예가 되면 어찌 하시겠습니까?

하나님의 손에 붙잡혀 쓰임받지 않는다면, 우리 인생은 역사의 파도 속에 떠올랐다 한순간에 사라지는 거품일 뿐입니다.

하나님의 음성

광야에서 하나님의 사람으로 준비되고 있는 세례 요한을 보십시오.

> "아이가 자라며 심령이 강하여지며 이스라엘에게 나타나는 날까지 빈 들에 있으니라"(눅 1:80).

세례 요한은 갓난아이 적에 광야로 보내어졌습니다. 그리고 거기서 약 30년 가까운 세월 동안 선지자가 되기 위해 준비했습니다.

하나님께서는 어느 날 그를 등장시키셨습니다. 그는 광야에 나타나 "회개하라 천국이 가까이 왔느니라."라고 외쳤습니다(마 3:2). 그것은 바로 그 시대를 향한 하나님의 음성이었습니다.

하나님의 말씀이 세례 요한의 마음을 파헤치고 지나갔습니다. 그는 외치기 전, 자기가 먼저 영적으로 하나님의 음성을 들었습니다. 그는 검은 가운이나 화려한 학위, 새롭게 발견한 목회의 방법을 가지고 나타나지 않았습니다. 그는 하나님의 손에 의해 친히 준비되었습니다. 긴 세월 광야에서 정결한 영혼을 가지고 살아왔습니다. 정결한 심령이 하나님의 능력으로 강하게 되어 갔습니다. 무엇보다도 거룩하신 하나님을 알아감에 있어서 깊이를 더해 갔습니다.

그는 육체적으로뿐 아니라 순결에 있어서도 자라 갔습니다. 지성적으로도 연단받았습니다. 한 시대와 이스라엘의 역사를 통찰할 수 있는 지적 능력을 쌓아 갔습니다. 목자 잃은 양 같은 백성을 향한 불타는 연민의 정을 지녔습니다. 하나님의 마음으로 자신의 인격을 준비하였습니다. 그뿐만이 아닙니다. 거룩한 정서로 불타오르는 열망을 가진 자로 준비되었습니다. 이러한 준비들은 남다른 외로움과 고통 속에서 이루어졌습니다.

오늘날은 특별한 영적인 인물들을 만나기 어렵습니다. 이것은 특별히 준비된 사람들이 드물기 때문입니다. 그리스도의 십자가 앞에서 하나님의 마음을 느껴 본 사람이 아니면 목회의 소명에 대해 말하지 말아야 합니다.

휴학하는 신학생

어느 해 가을이었습니다. 저는 신학교 졸업반 클래스에서 소선지서를 강의하였습니다. 그때에 선지자가 누구인지에 대하여 몇 주간 예비적인 강의를 하였습니다. 그때 강의를 듣던 그 학급에서 다섯 명의 학생이 휴학을 결심하였습니다.

그중 한 학생이 제게 말했습니다. "교수님, 강의를 통해서 제가 시금 벼랑 끝에 서 있다는 것을 비로소 알았습니다. 제가 진실로 목회 사역을 위해 부름을 받았는지에 대하여 확신이 서지 않습니다. 하나님 앞에서 이 문제를 확인하지 않고 졸업을 하면 부르심 없이 목사가 될 것 같은 두려운 마음이 듭니다. 한 해 동안 열심히 기도하겠습니다. 목회자의 부르심이 있는지 없는지 점검하겠습니다."

저는 그 학생의 결정을 매우 기뻐했습니다. 그리고 그의 장래를 위해 기도해 주었습니다. 눈물을 흘리며 교정을 떠나는 그의 어깨를 두드려 주었습니다. 그가 하나님의 부르심에 사로잡혀 다시 신학의 길로 돌아오기를 기도했습니다.

목회의 소명

찰스 스펄전(Charles H. Spurgeon, 1834-1892)은 목회의 소명에 관하여 다음과 같이 말했습니다.

"만약 목회를 안 하고도 견딜 수 있다면 그것은 소명이 아니다."[7]

소명을 받지 못한 사람이 어떻게 광야에서 그 혹독한 준비 과정을 감당하겠습니까? 목회의 소명은 신학교에 입학하기 전에 확인해야 할 사항입니다. 목숨을 걸고서라도 말입니다.

하나님의 영광을 위해 복음을 전할 열망이 있어야 됩니다. 잃어버린 영혼들이 너무 불쌍해서 자신은 그 일 말고는 아무것도 할 수 없다고 확신해야 합니다. 여러분이 지금 소명 없이 신학교에 다니고 있다면 속히 이 문제를 확실히 해야 합니다.

---

7) Charles H. Spurgeon, *The Call to the Ministry*, in *Lectures to My Students*, vol. 1 (Pasadena: Pilgrim Publications, 1990), 23.

맺는말

하나님으로부터 보냄받은 사람에게는 독특한 영혼의 체취가 있습니다. 그분 곁에 있다 온 사람들만이 가질 수 있는 것입니다. 그것을 숨기는 것은 가능하지 않습니다. 그것은 마치 소명받지 않은 사람이 하나님이 보내신 사람으로 위장하는 것만큼이나 어렵습니다.

세례 요한은 한 시대를 깨워 그리스도께서 오시는 앞길을 예비하였습니다. 그때까지 가혹하리만치 긴 세월 동안 자신을 준비하는 일에 바쳤습니다. 마침내 외롭고 쓰라린 광야의 훈련이 끝났습니다.

그때 하나님께서는 그의 심령에 불붙는 말씀을 주셨습니다. 역사 속에 우뚝 선 하나님의 사람으로 나타나게 하셨습니다. 조국교회는 여러분이 이렇게 준비되기를 기다리고 있습니다.

저자는 세례 요한이 광야에서 어떻게 준비되었는지를 밝힘에 있어서 다섯 가지의 구체적인 준비 중 첫 번째 준비를 다루고 있다. 그것은 육체적인 성장을 통한 건강과 순결의 문제이다. 오늘날 사역자들이 혼동하는 업적주의적인 열정과 인격적인 헌신, 무절제로 건강을 해치는 것과 건강을 깎아 하나님을 섬기는 것의 차이를 분명히 한다. 아울러 저자가 마가복음 1장의 예수님의 일과를 묵상하면서 많이 울었던 경험으로 깨닫게 된 바를 소개한다. 또한 성경의 탐구와 신학교 사역의 현장에서 겪은 생생한 경험을 토대로 깨닫게 된 조국교회의 순결의 위기와 사역자들의 성적 타락이 얼마나 무서운 것인지를 경고하고 회복의 가능성을 제시한다.

제2장

육체적 준비:
건강과 순결

구원 역사의 서곡

구원 역사의 서곡은 울려 퍼졌습니다. 세례 요한을 광야에서 준비시키시는 것으로부터 시작되었습니다. 하나님께서는 그리스도가 오시기 전 한 어린아이를 준비하셨습니다. 그 아이는 광야에서 자연적인 성장 과정을 거쳤습니다. 우선 육체적인 성장이었습니다.

세례 요한이 구별된 환경에서 탁월한 영적 인물이 되기 전에 먼저 이루어진 일이 있습니다. 그것은 모든 아이들처럼 성장 과정을 겪는 것이었습니다. 그는 육체적으로 자라 갔습니다. 아기에서 어린이로, 그리고 청소년에서 청년으로 성장하였습니다.

육체의 성숙과 소명

12세가 되었을 때에 예수님은 이미 성경에 대한 탁월한 지식을 가지고 계셨습니다(눅 2:46-47). 능히 사람들을 가르치고도 남으셨을 것입니다. 그렇다고 해서 그분의 인격이 매우 모자랐기 때문에, 약 18년 동안이나 말씀 사역을 시작하지 못하셨다고 말할 수는 없습니다.

어린 나이에 애굽으로 팔려 간 요셉. 그를 국무총리로 만들어 만백성을 구하고자 하신 하나님의 계획은 이미 오래전에 있었습니다. 그런데 계획이 성취된 것은 그가 30세 되었을 때였습니다(창 41:46). 하나님께서는 왜 그때까지 그를 감춰 두셨을까요?

이러한 예는 에스겔도 마찬가지입니다. 그가 선지자로 소명을 받은 것은 30세가 되던 해였습니다(겔 1:1). 왜 말씀 사역을 할 사람들을 한창때인 20대가 아니고 30세나 되어서야 부르셨을까요?

물론 여기에는 나름대로 타당한 이유가 있습니다. 요셉의 경우, 당시 애굽에서 공직을 맡을 수 있는 최소 연령이 30세였다고 합니다. 그러니까 정치적인 역량을 발휘할 수 있는 제도의 장(場)으로 들어갈 수 있을 때까지 기다리게 하신 것입니다. 그동안 그를 준비시키셨던 것입니다.

세례 요한의 소명의 시기를 두고 중요하게 생각하여야 할 것은 성직 취임에 관한 구약의 연령 규례만이 아닙니다. 육체적이고 자연적인 성숙입니다. 이 점에서는 예수님도 마찬가지입니다.

"예수는 지혜와 키가 자라 가며 하나님과 사람에게 더욱 사랑스러워 가시더라"(눅 2:52).

그분은 자신을 대속 제물로 바치시기 전, 성인으로서 육체적 성장을 이룰 때까지 기다리셨습니다. 하나님께서는 알의 상태에 있는 것이 아니라다 자란 비둘기를 제물로 받으셨습니다. 젖도 못 뗀 송아지가 아니라 성숙한 짐승을 제물로 받으셨습니다.

중요한 교훈은 이것입니다. 육체적인 성숙은 목회 사역에 있어서 기본적인 준비라는 것입니다. 육체적인 성장을 복음 사역과 관련지어서 생각할 때 그것은 크게 두 가지 요소를 내포합니다. 하나는 건강이고, 또 하나는 육체의 순결입니다.

야성미 넘친 강인함

세례 요한은 어떤 외모를 지닌 사람이었을까요? 샌님같이 얌전하고 몸은 약했을까요? 질병으로 골골하는 모습이었을까요?

말씀을 증거할 때는 어땠을까요? 가느다란 목에 넥타이를 매고, 바지의 주름을 칼날같이 세운 채 나타났을까요? 설교의 무대가 된 광야. 모래바람이 괴롭다는 듯이 손수건으로 코를 가리고 콜록거렸을까요? 아마 그렇게 나약한 모습은 아니었을 것입니다.

그를 생각할 때마다 받는 인상이 있습니다. 아마 그의 피부는 거친 광야 생활로 인해 검붉어졌을 것입니다. 검은 수염이 얼굴을 뒤덮고 있으며, 낙타 털옷을 걸친 그의 몸은 야성이 넘치는 강인함을 보여주었을 것입니다. 또한 그의 설교를 많은 사람들이 들을 수 있었던 것으로 보아 상당한 거성(巨聲)의 소유자였을 것입니다.

그리고 이 모든 것들은 그의 내면에 파도치고 있었을 거룩한 정염(情炎)에 어울렸을 것입니다.

양초의 사명

복음 사역은 막중한 육체의 노고를 요구합니다. 육상 선수들은 모든 구간을 열심히 달립니다. 그러나 어느 지점에서는 전속력으로 질주해야 하는 때가 있습니다. 우리의 복음 사역도 그렇습니다. 죽을 때까지 한결같이 수고하여야 합니다. 그런데 어떤 때에는 특별히 건강을 돌보지 않으면서까지 육체의 힘을 모두 쏟아부어야 할 때가 있습니다.

양초는 공장에서 만들어져 정성껏 포장된 후, 상점을 거쳐 소비자에게까지 갑니다. 오직 한순간을 위해 이 긴 과정을 거칩니다. 자신을 활활 태워 밝은 빛을 발하는 순간 말입니다. 마찬가지입니다. 여러분은 지금 복음 사역을 위해 준비하고 있습니다. 언젠가 이 낭만적인 준비의 기간이 끝날 것입니다. 광야와 같은 목회 사역의 현장에 들어가야 할 것입니다. 그때 우리는 양 떼를 지키는 용사로 나타나야 합니다. 교회라는 배를 이끌어야 합니다. 세속의 물결과 거짓된 사상과 싸우며 천국까지 항해하여야 합니다.

사역을 위해 육체의 힘을 온전히 쏟아부어야 합니다. 맡겨진 양 떼들을 돌보는 일에 자신을 드려야 할 때를 육체적인 질병이나 허약함으로 사명을 감당하지 못한다면 안타까운 일이 아닐 수 없습니다.

안식년?

소명을 받고 나면 복음 사역은 일생 동안 멈출 수 없습니다. 또 멈춰서도 안 되는 사명입니다. 그런데 오늘날 안식년 제도를 도입한 교회들이 많습니다. 목회자나 신학교 선생들이 여러 해 사역하고 난 후에 재충전하거나, 휴식이 필요하다는 사실은 인정합니다. 그러나 마치 안식년을 지키는 것이 성경적인 것처럼 해석하는 것은 오해입니다. 왜 하필이면 구약 안식년만을 그렇게 따라야 합니까? 예수 믿는 사람이 경영하는 사업장에서 직원들에게 안식년을 줍니까? 교회의 직원들에게도 안식년을 줍니까? 담임 목사만의 안식년을 제도화하기 위해 아전인수(我田引水) 격으로 성경을 해석하는 것은 옳지 않습니다.[8]

격변하는 시대에 부름받았던 종교 개혁자들의 생애를 보십시오. 순교의 위협을 무릅쓰고 박해를 견뎌야 했던 그리스도인들을 보십시오. 영혼들에 대한 불타는 연민을 간직했던 복음 전도자들의 생애를 보십시오.

그들은 촌음을 아끼며 일생을 살았습니다. 오락을 경멸하고 휴식을 미안하게 생각했습니다. 불꽃처럼 살고 싶다는 거룩한 열망들이 있었기 때문입니다. 그들은 열렬히 살았습니다. 영원한 하늘나라에서 안식할 소망 속에 분투하였습니다.

나를 울린 주님의 일과

예수님의 생애를 생각해 보십시오. 그분의 생애는 격한 섬김에 자신을 소진한 삶이었습니다.

---

[8] 이 글을 쓸 때 저자는 건강하고 열렬한 40대 초반이었다. 월요일도 쉬지 않고 사역했다. 건강했다. 그래서 평생 소원이 입원해서 지인들의 병문안을 받아 보는 것이었다. 그러나 세월이 흘렀다. 저자는 최근 10년 동안 열한 번 입원하고 아홉 번의 수술을 받았다. 그리고 6개월 동안 건강 회복을 위한 안식 휴가도 한 번 가졌다. 안식년 제도가 성경적인 것이 아니라는 확신에는 변함이 없으나, 목회자에게 휴식이 필요하다는 사실은 인정하게 되었다. 더욱이 건강이 매우 좋지 않을 때는 교회가 목회자를 쉬도록 배려해 줘야 한다고 생각하게 되었다. 아, 세월이 흘러야 깨닫게 되는 일도 있도다.

"저물어 해 질 때에 모든 병자와 귀신 들린 자를 예수께 데려오니 온 동네가 그 문 앞에 모였더라……새벽 아직도 밝기 전에 예수께서 일어나 나가 한적한 곳으로 가사 거기서 기도하시더니"(막 1:32-35).

이 본문은 가버나움에서 있었던 예수님의 일과를 보도하고 있습니다. 안식일과 그 이튿날 새벽에 있었던 일입니다. 회당에서 가르치시고, 악한 귀신을 쫓아내시고, 시몬의 장모를 심방하사 고쳐 주셨습니다. 피곤하셨을 것입니다. 이제는 숙소에서 쉬셔야 할 시간이 되었습니다.

그런데 많은 병자와 귀신 들린 자들이 모였습니다. 이때 "오늘은 내가 피곤하고 일과가 끝났으니 내일 다시 오너라."라고 말씀하시지 않았습니다. 한 사람 한 사람의 사정을 살피시고 고쳐 주셨습니다.

그날 몇 시쯤 예수님의 일과가 끝났을까요? 어쩌면 그 이튿날 새벽까지 섬기셨을 것입니다. 그럼에도 불구하고 이튿날 아직 날이 밝지 않은 새벽 시간에 한적한 곳으로 나가셨습니다. 그리고 거기서 아침 시간까지 온 마음을 쏟아 기도하셨습니다. 머릿속으로 그려 보십시오. 그분은 제자들이 잠에서 깰세라 발꿈치를 드시고 조용히 숙소를 빠져나오셨습니다. 그리고 빈 들로 기도하시러 가셨습니다.

저는 몇 해 전 이 본문을 읽고 많이 울었습니다. 매일 당신의 진액을 짜내시던 그분의 노고 때문에 울었습니다. 또 그 놀라운 사랑을 받았으면서도 아무것도 갚아 드리지 못한 저의 태만 때문에 눈물을 흘렸습니다.

마음이 어둡고 괴로울 때
주님 예수님을 나 생각해요.

머리 둘 곳조차 없으시던
혼자 기도하시던 주님 생각해요.
주님만 섬기며 따르기로 한 나
세상이 준 이 모든 괴롬 버리고
예수님처럼 기도하기를 원해요.
예수님처럼 기도하기 원해요.

머리 둘 곳 없으신 생애를 사셨습니다. 우리를 섬기기 위해 건강을 모두 바치셨습니다. 그리고 마지막에는 자신의 남은 몸까지 찢으셔서 화목제물로 주셨습니다.

정말 우리가 섬기는 자의 삶을 살고 있습니까? 육체의 요구에 쉽게 굴복하며 살아오지 않았습니까? 후회해야 합니다. 회개하여야 합니다. 누구든지 게으름을 미워하지 않는 한, 불꽃처럼 살 수 없을 것입니다. 아니, 게으른 사람에게는 그렇게 살려는 의욕도 없을 것입니다.

건강으로 준비하라

그러면 복음 사역을 위해 무엇을 준비해야 할까요? 신체적 준비입니다. 곧 건강하게 사역할 수 있도록 준비되어야 합니다. 잘 먹고 잘 자라고 육체를 단련하여야 합니다. 초인적인 수고를 요구하는 사역에 자신을 온통 불사를 수 있도록 육체적으로 준비가 되어 있어야 합니다.

부지런한 사람들이 모두 진실한 사역자는 아닙니다. 그러나 게으른 사람 중엔 진실한 목회자가 거의 없습니다. 신학교 시절 혹은 목회 사역을 준비하는 때에 절제를 배워야 합니다. 오락이나 불규칙한 생활 습관에 빠지지 말아야 합니다. 더욱이 그런 생활로 건강을 해친다는 것은 크게 잘못하는 것입니다. 소명을 받은 우리 몸은 우리 것이 아니기 때문입니다.

목회 사역으로 부르셨을 때 그것은 단지 우리의 사고나 마음만 구별하신 것이 아닙니다. 하나님을 섬길 우리의 몸도, 구별하신 하나님께만 바쳐졌습니다. 그리고 우리는 지금 목회 사역을 위하여 지성적, 인격적, 정서적, 영적 자질들을 갖추기 위해 훈련받고 있습니다. 그러니 건강으로 미래의 사역을 준비하는 일은 필수적입니다.

불꽃처럼 산 사람들

중요한 것은 건강 자체가 아닙니다. 건강은 몸을 위하여 있고, 몸은 복음 사역을 위하여 있고, 복음 사역은 그리스도를 위하여 있습니다. 따라서 중요한 것은 일평생 건강을 보존하느냐 해치느냐만이 아닙니다. 무엇을 위한 보존이며 해침이냐 하는 것입니다. 애써 유지한 건강이 단지 목숨을 연장시키는 일에만 기여한다면, 살았든 죽었든 마찬가지입니다.

교회 역사에서 영적인 인물들을 보십시오. 한 시대를 불꽃처럼 살았던 많은 사람들이 단명(短命)했습니다. 물론 존 웨슬리(John Wesley, 1703-1791) 같이 특이하게 장수한 사역자들도 있었지만, 대부분 보통 사람들의 수(壽)를 누리지 못하였습니다.

18세기 아메리카 대륙의 선교사였던 데이비드 브레이너드(David Brainerd, 1718-1747)와 로버트 맥체인(Robert M. M'Cheyne, 1813-1843), 조셉 얼라인(Joseph Alleine, 1634-1668)과 같은 사람은 30세가 되기도 전에 혹은 30대 초

반에 죽었습니다. 조지 휘트필드(George Whitefield, 1714-1770)와 장 칼뱅(Jean Calvin, 1509-1564), 찰스 스펄전(Charles H. Spurgeon, 1834-1892)은 모두 50대 중반의 나이에 세상을 떠났습니다.

무엇 때문인 줄 아십니까? 과로입니다. 지나치게 힘을 소진하며 사역했기 때문입니다. 그들은 남보다 길지 않은 생애를 살았습니다. 그렇지만 그들보다 갑절이나 오래 산 사람보다 더 많이 섬겼습니다. 하나님을 기쁘시게 하였습니다.

살을 깎아 섬긴 사람들

18세기 뉴잉글랜드의 원주민 선교에 헌신했던 데이비드 브레이너드의 생애는 우리를 부끄럽게 합니다.

브레이너드는 29세의 나이로 운명하면서 일기 형식의 『선교 일지』(*Journal*)를 남겼습니다. 거기서 그는 자기 생명의 마지막 불씨까지도 주님을 위하여 태우고 싶어했습니다.

그는 폐결핵으로 고생했습니다. 말을 타고 갈 기운조차 없을 정도로 건강이 악화되었습니다. 그래도 자기의 몸을 말 위에 실었습니다. 그리고 복음을 전할 인디언 마을로 갔습니다. 말은 브레이너드가 가던 길을 기억하고 데려다 주었습니다. 가다가 힘이 없어서 말에서 떨어지면 다시 기어 올라 복음을 전하러 갔습니다. 한 편의 설교를 하고는 강단 아래 주저앉아 한 사발의 피를 쏟아야 했습니다. 결국 그는 29세에 순교합니다.

칼뱅은 '걸어 다니는 종합병원'이라고 불렸습니다. 30여 종의 질병에 시달렸다고 합니다. 만성적이고 악성인 치질을 비롯해서 위궤양, 천식 등

수많은 질병이 그를 괴롭혔습니다. 그는 연약한 몸으로 스물네 해가 넘게 제네바에서 종교 개혁을 위하여 몸을 바쳐 일했습니다.

칼뱅의 생애에 관한 기록들을 살펴보십시오. 저는 그가 병약한 자신의 몸을 요양하기 위하여 여러 해를 요양지에서 보냈다는 기록은 찾지 못했습니다. 매일 엄청나게 밀려드는 격무가 그를 쉬도록 내버려 두지 않았습니다. 사역 시작 당시 약 5천 명쯤 되던 교인이 사명이 끝날 때는 약 만 5천 명이나 되었고, 그는 그들을 돌보아야 했습니다.

후일 죽음의 그림자가 드리웠습니다. 그러나 그는 마지막 순간까지 하나님을 위해 살아야 하기에 모든 것을 견뎌야 한다고 고백했습니다. 그것은 바로 그를 제네바의 종교 개혁자로 부르실 때 기욤 파렐(Guillaume Farel, 1489-1565)을 통해 주신 말씀이었습니다.

당시 파렐은 칼뱅에게 이렇게 말하였습니다. "휴식이라고? 그리스도의 종들에게는 죽음 외에는 휴식이 없는 법이요!"[9] 80세 가까이 산 칼뱅의 동지 파렐 역시 휴식과는 거리가 먼 생애를 살았습니다.

그들의 생애는 모두 종교 개혁의 대의를 위해 끝없이 자신을 바친 노역의 연대기였습니다. 하나님을 사랑했기 때문이었습니다. 누가 그들에게 건강을 돌보지 않았다고 비난할 수 있겠습니까? 저는 그들의 거룩한 생애를 생각할 때 그렇게 할 수 없습니다. 그 점에 대해서 저는 입을 뗄 용기도 나지 않습니다.

찰스 스펄전은 중년 이후로 내내 통풍에 시달렸습니다. 견딜 수 없는 통증 때문에 종종 교회를 떠나 요양지에서 몸져누워야 했습니다. 밤마다

---

[9] Emanuel Stickelberger, *Calvin*, trans. David Georg Gelzer (Cambridge: The Lutterworth Press, 2002), 47.

악마가 그의 몸을 물어뜯는 듯한 고통을 겪어야 했습니다. 오죽했으면 그가 이렇게 말했겠습니까? "내 발과 발가락은 통증에 시달리는 것 말고는 아무런 쓸모가 없는 것 같습니다."[10]

스펄전을 힘들게 했던 우울증도 그의 목회 사역에서 빼놓을 수 없는 고통이었습니다. 한 집회 중에 불이 났다고 소리치는 자들 때문에 2층이 무너지면서 일곱 명의 교인들이 깔려 죽은 사건이 발생하였는데, 이것이 그의 우울증의 시작이었다고 합니다. 그 이후로도 우울증은 그를 오랫동안 괴롭혔습니다.[11]

꺼져 가는 등불의 심지처럼, 상한 갈대처럼 연약한 자를 쓰시는 하나님을 찬송할 뿐입니다. 스펄전의 우울증과 통풍에 대하여 누가 감히 평소에 휴식과 건강 관리를 잘못했다고 비난할 수 있겠습니까?

저는 양심상 그렇게 말할 수 없습니다. 다만 그들처럼 살지 못한 것이 부끄러울 뿐입니다.

무엇을 위하여

중요한 것은 무엇을 위하여 건강을 해쳤는가가 아닐까요?

만약 건강을 해친 것이 무질서한 생활과 방탕에서 비롯된 것이라면 책망을 받아 마땅합니다. 거룩한 하나님의 성전을 함부로 망가뜨렸기 때문입니다.

---

10) George Carter Needham, *The Life and Labors of Charles H. Spurgeon* (Boston: D. L. Guernsey, 1882), 106.
11) William Williams, *Personal Reminiscences of Charles Haddon Spurgeon* (London: The Religious Tract Society, 1895), 46.

그러나 하나님의 일을 위해 기운이 진(盡)하도록 헌신했기에 건강을 잃었다면 그것은 거룩한 희생이 아니겠습니까?[12]

그러므로 신학교 시절에 영광스러운 복음 사역을 위하여 불굴의 싸움을 감당할 수 있도록 건강을 보존해야 합니다.

그러나 여기서 명심해야 할 중요한 사실이 있습니다. 단지 육체가 성숙하고 건강을 유지하기만 하면 되는 것이 아닙니다. 불신자들이 세상의 직업을 감당하기 위한 육체적 준비는 그것으로 끝날지 모릅니다.

그러나 하나님의 거룩한 사역에 자신을 드리고 싶어하는 여러분의 육체적인 준비는 그것으로 족하지 않습니다. 꼭 필요한 것이 있습니다. 그것은 바로 순결(純潔)입니다.

해변에서 생긴 일

제가 신학교의 선생으로 있던 때였습니다. 집회에 갔을 때 어느 신학생을 상담한 적이 있습니다. 신학 대학원에 다니던 1학년 학생이었습니다. 얼굴도 앳되고 착해 보이는 청년이었습니다. 그는 다음과 같은 사정으로 신학교를 그만두어야 했습니다.

어느 날 같은 대학 학부 과정에 다니는 자매가 겨울 바다를 보여 달라고 졸랐습니다. 동생처럼 대해 오던 터라 처음에는 농담처럼 들었습니다. 그런데 점점 진지하게 조르자 마음이 끌렸습니다. 그날 오후 고속버스를

---

[12] 원리적으로 이런 생각은 지금도 변함이 없다. 그런데 이렇게 말하던 젊고 건강한 시절로부터 25년쯤 지난 지금에는 육체의 질병과 연약함을 겪으면서, 젊은 시절 나 자신을 혹사한 것에 대해 반성하고 있다. '며칠 살다가 죽는 것이 아니고 계속 주님을 섬겨야 할 몸이 아닌가?' 이렇게 생각하게 되었다.

타고 동해에 갔습니다. 그리고 잠자리를 같이함으로써, 결국 넘어서는 안 될 선을 넘고야 말았습니다.

그 이후의 상황은 그리 간단하지 않았습니다. 자매는 임신을 하게 되었습니다. 그 둘은 임신 사실을 숨기기 위해 낙태 수술을 받아야 했습니다. 또 수술 비용을 마련하기 위해 부모님의 돈에 손을 대야 했습니다.

결혼할 수도 없는 처지였습니다. 그들의 고통은 더욱 커졌습니다. 형제는 계속되는 육체 관계로 정욕을 통제할 힘을 잃어버렸습니다. 끊임없이 동침을 요구했습니다. 자매는 괴로움과 공포를 잊고자 그의 요구에 응했습니다. 두 번의 낙태 수술이 더 있었습니다. 그 후 자매는 정신 분열에 가까운 심각한 우울 증세를 보이기 시작하였습니다.

고통스러운 상황을 하소연하던 그 학생은 한 손으로 자기의 얼굴을 가렸습니다. 손가락 사이로 뜨거운 눈물이 흘러내리고 있었습니다. 저는 그 순간 새삼스럽게 실감하였습니다. 아직도 순결은 엄중한 하나님의 명령이며, 이것을 어긴 자가 받을 고통이 결코 작지 않다는 사실을 말입니다.

한 번 무너지고 나면

20대 후반 미혼의 한 자매가 교회에 열심히 출석하고 있었습니다. 성가대도 하고 남다른 열심으로 물질로 교회를 섬겼습니다.

그런데 사탄의 역사가 일어났습니다. 교회 안에 있는 남성을 유혹하여 넘어뜨렸습니다. 안타깝게도 그 교회의 목사님이었습니다. 이미 칠순을 앞둔 노인이었습니다. 목회자는 물불 안 가리고 자기 아내를 협박하여 이혼 증서를 받아 냈습니다. 교회도 사임했습니다. 꿈꾸던 대로 두 사람은 단칸방을 얻어 동거 생활에 들어갔습니다. 그러나 불과 10개월이 못 되어 이 여자는 다른 남자와 눈이 맞아서 도망가 버렸습니다.

매주일 말씀으로 영혼을 먹이던 인자한 아버지 같았던 목사님은 "연놈을 죽여 버리겠다!"라고 벼르며 안주머니에 칼을 품고 그 여자를 찾아다녔습니다. 급기야 알코올 중독자가 되어 버리고 말았습니다.

경건은 한 번 무너지는 것이 어렵지, 한 번 무너지고 나면 거의 사라져 버립니다. 이것은 시간 문제입니다.

신학교에서도

목회자들 중에서는 물론이고, 심지어 신학교 선생들 중에서도 불륜 관계로 이혼하는 것을 보았습니다. 심지어는 유학을 떠날 때와 귀국할 때 아내가 서로 다른 경우도 보았습니다. 더 충격적인 경험도 했습니다.

제가 가르치던 신학교에서 같은 반 남녀 학생이 수업 시간에 간통죄로 체포되어 가는 광경도 보았습니다. 저는 그들의 모습 속에서 네 가지 공통점을 발견했습니다.

첫째로, 그들이 평소 신앙과 열심에 있어서 결코 우리만 못하지 않았다는 것입니다. 실제로 그러한 범죄에 빠진 어떤 사람들 중에는 40일 금식 기도를 서너 차례나 하신 목회자도 있었습니다.

둘째로, 범죄에 빠진 것은 순식간이었다는 것입니다. 좀 더 쉽게 표현하면 "간음죄에 기습을 당했다."라고 말할 수 있을 정도였습니다.

셋째로, 그 후에는 한없는 무력감이 찾아왔다는 사실입니다. 그러한 범죄 후에는 열렬한 기도도, 피를 토하는 외침도 없었습니다.

넷째로, 영적인 회복이 쉽지 않다는 것입니다. 실제로 그들 중 소수만이 영적으로 회복되는 것 같았습니다.

결혼은 했지만

제가 가르치던 신학 대학의 학생 중 한 사람의 경우입니다. 교회에 있는 자매와 간음을 하였고 두 번의 낙태 수술까지 받게 하였습니다. 그 남학생은 참 열심 있는 학생이었습니다. 수업에도 적극적이었습니다. 거리에서 전도하는 일에는 언제나 앞장섰습니다. 그렇지만 예배 시간이나 기도회 시간이 되면 처절한 무력감과 싸우는 모습을 봤습니다.

두 사람은 졸업반 때 결혼을 하였습니다. 그러나 저는 그 학생과 헤어지는 날까지 영적으로 크게 회복된 것을 발견하지 못했습니다. 두 사람의 관계는 결혼을 통하여 법적으로 정리되었습니다. 도덕적으로도 어느 정도 정당화되었습니다. 그러나 하나님 앞에서 범한 죄의 문제는 여전히 남아 있었던 것입니다.

그래서 토머스 왓슨(Thomas Watson, 1620경-1686) 같은 청교도 설교자는 다윗의 간음 사건을 해설하면서 말합니다. "어떤 신학자들은 다윗이 죽을 때까지 하나님과의 관계에서 오는 충만한 기쁨을 결코 회복하지 못했다고 생각한다."라고 하였습니다.[13)]

저는 그 해석에는 동의하지 않습니다. 그러나 그 범죄에 대한 결과가 매우 크다는 그의 주장에는 동의됩니다.

---

13) Thomas Watson, *The Lord's Prayer* (Edinburgh: The Banner of Truth Trust, 1993), 300.

실패, 그 가혹한 고통

하나님께서는 우리의 범죄를 기계적으로 다루시지 않습니다. 많이 맡은 자들에게는 많이 요구하십니다. 우리는 남다른 하나님의 은혜를 받았습니다. 그 은혜 때문에 목회 사역의 길에 들어서게 된 것이 아닙니까? 따라서 영혼들을 건져 내어야 할 우리가 그런 죄악에 빠진다면 형벌의 고통도 더 클 것입니다.

나병 환자를 치료하는 의사가 오히려 나병에 감염될 위험이 높습니다. 우리는 언제나 죄인들을 다루면서 자신도 죄악에 노출되어 있다는 사실을 잊지 말아야 합니다. 때로는 사소해 보이는 죄악이 영혼에 큰 어두움을 깃들게 합니다. 긴 세월을 하나님의 음성이 들리지 않는 어둔 터널에서 보내게 합니다.

따라서 신학생 때 그런 죄에 빠진다고 생각해 보십시오. 어쩌면 그 아름다운 소명의 꿈을 펼쳐 보지도 못한 채 인생을 마감하게 될지도 모릅니다. 따라서 매 순간 근신하여야 합니다. 무엇보다도 자신을 이러한 위험에 노출시키지 말아야 합니다.

저는 때때로 집회나 강연에서 빼어날 정도로 아름다운 미모를 가진 여성들을 만나게 됩니다. 설교나 강연이 끝난 이후에라도 그러한 여성들과는 만나는 일을 의식적으로 피하려고 합니다. 저 자신을 믿을 수 없기 때문입니다.

하나님께서 붙잡고 계실 때에만 하나님의 사람입니다. 그분이 놓으시면 우리는 그저 죄인일 뿐입니다.

갈등 가운데 오는 범죄

이런 죄에 빠진 사람들 중에서 발견한 공통점이 또 하나 있습니다. 그들 중 대부분이 인간적으로 딱한 갈등 가운데 있던 사람들이었다는 것입니다. 자신을 사역 속에 매몰시킨 뒤 영적으로 소진해 있거나, 정서적 외로움에 마음이 약해져 있었습니다. 또는 가정적으로 찢어진 마음을 위로받을 길이 없었던 것입니다.

저는 그들을 상담하면서 여러 번 같이 울었습니다. 언젠가 그들의 처지와 잃어버린 삶이 너무나 안타까워 예배가 끝난 후 채플실 옆 담장에 주저앉아 목 놓아 울곤 하였습니다. 때로는 그들의 핏기 잃은 얼굴을 기억하면서 사랑으로 지도해 주려 애썼습니다.

다윗을 기억해 보십시오. 그는 이런 범죄 때문에 고통스러운 간증을 가장 많이 남긴 인물입니다. 인간적으로 불쌍한 사람이었습니다. 어릴 적에 아버지에게도 사랑받지 못하였습니다. 형제들도 그를 사랑해 주지 않았습니다. 결혼을 했지만 장인은 자기를 죽이겠다고 쫓아다녔습니다. 아내는 자신의 신앙 세계를 공감해 주지 않는 사람이었습니다. 한 아들은 자기의 딸을 강간했습니다. 그리고 다른 아들은 자신을 죽이고 왕위를 빼앗겠다고 반란을 일으켰습니다.

그러던 중, 한순간의 시선으로 사랑하게 된 여인이 있었습니다. 우리아의 아내 밧세바였습니다. 간음하였습니다. 그 결과 하나님을 찬양하던 그의 목소리는 나오지 않았고, 늘 아름다운 곡조를 들려주던 수금의 현은 끊어져 버렸습니다. 하나님을 향하여 춤을 추던 그의 몸은 정욕에 흐느적거리는 고깃덩어리가 되었습니다.

삶을 빛나게 하던 거룩함은 순식간에 사라졌습니다. 주께서 주신 구원의 기쁨도 잃어버렸고, 성령마저 거두어 가실 것 같은 위기를 느꼈습니다. 한순간 자신을 지키지 못한 대가치고는 너무 가혹해 보이지 않습니까? 그러나 그것이 하나님의 공의입니다.

그 끔찍한 고통을 통하여 다윗은 그 죄가 얼마나 무서운지를 깨닫게 되었습니다. 그리고 믿음으로 회복하는 과정을 통하여 하나님을 아는 지식의 깊이를 더해 갔습니다.

길선주 목사님

한국 교회 역사 초기 시절의 이야기입니다. 당시 활동하던 부흥사들 중에는 풍습이 있었습니다. 부흥회를 다니면서 잔심부름도 하고 수발도 들어 주는 여신도와 동행하는 것이었습니다. 아마도 구한말에 남은 양반들의 사회적 관습이 기독교와 만난 것 같습니다.

평양에서 기생들의 모임이 있었습니다. 그들 중 수장 격이 되는 여인이 수하의 어린 기생들에게 말했습니다.[14] "듣자 하니 소문에 길선주(吉善宙, 1869-1935) 목사라는 자가 뛰어난 인품과 성경의 도리로 예수를 전하며 불의한 삶을 질타한다고 한다. 우리 영업에 지장이 있으니 너희는 반드시 그 자를 유혹하거라. 그가 남자라면 별수 있겠느냐."

엄명을 받은 미모의 기생은 길 목사님이 인도하는 부흥회에 와서 눈물을 흘리며 회개하는 시늉을 했습니다. 스스로 목사님의 부흥회에서 수발

---

14) 이 일화는, 사료는 찾을 수 없지만, 당시 이북에서 신앙생활을 하고 당시의 사정을 잘 알고 있던 내수동교회 박희천(朴熙天) 원로 목사의 증언을 1988년경에 직접 들은 것이다

을 드는 여인으로 자청하였습니다. 몹쓸 인생이 예수님 때문에 구원을 받았으니 목사님 수발이나 드는 것을 소명으로 여기며 살아가겠다고 했습니다. 길 목사님도 그 자매를 귀하게 여겨 가까이 두었다고 합니다.

그러던 어느 여름날이었습니다. 목사님은 낮 집회를 마치고 숙소에서 웃옷을 벗고 잠시 낮잠을 자고 있었습니다. 여인은 이때다 싶어서 목사님의 숙소로 올라와 자고 있는 길 목사님 가슴에 살며시 몸을 기대었습니다. 목사님이 기겁해서 눈을 뜨자 여인은 말했습니다. "목사님, 소녀를 받아 주옵소서."

교태를 부리는 이 여인은 평양에서 미모를 자랑하는 여인이 아니었겠습니까? 그때 길 목사님이 어떻게 반응하였는지 아십니까? "사탄아 물러가라!" 하며 여인을 한 팔로 밀어 버렸습니다. 결국 그 여인은 마루에 굴러 댓돌에 떨어졌답니다.

당신이 결혼했다면 아내와의 결합을 더욱 굳게 하십시오. 이 세상에서 성적인 교제가 허락된 단 한 사람입니다. 그리고 만약 당신이 아직 결혼하지 않았다면 정욕을 제어하는 법을 익히십시오.

열심히 운동하십시오. 무엇보다 마음을 거룩한 갈망으로 채우십시오. 하나님 사랑으로 만족하는 법을 배우십시오. 그러나 견딜 수 없도록 육욕이 불붙거들랑 결혼하십시오. 그것이 성경의 가르침입니다.

더러운 교회

우리가 목회해야 할 교회는 깨끗한 곳이 아닙니다. 건물과 장소로는 세상과 구별됐지만 세상 죄악을 가진 사람들이 모인 곳입니다.

구약의 제사장들을 생각해 보십시오. 그들이 제사 드리던 성전이 깨끗한 곳이었습니까? 아닙니다. 짐승들이 죽어 가고, 피가 낭자하게 흐르는 곳이었습니다. 짐승을 태우는 연기가 가득하고, 죄인들의 울음소리가 있었습니다. 짐승들이 죽어 가며 쏟아 놓은 배설물들과 해체된 내장들이 여기저기 있던 곳이 바로 성전이었습니다.

그런 가운데서 제사장은 하얀 세마포 옷을 입고 제사를 집례하였습니다. 깨끗한 옷을 더럽히지 않고 그 거룩한 중보의 사역을 감당하고자 하였습니다. 우리도 그렇게 목회해야 합니다.

> 정결한 맘 그 속에서 신령한 빛 비치오니
> 이러한 맘 나 얻으면 눈까지도 밝으리라.
> 물 가지고 날 씻든지 불 가지고 태우든지
> 내 안과 밖 다 닦으사 내 모든 죄 멸하소서.

그렇습니다. 정결한 마음. 그 속에서 신령한 빛이 비칩니다. 정결한 마음을 가진 사람들에게 거룩한 진리를 보게 하십니다.

"마음이 청결한 자는 복이 있나니 그들이 하나님을 볼 것임이요"(마 5:8).

악하고 음란한 세대

예수 그리스도께서 즐겨 사용하시던 그 시대의 별명을 기억하십니까? '악하고 음란한 세대'였습니다.

"예수께서 대답하여 이르시되 악하고 음란한 세대가 표적을 구하나 선지자 요나의 표적 밖에는 보일 표적이 없느니라"(마 12:39).

그분은 시대 속에 흐르고 있는 풍조를 바라보셨습니다. 바로 음란함과 악함이었습니다. 이것은 하나님을 경외해야 할 마음이 세상에 쏠려 있는 것을 보여줍니다. 그러니 어찌 신령한 빛이 비칠 수 있겠습니까?

이 시대도 그때와 다르지 않습니다. 오늘날 범람하는 성적인 타락과 도덕적인 부패를 보십시오. 새로운 사상, 인간성의 해방이라는 미명 아래 육체를 신처럼 섬깁니다. 방탕하고 음란한 삶을 정당화하려고 합니다.

예전에는 어두운 밤, 은밀한 곳에서 이루어지던 악한 일들이 대낮에 자랑거리처럼 행해지고 있습니다. 이러한 모습은 사도 바울의 탄식을 생각하게 합니다.

"……여러 사람들이 그리스도의 십자가의 원수로 행하느니라 그들은 마침은 멸망이요 그들의 신은 배요 그 영광은 그들의 부끄러움에 있고……"(빌 3:18-19).

하나님을 떠난 시대는 언제나 그러하였습니다. 성적인 타락은 세상 사랑의 극치입니다. 그것은 우상 숭배로 통하는 문이고, 배교의 앞잡이입니다. 그 후에는 하나님의 징벌이 있었습니다. 노아의 홍수가 그러하였고, 소돔과 고모라 성의 심판이 그러하였습니다. 화산의 폭발로 묻혀 버린 로마의 도시가 그러했습니다.

그때마다 하나님께서는 순결을 외칠 거룩한 종들을 보내셨습니다. 하나님의 마음을 전하게 하셨습니다. 돌이키는 자들에게 사죄의 기회를 주셨습니다. 임박한 진노의 심판을 피하게 하셨습니다. 그러나 거룩한 순결에 대한 외침이 사라질 때 악하고 음란한 세대는 더욱 큰 심판에 직면해야 했습니다.

여러분은 그런 세상과 구별된 삶을 살아야 합니다. 맑은 영과 거룩한 삶으로 하나님의 백성에게 순결을 가르쳐야 합니다. 그들이 세속에 더럽혀지지 않도록 하나님 앞에 구별된 자로 세워 주어야 합니다.

우리로 이렇게 하실 수 있는 분은 오로지 하나님이십니다. 하나님께서는 순결을 잃어버린 사람을 슬퍼하시지만 또한 은혜로 회복시키실 수 있으십니다.

세상을 본받지 말라

여러분은 영적 지도자의 길을 갈 사람들입니다. 순결하게 준비되길 바랍니다. 이 세상의 풍조를 본받지 않도록 힘써야 합니다. 악하고 음란한 세대이기 때문입니다. 시대의 정신을 이해하고 사람을 사랑해야 합니다. 그러나 그 사람들이 지지하는 죄는 미워하고 항거해야 합니다.

그들이 지지하는 이런 죄에 대한 관용은 하나님의 뜻이 아닙니다. 그것은 하나님 대신 육신을 섬기며 살고 싶어하는 것입니다. 이 세상이 심판 받는 그날에 이런 관용은 주님의 진노를 부를 것입니다. 순결한 성도들이 자기를 부인하며 산 것에 대해 칭찬받는 그날에.

그러므로 순결한 사람들이 되어야 합니다. 매일 그리스도 예수의 손에 붙잡혀서 살아야 합니다. 하나님께서 손을 놓으시면 죄를 지을 수밖에 없습니다. 그러므로 그분과의 보다 친밀한 영적 관계를 유지하며 유혹을 이겨야 합니다. 능력의 근원이 거기로부터 나오기 때문입니다.

회복이 가능한가?

여러분이 실패했다고 할지라도 회복은 가능합니다. 그럼에도 불구하고 같은 실패가 반복되지 않게 하십시오. 순결을 잃고 하나님 보시기에 악한 사람이 되기까지 한 다윗을 생각해 보십시오. 그는 패배 속에서 회개하고 자신의 신앙을 새롭게 하였습니다. 오히려 더 깊고 심오한 하나님의 은혜의 세계를 경험하고 이 일의 증인이 되었습니다.

회복은 가능합니다. 하나님 앞에 죄인임을 깨닫고 철저히 회개해야 합니다. 그리고 다시는 그러한 자신의 육체의 정욕에 마음을 빼앗기지 말아야 합니다. 사망의 골짜기에서 건져 내신 하나님의 은혜만 기억하십시오. 일생을 겸손히 살아야 합니다. 지난 과오를 기억하며 용서의 부채 의식 속에서 살아야 합니다. 더욱 경건하고 신실하게 살아야 합니다. 죄에서 돌이켜 다시 말씀으로 살면 반드시 영혼을 살리십니다(겔 18:21).

이런 죄에 빠진 사람들은 눈물로 회개하여야 합니다. 이전보다 더욱 성결한 삶을 살아야 합니다.

> "불의한 자가 하나님의 나라를 유업으로 받지 못할 줄을 알지 못하느냐 미혹을 받지 말라……너희 중에 이와 같은 자들이 있더니 주 예수 그리스도의 이름과 우리 하나님의 성령 안에서 씻음과 거룩함과 의롭다 하심을 받았느니라"(고전 6:9–11).

맺는말

하나님께서는 주홍과 같이 붉은 죄라 할지라도 용서하십니다. 죄를 뉘우치고 미워하며 다시는 동일한 범죄로 하나님의 영광을 가리지 않도록 산다면 인생은 여전히 빛날 것입니다.

그 과정을 쉽게 생각하지 마십시오. 때로는 너무나 고통스럽고 살을 에는 것 같을 것입니다. 사죄의 확신에 이르도록 더욱 그리스도의 십자가를 바라보아야 합니다. 기억하십시오. 성적 순결의 계명은 아직도 중요한 하나님의 명령입니다. 신학생은 건강하고 순결하게 준비되어야 합니다.

신앙에 있어서 지성 우월주의와 반(反)지식주의는 모두 잘못된 극단이기에 성경이 말하는 지식의 중요성에 대하여 살펴본다. 지난 반세기 동안 조국교회에 고통이 되었던 반지식주의의 역사를 돌아보고, 그것이 왜 잘못된 것인지 역사에서 배운다. 목회 사역에 있어서 지성적인 준비는 두 부분으로 나뉘는데, 그것은 성경 지식과 신학 지식이다. 지성이 하나님의 손에 사로잡히고 지식이 은혜의 물에 잠겨 있을 때, 그것이 하나님을 얼마나 영화롭게 할 수 있는지를 종교 개혁자 칼뱅과 로잔 회의의 일화를 통하여 새삼 느껴 본다. 성경 원어 공부와 거룩한 감화가 있는 신학 서적들을 읽어야 할 필요성과 신학교 생활 중 타파하지 않으면 안 될 게으름과 영적 생활의 상관관계에 대하여도 알아본다.

제3장

지성적 준비 :
성경과 학문

신학교 시절에 갖추어야 할 두 번째 준비는 지성적인 준비입니다. 세례 요한은 역사의 전환점에서 하나님께 쓰임받도록 광야에 있었습니다. 그는 지성적으로 준비되어 갔습니다. 광야에서 단지 육체의 순결을 지키며 몸만 키운 것이 아닙니다. 육체와 함께 그의 지성도 자라 갔습니다.

두 가지 극단

오늘날 두 극단적인 생각이 교회를 어렵게 합니다. 한편으로는 능력만 받으면 지식적인 준비 같은 것은 별로 중요하지 않다는 생각입니다. 이들은 종종 성경에 나타나는 선지자들이나 사도들을 즐겨 거명합니다. 하나님께서 권능을 주시니까 뽕밭을 매던 사람도 선지자가 되었고, 소 몰던 사람도 지도자가 되었다는 것입니다. 평범한 아녀자도 사사가 되었고, 무식한 어부도 사도가 되었다는 것입니다. 따라서 중요한 것은 성령의 능력이지 학문의 지식이 아니라는 것입니다.

또 한편으로는 정반대의 생각이 있습니다. 지식적으로 잘 갖춰지면 복음 사역에서 유능한 사람이 될 수 있다는 생각입니다. 지식적으로 잘 준비되었다는 이유 하나 때문에 그렇지 않은 사람들보다 우월하다고 생각합니다. 말씀 사역을 위해 더욱 고귀하게 사용될 것이라고 생각합니다. 같은 일을 해도 하이클래스(high class)의 사람들로서 특별한 대우를 받을 것이라고 생각합니다.

온전한 복음 사역자가 되기 위해서는 먼저 '믿어야' 합니다. 신앙은 이성을 초월합니다. 신앙의 내용은 이성의 추론보다 앞에 있는 것입니다. 이성을 뛰어넘는 것입니다. 우리는 먼저 믿음으로 시작해야 합니다. 그러나 일단 믿고 난 후에는 이미 믿게 된 바 신앙의 내용들을 이해하려고 힘써야 합니다. 확증해 보려고 힘을 기울여야 합니다. 이러한 노력이 없이는 거룩하고 견고하게 섬길 수 없습니다. 목회자는커녕 정상적인 신자의 생활도 가능하지 않습니다.[15]

지식의 중요성

하나님께서는 종종 인간의 상식으로는 이해하기 어려운 방식으로 사람을 사용하십니다. 선지자들이나 사도들 중 어떤 사람들은 당대 최고의 지

---

15) 마틴 로이드존스(D. Martyn Lloyd-Jones) 목사는 신앙과 지식에 관한 이 같은 관계를 거론하면서 안셀무스(Anselmus)의 진술을 인용한다. 안셀무스에 의하면 신앙에 있어서 우선적인 단계는 이성적인 사유를 통한 이해가 아니라 믿는 일이고, 그 다음으로는 믿음으로 확정된 바를 지성적인 친밀성을 확보하기 위하여 애쓰는 것이며, 이같이 하지 않는 것은 죄악된 나태이며 게으름이라는 것이다. D. Martyn Lloyd-Jones, *Knowing the Times: Addresses Delivered on Various Occasions 1942-1977* (Edinburgh: The Banner of Truth Trust, 1989), 365-366.

성인이 아니었습니다. 그러나 하나님께서는 그들을 사용하셨습니다.

그분은 실로 다양한 사람들을 사용하십니다. 그들 중에는 위대한 학자도 있고 출중한 지성을 갖춘 사람이 있었습니다. 또한 그리 뛰어나지 못한 지극히 평범하거나 그 이하의 사람들도 있었습니다.

그럼에도 불구하고 그들은 한결같이 하나님을 아는 지식을 가진 사람들이었습니다. 구원의 은사 다음으로 귀중한 것이 지식입니다. 지식이 없으면 예배도 헛것이요, 경건도 쓸모없는 것이 되고 맙니다.

지식이 없는 감화는 감화 없는 지식만큼 쓸모없습니다. 사람들에게 구원을 얻게 하는 것도 복음의 지식을 가르침으로써 시작됩니다. 능력과 지식은 함께 구비되어야 하는 것입니다.[16]

목회자의 준비에 있어서 지적인 능력을 하찮게 생각하는 풍조는 성경적이지 않고, 역사적이지도 않습니다. 종교 개혁 이후로부터 청교도 시대를 지나 근대에 이르기까지 돌아보십시오. 지적인 능력에 결함이 있는 사람이나 반(反)지식주의적인 사고방식을 가진 사람이 목회자가 된다는 것은 있을 수 없는 일이었습니다.

잃어버렸던 사도들의 신앙을 교회에 되찾아 준 종교 개혁자들은 모두 뛰어난 지성인들이었습니다. 하나님께서는 단지 그들에게 은혜만 주신 것이 아니라, 오랜 세월 동안 지식으로 준비되게 하셨습니다.

---

[16] 이 점에 관하여 마틴 로이드존스 목사는 로마서를 바울이 쓸 수 있었던 이유에 대하여 그의 지성적인 준비를 지적한다. 그러면서 로마서를 베드로가 기록하지 않고 바울이 기록한 것은 베드로는 로마서를 쓸 수 없었기 때문이라고 단정한다. 그러나 그는 바울이 로마서를 쓸 수 있을 정도의 지성을 의지하면서 사역한 것이 아니라 하나님을 의뢰하였다는 점을 밝힘으로써 지성적인 준비와 영적인 준비가 서로 배치되는 것이 아님을 강조하였다. D. Martyn Lloyd-Jones, *Romans: An Exposition of Chapter 1, The Gospel of God* (Edinburgh: The Banner of Truth Trust, 1985), 1-16.

거인 같은 사람들

사도 시대 이후 가장 성경적인 교회로 돌아갔다고 알려진 시대가 있었습니다. 청교도 시대입니다. 17세기 영국 청교도들은 뛰어난 지성을 겸비한 영적인 인물들인 동시에 성자와 같은 인격을 갖춘 사람들이었습니다. 그래서 그들의 인물됨에 대하여 제임스 패커(James I. Packer, 1926-2020)는 이렇게 말했습니다.

"캘리포니아의 미국 삼나무(redwood) 숲은 나로 하여금 영국의 청교도들을 생각나게 한다. 그들은 우리 시대에 그 존재의 진정한 가치를 새롭게 인정받기 시작한 또 하나의 거인들이다. 1550년에서 1700년 사이에 그들은 꿋꿋한 삶을 살았다. 영적인 면에서 그들의 삶을 생각할 때 고려해야 할 점은 그들이 보여준 불과 바람 가운데서의 강한 성장과 저항이다. 그 나무들이 다른 나무들보다 키가 크기 때문에 눈길을 끄는 것과 마찬가지로, 위대한 청교도들의 성숙한 경건함과 연단된 꿋꿋함은 대부분의 시대의 거의 모든 그리스도인의 영적인 능력을 능가하는 하나의 불꽃으로 우리 앞을 비추고 있다."[17]

18세기에 순회 설교자로서 영적 각성에 이바지한 설교자이며 복음 전도자였던 조지 휘트필드(George Whitefield, 1714-1770)와 역시 순수한 열정으로 복음을 위해 수고한 탁월한 설교자 존 웨슬리(John Wesley, 1703-1791)는

---

[17] James I. Packer, *A Quest for Godliness: The Puritan Vision of the Christian Life* (Wheaton: Crossway Books, 1990), 11.

옥스퍼드 대학교에서 공부했습니다. 영국에서는 말할 것도 없고, 뉴잉글랜드로 건너간 청교도들 가운데서도 마찬가지였습니다. 목사는 곧 뛰어난 신앙인인 동시에 최고의 지성인이었습니다.

당시 목사의 자질에 대한 기대와 기준은 매우 높았습니다. 사람들은 학문이 깊은 사람이 자신의 영혼을 돌보는 목회자가 될 수 있다고 생각하지는 않았습니다. 그러나 영혼의 목자이며 아버지인 목사가 되기 위해서 신앙의 체험 하나면 된다고 믿지도 않았습니다.

목사는 세계와 인간을 향한 하나님의 관점을 보여주는 사람들로 간주되었습니다. 그런 일을 해야 했으니 학문과 사상에 밝을 뿐만 아니라 그리스도를 깊이 만난 신앙의 경험을 가져야 했습니다.

하나님께서 사람들마다 주신 은사가 다르기 때문에 신학보다 목회에 더 재능을 가진 사람이 있기는 합니다. 그러나 은혜만 받으면 목사가 될 수 있으며, 목회 사역에 있어서 지적인 자질은 별로 중요한 것이 아니라는 생각은 잘못된 것입니다. 이것은 종교 개혁자들의 전통이라기보다는 후기 경건주의 운동의 산물입니다. 그리고 이 같은 비성경적인 사고방식은 1800년대 초, 미국 켄터키 지방에서 일어났던 부흥 운동(revivalism)의 후기에서도 재현됩니다.

반지식주의의 역사

역사적으로 잘못된 열광주의를 동반한 인위적인 부흥 운동의 시대에 이런 견해들이 고개를 들었습니다. 그리고 그 배경에는 영적인 능력을 상실한 차가운 지성주의적인 교회에 대한 반동이 있습니다.

당시 미국의 그릇된 열광주의를 동반한 부흥 운동은 이런 메시지를 주었습니다. "이제는 너무나 특별한 기적과 축복의 시대가 도래하였으므로 더 이상 말씀을 설교하여 가르치는 일이 필요없다."

환상을 보고 꿈을 꾸고 예언하는 은사를 받은 사람들은 스스로 누구든지 목회할 수 있다고 생각하였습니다. 이에 대하여 리처드 맥니머(Richard McNemar, 1770-1839)와 같은 사람은 이것이야말로 바로 그들이 기다려 오던 그리스도인의 '놀라운 자유'(wonderful freedom)라고 부르기를 서슴지 않았습니다. 이 같은 기적의 역사는 약속을 믿기만 하면 된다고 생각하였습니다. 그래서 스스로 불신하는 마음을 떨쳐 버리는 것이야말로 복음 사역의 중요한 준비라고 생각하였습니다.[18] 이러한 생각이 교회를 끔찍하도록 황폐하게 만들어 버리는 데는 불과 10년도 채 걸리지 않았습니다.

20세기에 그릇된 성령 운동이 일어나기 시작하면서부터 목회자의 지적인 자질은 더욱 무시되었습니다. 잘못된 열정주의가 유행하게 되었습니다. 무식해도 능력만 받으면 훌륭한 목사가 될 수 있다는 생각을 하게 된 것입니다. 한 걸음 더 나아가서 지적인 사람은 오히려 능력이 없고, 성령의 능력을 받기 힘들다고까지 생각하게 되었습니다.

---

18) 리처드 맥니머의 이과 같은 발언은 부흥 운동의 최악의 신학적 타락성을 보여주는 것이다. 독자들은 우선 여기서 '부흥'(revival)이라 함은 하나님의 주권으로 말미암아 일어나는 순수한 부흥을 의미하는 것이고, '부흥 운동'(revivalism)이라는 것은 인간적인 운동이나 계획, 심지어 방법론적인 조작을 통하여 부흥을 일으켜 보려는 시도의 경향을 가리키는 것으로 이해하기 바란다. Iain H. Murray, *Revival & Revivalism: The Making and Marring of American Evangelicalism 1750-1858* (Edinburgh: The Banner of Truth Trust, 1996), 169. 순수한 부흥이라고 볼 수 있었던 제1차 대각성 이후에 어떻게 해서 이러한 인위적이고 비성경적인 부흥 운동이 일어나서 19세기 이후 오늘날까지 영향을 미칠 수 있었는지에 대하여는 같은 책 9장 "'New Measures' and Old Revivals?"의 p. 225-252를 참고하라.

성경 지식

목회 사역을 위한 지성적인 준비는 크게 두 가지입니다. 하나는 성경 자체에 대한 지식이고, 또 하나는 성경에 관한 지식입니다.

우선 성경 자체에 대한 지식이 축적되어야 합니다. 신학 공부가 성경 자체를 아는 지식을 대신할 수 없다는 생각을 가져야 합니다. 말씀으로 하나님을 섬기고자 하는 사람들은 '많은 책의 사람'(a man of books)이 되기에 앞서 '한 책의 사람'(a man of one Book)이 되어야 합니다. 그리고 그 '한 책'은 바로 성경입니다.

"천지는 없어지겠으나 내 말은 없어지지 아니하리라"(막 13:31).

하나님의 자녀들은 영적인 삶과 생활을 위해 매일 성경을 읽고 묵상하여야 합니다. 그렇다면 목회자가 될 우리는 이 일에 얼마나 더 열심을 내어야 하겠습니까?

1747년 영국에서는 복음주의 교회가 부흥하고 있었습니다. 바로 그 해에 존 웨슬리가 그의 첫 설교집을 출판했습니다. 웨슬리는 그의 책 서문에서 성경에 관한 자신의 신앙을 이렇게 피력합니다.

"솔직하고 분별력 있는 이들에게 내 마음 깊숙한 곳에 있는 생각들을 털어놓는 일을 나는 두려워하지 않는다. 나는 이런 생각을 한다. 나는 하루살이 같은 피조물이며, 공중을 날아가는 화살처럼 인생을 지나고 있다. 나는 하나님으로부터 와서 하나님께로 돌아가고 있는 한 영이다. ……나는 한 가지를 알기 원한다. 천국에 가는 길은 어디 있으며, 어떻게 하면 그 복된 땅에 안전하게 이를 수 있는가? 하나님께서는 그 길을 가르쳐 주시기 위하여 몸소 낮아지셨으며, 바로 이 목적을 위하여 하늘로부터 내려오셨다. 그분은 한 권의 책에 이 길을 기록하셨다. 오, 그 책을 나에게 달라! 어떤 값이라도 지불할 터이니 내게 그 하나님의 책을 달라! 나는 그것을 가지고 있다. 내게 필요한 충분한 지식이 여기에 있다. 나로 하여금 '한 책의 사람'(*homo unius libri*)이 되게 하라. 지금 나는 그 한 책의 사람으로 인간들의 소요를 떠나 여기에 있다. 나는 홀로 앉아 있으며, 오직 하나님만이 여기 계시다. 그분의 존전에서 나는 그분의 책을 펴서 읽는다."[19]

'한 책'을 사랑하라

날마다 새로운 지식과 정보로 가득 차는 세상입니다. 우리가 '한 책'에 미친다는 것은 어리석게 보일지 모릅니다. 그렇지만 교회가 영적으로 깊이 침체되어 있던 시대에는 목회자들이 언제나 그런 식으로 그렇게 생각했습니다. 참된 부흥이 일어날 때마다 공통된 특징이 한 가지 있었습니다. 성경이 하나님의 말씀이라는 확신에 사로잡히는 것이었습니다. 그것을 통해 하나님의 생명과 사랑을 경험하는 것이었습니다.

존 웨슬리(John Wesley, 1703-1791)와 조지 휘트필드(George Whitefield, 1714-1770), 그리고 조나단 에드워즈(Jonathan Edwards, 1703-1758) 같은 부흥의 도구로 쓰였던 사람들을 생각해 보십시오. 그들은 자기 시대에 성경을 바른

---

[19] John Wesley, "Preface," in *The Works of John Wesley*, vol. 5 (Grand Rapids: Zondervan Publishing House, 1872), 2-3.

자리로 회복시켜 놓은 사람들이었습니다. 그들은 한결같이 '한 책'을 사랑했고, 그 '한 책'을 가르치는 일에 생애를 바쳤습니다. 그 '한 책'에 기록된 대로 온 세상이 변화되기를 꿈꿨습니다. 그들은 '한 책' 안에 기록된 약속들을 굳게 붙들고 모험적인 생애를 살았습니다. 무엇보다도 그 '한 책'을 통해서 하나님을 만난 사람들이었습니다. 그리고 '한 책'을 통해 모든 사람을 하나님 만나게 해주고 싶어하던 사람들이었습니다.

위대한 영적 각성과 신앙 부흥 역사를 보십시오. 그곳에서 성경의 권위는 회복되었고 사람들의 사랑도 받았습니다. 그리고 그 한가운데는 언제나 성경이 하나님의 말씀임을 체험한 설교자들이 있었습니다.

신학의 기초

신학의 출발점은 분명한 성경관입니다. 성경을 하나님의 말씀이라고 믿는 신앙에서 시작됩니다. 말씀 속에서 하나님을 느끼고 성품을 배워 가야 합니다. 결국 성경 말씀을 따라서 죽기 위하여 신학의 문을 두드린 것입니다.

성경에 대한 사랑 없이 신학적 지식들로 거룩해지지 않습니다. 인격과 삶이 그리스도를 닮아 가는 것도 성경 말씀을 통해서입니다. 따라서 '성경에 관한 지식'을 쌓는 일보다 '성경 자체'를 알기에 열심을 내야 합니다.

마틴 로이드존스(D. Martyn Lloyd-Jones, 1899-1981) 목사가 강조한 바와 같이 성경 읽기는 꾸준히 체계적으로 해야 합니다. 많은 양의 성경을 읽는 일이 능사는 아니지만, 숲을 아는 것 없이는 나무에 대한 지식이 정확할 수 없습니다.

막상 목회를 시작하게 되면 자칫 성경 자체를 읽는 일을 소홀히 할 수 있습니다. 경우에 따라서는 설교를 하기 위해서만 성경을 펴는 슬픈 직업주의에 떨어질 수도 있습니다. 비교적 시간적인 여유가 있는 신학교 시절에 많은 양의 성경을 읽어야 합니다. 일평생 그 '한 책'을 사랑하고, 은혜를 받는 깊은 영적 생활로 나아가야 합니다.

18세기 말에 케임브리지 대학에서 가르쳤던 찰스 시므온(Charles Simeon, 1759-1836)은 성경 신앙을 회복하는 일에 몸 바쳤던 사람으로서 이렇게 말하였습니다.

"내 경험에 비추어 보더라도 정말 그러하지만, 다른 사람들에게 말씀을 전할 자격을 갖추기 위해 우리 자신의 독실한 성경 읽기가 얼마나 중요한가를 충격적으로 깨달았다. 심지어 경건한 목사들이 알고 있는 정도 이상의 의미가 여기에 있음을 믿는다. 하나님께서는 당신의 말씀 안에서 당신을 찾는 사람에게 가까이 다가오셔서 기름을 부으시는데, 이 기름 부으심은 사람이 쓴 책에서는 찾을 수 없는 것이며, 오른손으로 기름을 움키듯이 설교단 안에 그리고 설교단을 넘어 흘러나가게 될 것이다."[20]

신학은 성경을 위하여

공부는 열심히 하면서도 말씀에 대해서는 잘못된 태도를 가지고 있는 사람들이 있습니다. 다시 말하자면, 신학 지식과 성경 지식을 경건하게

---

20) Charles Simeon, *Memoirs of the Life of the Rev. Charles Simeon*, ed. William Carus (London: Hatchard and Son, 1847), 307.

연결시키지 못하는 사람들이 있다는 말입니다. 그들은 성경은 설교할 때나 사용하고, 신학 지식은 따로 축적합니다. 이것은 바른 신학 함이 아닙니다.

신학을 공부하지만 결국 나가서 목회할 때에는 신학 교과서를 들고 목회하는 것이 아니라 하나님의 말씀인 '한 책', 곧 성경으로 목회합니다.[21] 그것을 설교하고, 실천하고, 거기에 기록된 진리를 따라서 살도록 가르치는 것이 목회입니다. 따라서 신학생은 성경을 통하여 하나님의 음성을 듣는 것을 배워야 합니다.

성경을 읽으며 눈물 흘려 본 적도 없고, 마음이 뜨거워져 본 적도 없는 사람이 어찌 말씀의 종이 되겠습니까? 성경을 읽으며 회개하고 깊은 위로와 사랑을 경험해 보지도 못한 사람이 어떻게 그런 감화를 불러일으키기를 기대할 수 있겠습니까?

그러나 오늘 여러분의 현실을 보십시오. 신학교에 들어오기 전까지는 그래도 성경에 묻혀 지내던 시간들이 있지 않았습니까? 그런데 신학교에 오고 나서는, 성경은 참고서가 되고 신학 서적이 교과서가 되고 있지 않습니까?

리포트를 쓰고 독서를 하고 학점을 받기 위해 몰두합니다. 신학을 시작하게 한 성경을 대할 수 있는 시간을 갖지 못합니다. 그래서 신학교 시절

---

21) 이에 관하여 구약학자 에드워드 영(Edward J. Young)은 오늘날의 초자연주의의 신앙과 자연주의라는 합리적인 사상과의 싸움이라고 보고 결국 이 모든 싸움의 궁극적인 논쟁거리는 성경과 관련되었다는 점을 말한다. "오늘날에도 많은 사안에서 초자연주의와 자연주의 사이의 다툼이 그 모습을 드러내고 있다. 그러나 맹렬한 논쟁이 오가는 곳이며, 반드시 끝을 내고자 하는 전장(戰場)이 있다. 그것은 성경과 교회 사이의 관계에 관한 것이다. 좀 더 고유하게 말하자면, 성경 바로 그 자체의 본질에 관한 것이라고 말할 수 있다." Edward J. Young, *Thy Word is Truth* (Grand Rapids: Wm. B. Eerdmans Publishing Company, 1981), 14.

에 성경 자체에 대한 사랑과 친숙함 없이 신학교 문을 나서는 사람들을 많이 봅니다. 신학교 시절에 성경 자체와 친숙해지지 않으면 안 됩니다.[22]

어떤 신학생들의 데모

여기서 강조하지 않을 수 없는 것이 있습니다. 성경 원어에 대한 지식입니다. 알다시피 성경은 세 가지 언어로 기록되어 있습니다. 신약성경은 헬라어로 기록되어 있고, 구약성경은 대부분 히브리어로 기록되어 있습니다. 다만 다니엘서와 에스라서의 일부는 아람어로 기록되어 있습니다. 따라서 할 수만 있으면 이 세 가지 원어를 모두 터득하여 성경을 원전으로 읽을 수 있어야 합니다.

어느 신학교에서 데모가 벌어졌습니다. 신학생들이 데모하는 이유는 대개 비슷비슷합니다. 재단 문제나 교수님 문제, 등록금 문제 혹은 시국 문제 같은 것들이 데모의 이슈가 됩니다.

그런데 그 신학교에서는 결사적으로 데모하고 있는 학생들의 구호가 희한했습니다. "헬라어와 히브리어를 선택 과목으로! 선택 과목으로!" "과락 많이 시키는 헬라어 교수, 물러가라! 물러가라!"

그 데모 현장을 보면서 저는 혼자 중얼거렸습니다. "미쳤구나, 미쳤어.

---

22) 총신대학교 신학대학원에서 설교학을 가르쳤던 박희천(朴熙天) 목사는 40년 넘게 목회 생활을 해오면서 매일 성경 본문 자체만을 읽는 데에 4시간을 바쳐 왔다고 고백하며 이렇게 말했다. "(성경을) 읽는 속도에 있어서도 개성에 따라 자유롭게 할 수가 있다. ……속독하면 속독하는 대로의 유익이 있고, 정독하면 정독하는 대로의 유익이 있다. ……중국의 공자는 가죽 노끈을 세 번 갈아매면서 주역(周易)을 3천 번 읽었다고 하는데 진리의 표준인 성경을 다루는 설교자들이 공자에게 뒤져서야 되겠는가." 박희천, "설교자의 자질 문제와 성경 외의 자료에 대한 태도", 『목회자와 설교』, 총신대학 부설 한국교회문제연구소 편 (서울: 도서출판 풍만, 1987), 217.

성경을 털도 안 뽑고 먹으려는 도둑놈들이 신학교에 들어왔구나." 해군에 입대하여 바지 자락에 물도 안 적시겠다는 억지요, 육군에 입대하여 승용차 타고 전쟁하겠다는 억지가 아니고 무엇이겠습니까? 성경을 배우기 위해서 온 사람들이 본래 계시가 담긴 원문을 읽고자 공부하는 것은 당연하지 않겠습니까?

내가 만난 스님

어느 날 대전 고속버스 터미널 앞에서 목탁을 두드리는 스님에게 다가가서 물었습니다. "불경을 한문으로 읽으려면 어느 정도 한문 공부를 하여야 합니까?" 그는 대답하였습니다. "평범한 사람이 7년 정도는 한문을 공부해야만 팔만대장경 같은 불경을 볼 수 있는데, 완전하게 터득한다고는 장담할 수 없습니다." 그런데 묻지도 않은 말에 대한 다음 대답이 재미있었습니다. "지금은 번역본이 많아서 그렇게 공부할 필요가 없습니다." 그렇게 공부해서 한문 불경을 읽는다 해도 그것은 원전이 아닙니다.

성경을 원전으로 읽어야 할 필요는 아무리 강조해도 지나침이 없습니다. 원전으로 자유롭게 읽지 못하면 사전이라도 찾으면서 다양한 역본들의 오류를 찾아낼 수 있어야 합니다. 그래야 올바른 본문을 택할 수 있기 때문입니다.

목회자는 전문가입니다. 전문가는 자기 분야에 정통하지 않으면 안 됩니다. 성경은 비교적 쉬운 원어로 되어 있어서 조금만 노력하면 원전을 대할 수 있습니다. 히브리어 성경의 경우 약 1천 개 정도의 단어를 외우고 문법과 약간의 구문을 공부하면 어렵지 않게 읽어 갈 수 있습니다.

회교도의 열심

대학원에서 공부할 때 이슬람교도였던 학생이 회심하여 함께 공부한 적이 있습니다. 방글라데시 태생인 그는 저에게 회교도들이 코란에 대하여 가지고 있는 열심을 이야기해 주었습니다. 그에 의하면, 회교도들은 모두 모국어와 아랍어를 안다는 것입니다.

그들은 어려서부터 자손들에게 아랍어를 가르칩니다. 코란을 외우게 하기 위해서입니다. 그가 말하기를 자신의 동네에만도 코란을 구두점까지 정확하게 외워서 쓸 수 있는 사람들이 많다는 것입니다. 자신도 코란 전체의 약 3분의 2가량을 외우고 있다고 했습니다.

자신들의 경전에 대한 이교도들의 열심을 보십시오. 유일하신 하나님을 믿고 사랑하며 그 말씀으로 영혼들을 구원하고 가르칠 복음 사역자들이 원어에 대한 학습을 포기해서야 되겠습니까?

단순한 믿음

히브리어 공부가 힘들게 느껴지던 시절에 저는 한 가지 사실을 믿게 되었습니다. "하나님께서는 당신의 계시가 많은 사람들에게 알려지는 것을 기뻐하실 것이다. 그렇다면 그 계시를 평범한 사람이 열심히 공부해도 도무지 터득할 수 없는 수수께끼 같은 언어에 담아 두셨을 리가 없다."

틈틈이 히브리어 공부에 재미를 붙이면서 몰두하였습니다. 신학 대학원을 졸업하기 전에 구약 전권의 3분의 2가량과 아람어 본문 전부를 원전으로 읽을 수 있었습니다.

한창 열심을 낼 때에는 신명기서나 선지서의 명문들을 한두 쪽씩 사전을 찾지 않고 단숨에 읽어 나갈 수 있게 되었습니다. 너무나 감격스러웠습니다. 원문이 주는 풍부한 이미지와 뚜렷한 의미 때문이었습니다. 저는 그러한 믿음이 헛된 것이 아니라는 사실을 깨닫게 되었습니다. 헬라어를 가르쳐 주시던 선생님의 말씀이 생각났습니다. "성경 원어 공부에 있어서는 하나님의 공의를 따르는 자가 살아남을 것이다."

후일 신학교에서 성경을 가르칠 때 이 같은 원어에 대한 공부가 큰 도움이 되었습니다. 지금도 책상과 설교단 아래 놓여 있는 원어 성경은 당시 지불했던 수고와는 비교할 수 없을 정도로 큰 유익을 주고 있습니다.

원어 성경 읽기를 위하여 시간을 투자하십시오. 마실 수 있는 여러 종류의 물이 있을지라도 샘 안에 고인 물이 가장 순수하고 정결하듯이, 계시의 가장 올바른 의미도 원어 성경을 통하여 드러납니다.[23]

신학을 아는 지식

그 다음으로 생각할 것은 신학 서적을 읽는 일입니다. 매일 많은 책들이 쏟아져 나옵니다. 한 해 동안 출간된 책만 7만 5천여 종이니, 하루에

---

[23] 찰스 스펄전(Charles H. Spurgeon) 목사는 교인들이 듣기에 쉽게 설교하는 대중적인 설교자였지만, 그 역시 성경 원어 연구의 가치를 의심하지 않았다. 그의 설교들을 살펴보면 성경 본문에 등장하는 단어 하나의 의미까지도 정확하게 해석해 내고자 성경의 원어를 제시하며 그 용례들을 자세히 설명하고 있고, 수많은 번역본들의 오류들도 지적하고 있음을 알 수 있다. 그 실례로 다음과 같은 설교를 참고하라. Charles H. Spurgeon, "Death and Life: The Wage and the Gift," in *The Metropolitan Tabernacle Pulpit*, vol. 31 (Pasadena: Pilgrim Publication, 1986), 601-602; Charles H. Spurgeon, "Heart-Disease Curable," in *The Metropolitan Tabernacle Pulpit*, vol. 27 (Pasadena: Pilgrim Publication, 1984), 342-343.

200여 권씩 출간되는 셈입니다(2019, 교보문고 조사 기준). 그러나 그 모든 책들을 다 읽을 수는 없습니다. 또 그럴 필요도 없습니다.

사람들은 여러 가지 동기로 독서를 합니다. 어떤 사람들은 표현력의 개선을 위해서, 긴장의 해소를 위해서, 혹은 일상의 지루함에서 벗어나고, 심지어 시간을 때우기 위해서도 책을 읽습니다. 그러나 목회 사역을 위해서 준비하는 우리는 한정된 시간 안에 우선순위를 따라서 공부하여야 합니다. 무엇보다도 신학생 시절에 우선 독서는 좁은 범위에서 넓은 범위로 나아가도록 충고하고 싶습니다.

먼저 성경에 대한 이해를 더할 수 있는 독서를 우선시해야 합니다. 모든 독서와 학문의 연구가 성경에 대한 바르고 깊은 이해를 위해 이루어져야 합니다. 그래서 모든 독서와 학문 활동의 중심에 성경이 오게 하십시오. 그 성경에 대한 이해를 출발점으로 학문의 영역을 넓혀 가십시오.

학문을 하면서도 성경과 대화하는 일을 계속해야 합니다. 무슨 책을 읽든지 그 책이 성경을 이해하고, 회중을 이해하고, 교회와 역사를 이해하는 데 어떤 도움을 줄 수 있는지를 물어야 합니다. 우리는 단지 마구잡이로 책을 읽는 잡식성의 학문을 지향해서는 안 됩니다. 최선의 책들을 최선의 목표를 위하여 선택하고 읽는 습관을 가져야 합니다.

무디도 쓰셨는데

신학교에서 학기말 시험을 마치고 복도로 걸어 나올 때였습니다. 학생들이 복도에서 수군대며 나누는 이야기 소리를 무심코 듣게 되었습니다. 그 시간에 동료 학생 가운데 몇 사람이 부정행위를 하여 교수님께 꾸중을 듣고 있었습니다. 그 광경을 지켜보던 한 신학생이 건들거리며 이렇게 말하였습니다. "그래도 하나님께서 쓰시겠다는데 뭘 저러시나. 무디도 쓰셨는데⋯⋯."

드와이트 무디(Dwight L. Moody, 1837-1899)는 초등학교를 중퇴한 무학자였습니다. 그렇지만 거룩한 복음 사역을 위하여 훌륭하게 하나님을 섬긴 사람이었습니다.

어느 날 그가 설교할 때, 설교를 모두 들은 교인 한 사람이 가까이 다가가서 이렇게 말했습니다. "무디 선생님, 설교하시는 동안 문법을 너무 많이 틀리셨습니다."

그러자 무디는 이렇게 말했습니다. "네, 잘 압니다. 그러나 저는 제가 가진 것을 가지고 할 수 있는 한 최선을 다하고 있습니다. ⋯⋯그렇다면 형제님, 훌륭한 문법 실력을 가지신 당신은 우리 주님을 위해 무엇을 하고 계십니까?"[24]

선교학자들은 무디가 전도한 사람이 약 100만 명에서 130만 명가량 될 것이라 추산합니다. 물론 하나님께서는 공부 잘하는 사람만을 쓰시는 것은 아닙니다. 그렇다고 해서 무디가 그 학생처럼 공부하기 싫어하는 사람들에게 소망을 주는 표본이 되는 것은 참을 수 없는 일입니다.

하나님께서 무디를 사용하신 것은 공부를 못했기 때문이 아닙니다. 당시 무디보다 공부를 많이 한 사람들이 허다하였지만, 공부 잘하는 그들에게서는 찾아볼 수 없는 소중한 것들이 무디 안에 있었기 때문입니다. 그래서 하나님께서는 그를 붙잡으셨고, 그는 학문적인 결핍에도 불구하고

---

[24] William R. Moody, *The Life of Dwight L. Moody by His Son* (Eugene: Wipf and Stock Publishers, 2018), 61.

하나님의 영광을 위하여 불꽃처럼 살 수 있었습니다.

무디처럼 영혼을 사랑합니까? 그 사람처럼 거룩하게 살아가고 있습니까? 그의 마음속에 있었던 복음을 전하고자 하는 처절한 열정들이 그 학생들 가운데 있겠습니까? 저는 확신합니다. 무디가 지금 신학 교육을 받았다면 아마 시험 때 커닝을 하거나 남의 리포트를 베껴 쓰지는 않았을 것입니다.

공부할 땐 공부하라

신학교 시절에 공부를 등한히 합니다. 교회 봉사한다고, 선교 활동한다고 바쁘게 돌아다닙니다. 그러다가 목회를 시작합니다. 이제는 전심으로 그 일에 헌신해야 될 때입니다. 그런데 이번에는 공부하러 다니느라고 목회를 소홀히 합니다. 공부할 때는 다른 일에 매달리고 목회를 하여야 할 때에는 공부를 하겠다고 합니다. 왜 그러는지 모르겠습니다.

요즘은 하루 종일 스마트폰을 붙들고 사는 신학생들도 심심치 않게 늘어나고 있습니다. 소위 디지털 중독(digital addiction)에 걸린 것이지요. 그러나 아무리 미디어가 발달한다고 하더라도 공부의 가치는 영원합니다.

소용돌이치는 격변의 역사 속에서 하나님께서 사용하셨던 인물들은 탁월하게 뛰어난 지성인들이었습니다. 초기 기독교 교리의 기초를 놓았던 바울이 그러하였고, 히포의 주교였던 아우구스티누스(Aurelius Augustinus, 354-430)가 그러하였습니다. 잃어버렸던 사도적 신앙을 되찾게 만들어 주었던 종교 개혁자들이 그러하였습니다.

주님을 영화롭게 한 지성

마르틴 루터(Martin Luther, 1483-1546)가 좋은 예입니다. 종교 개혁에 대항하는 논적들과의 토론과 변증, 성경에 관한 그의 해박한 저술과 설교는 칠흑같이 어둡던 중세에 복음 진리의 빛을 비추었습니다. 이 모든 일에 있어서 그의 학문과 지성은 경건과 열정만큼이나 요긴한 도구가 되었습니다.

1519년 7월 4일에서 14일까지 열흘 동안 라이프치히에서 신학 논쟁이 있었습니다. 당시의 인문주의자 에크(Johann Eck, 1486-1543)와의 논쟁이었습니다.

잉골슈타트 대학교의 교수였던 에크는 루터가 발표한 95개조 논제에 대해 『오벨리스크』(Obelisci)라는 제목으로 반박했습니다. 이 오벨리스크는 단검 표시(†)였습니다. 호메로스(Homeros, BC 8세기경) 작품의 본문에 표시되었던 사본학적인 표시로서 진정성(authenticity)이 의심되는 부분이라는 뜻이었습니다.

이에 대하여 마르틴 루터는 『아스테리스크』(Asterisci)라는 작품으로 자신의 주장을 변론하였습니다. 아스테리스크는 인쇄 용어로서 중요하다는 뜻의 별표(*)를 가리키는 말이었습니다.

에크는 천재적인 기억력과 폭포수와 같은 달변, 섬뜩할 정도의 통찰력의 소유자였습니다. 그야말로 전문적인 논쟁가와의 한판 승부였습니다. 거기서 루터는 참된 신앙에 대하여 유능하게 변증했습니다. 그가 학문적으로 준비되지 않았다면 불가능하였을 것입니다. 이때 한 증인은 루터에 관하여 이러한 기록을 남겼습니다.

"마르틴은 중간 정도의 키에 염려와 연구로 인해 여윈 몸을 가지고 있어서 살갗 위로 드러난 뼈들을 거의 셀 수 있을 정도였다. 그는 혈기왕성한 때를 지나고 있었으며 또렷하고도 사람의 마음을 파고드는 목소리를 가지고 있었다. 그는 박식하며 성경을 잘 알고 있었다. 게다가 성경에 관한 여러 해석들을 충분히 판단할 수 있을 만큼 헬라어와 히브리어에도 정통하였다."[25]

1703년에 태어난 또 한 인물이 있습니다. 뉴잉글랜드의 위대한 신앙 부흥을 위하여 쓰임받았던 조나단 에드워즈(Jonathan Edwards, 1703–1758)입니다. 역시 뛰어난 지성인이었습니다.

그는 당시 회중 교회의 목사였던 아버지 밑에서 일찍부터 특별한 교육을 받았습니다. 아주 어릴 적부터 자신이 사유하는 내용들을 글로 쓰는 연습을 하였습니다. 그는 12세의 나이에 예일 대학에 입학하기 전, 이미 라틴어와 히브리어, 헬라어 등을 섭렵하였습니다. 그리고 4년 뒤 대학을 수석으로 졸업하고 대학원 과정에서 공부하였습니다. 그 후 예일 대학에서 교편을 잡았는데 당시 그의 나이 20세였습니다.

그는 뛰어난 설교자였습니다. 영적으로 침체되었던 뉴잉글랜드의 교회를 깨우는 도구가 되었습니다. 신앙적인 열정을 불러일으키는 1차 대각성 운동과 영적 부흥을 위해 쓰임받았습니다.[26] 그는 또한 철학자이자 신

---

[25] Roland H. Bainton, *Here I Stand: A Life of Martin Luther* (Nashville: Abingdon Press, 1978), 87. 이 책은 한글로 번역되어 있다. 롤런드 베인턴, 『마르틴 루터』, 이종태 역 (서울: 생명의말씀사, 2016), 148-163.

[26] 조나단 에드워즈는 설교자이자 목회자이기도 하지만 탁월한 신학자이며 철학자이기도 하다. 성경 계시를 설명하기 위하여 모든 학문들을 그 속에 아우르는 거대한 사상의 체계를 구축하고 있기

학자이며 문필가로서 청교도적인 칼뱅주의 사상을 뉴잉글랜드에 뿌리내리게 하는 데 기여했습니다. 이 또한 그의 특별한 학문적인 준비가 없었더라면 불가능했을 일입니다.[27]

이처럼 경건한 열정과 깊은 지성은 한 목회자의 인격 안에 공존해야 합니다. 그렇게 될 때 그의 사역은 단지 그의 생애에 한정되지 않습니다. 그의 사후에도 그의 신앙과 신학이 글로 남아서 후손들을 일깨울 것이기 때문입니다.

에 그의 신학은 우주적 통합성을 지니고 있다. 그의 작품은 예일판 전집으로 26권이 출간되었다. Jonathan Edwards, *The Works of Jonathan Edwards*, 26 vols. (New Haven: Yale University Press). 당대 이신론에 맞서 능력 있게 역사하시는 하나님의 편재성을 변론한 『자유 의지론』(*Freedom of the Will*), 성령을 통한 은혜의 작용이 인간의 마음속에서 어떻게 일어나는지를 정치(精緻)하게 보여준 『신앙 감정론』(*Religious Affections*), 계몽주의의 위협으로부터 성경에 입각한 원죄 교리를 보호한 『원죄론』(*Original Sin*), 자연 세계에서 발견한 하나님의 능력과 아름다움을 가지고 자연학에 대한 신학적 해석을 시도한 『과학 철학』(*Scientific and Philosophical Writings*), 천지 창조의 목적을 비롯하여 모든 존재의 질서와 가치 판단의 기준을 하나님 안에서 확고히 세운 『윤리학』(*Ethical Writings*), 인류의 역사를 우주적 완성으로서의 하나님의 구속으로 해석한 『구속사』(*A History of the Work of Redemption*), 성경의 진리를 통합적으로 해석하고 전달하는 목회적 실천의 모본을 보여준 『설교집』(*Sermons and Discourses*), 성경 진리에 대한 방대한 주제들을 전 학문적으로 다루고 있는 그의 사상의 뿌리 격인 『미셀러니』(*The Miscellanies*), 삼위 하나님의 관계를 통해 만물의 질서와 상호 교통을 설명한 『삼위일체론』(*The Trinity*) 등이 있다. 그 밖에 그의 사상과 삶에 대한 자료는 다음의 자료를 참고하라. Iain H. Murray, *Jonathan Edwards: A New Biography* (Edinburgh: The Banner of Truth Trust, 1987); George M. Marsden, *Jonathan Edwards: A Life* (New Haven: Yale University Press, 2003). 이 두 책은 국내에도 번역되어 있다. 이안 머레이, 『조나단 에드위즈: 삶과 신앙』, 윤상문 역 (서울: 이레서원, 2006); 조지 M. 마즈던, 『조나단 에드위즈 평전』, 한동수 역 (서울: 부흥과개혁사, 2006).

27) 에드워즈에 관한 연구를 책으로 낸 존 거스트너(John H. Gerstner)는 에드워즈를 사상적으로 매우 깊은 의미를 가진 인물로 보고 그의 학문적인 탁월함을 논증하고 있다. 그에 따르면 에드워즈는 전통적인 기독교 유신론, 즉 기독교 신앙을 이성적으로 설명함으로 신앙과 이성의 종합을 추구했던 전통의 가장 탁월한 대변자일 뿐만 아니라 이것을 자신의 독특한 방식으로 설명한 사람이라고 평가한다. 신학에 있어서뿐만 아니라 기독교 철학에 있어서도 정통주의적인 가장 위대한 챔피언이었다고 강조하면서, 사상적으로 볼 때 존 로크(John Locke)나 데이비드 흄(David Hume) 같은 위대한 철학자들과도 능히 견줄 수 있는 사람이라고 주장한다. John H. Gerstner, *The Rational Biblical Theology of Jonathan Edwards*, vol. 1 (Powhatan: Berea Publications, 1991), 55–56.

개혁을 이룬 지성

제네바의 종교 개혁은 장 칼뱅(Jean Calvin, 1509-1564) 한 사람에 의해 이루어지지 않았습니다. 개혁 신앙을 갈망하는 많은 평신도들과 수많은 개혁자들에 의해 이루어졌습니다. 칼뱅과 함께했던 사람들 중 프로망(Antoine Froment, 1508-1581), 비레(Pierre Viret, 1511-1571), 그리고 파렐(Guillaume Farel, 1489-1565) 같은 개혁자들은 출중했습니다.

로잔에서 종교 회담이 개최된 것은 1536년 10월경이었습니다.[28] 이 회담은 종교 개혁자들과 가톨릭 신학자들 간의 토론적 성격을 가진 회담이었습니다. 많은 시민들은 이 토론의 성패에 따라 자기의 신앙이 갈 길을 선택하게 되어 있었습니다.

양측의 회담이 진행되는 처음 며칠 동안 칼뱅은 말없이 회의 광경을 지켜보고만 있었습니다. 파렐과 비레가 가톨릭 신학자들을 상대로 열렬한 토론을 전개하고 있었습니다. 그러나 칼뱅은 침묵하였습니다.

회담이 개최된 지 나흘째 되던 날, 토론의 주제는 성만찬이었습니다. 가톨릭 측의 유능한 변론자인 미마르(Mimard)가 등단하여 미리 준비한 연설문을 읽어 나갔습니다. 그는 종교 개혁자들이 아우구스티누스와 하나님의 영감을 받은 교부들의 교훈을 얕보고 있다고 비난하였습니다.[29]

바로 그때, 마른 체구에 창백한 얼굴을 가진 젊은 칼뱅이 등장했습니다. 그는 시선을 미마르에게 고정시킨 채 발언하기 시작하였습니다.

---

[28] 이하 로잔 회의와 관련한 칼뱅의 기사 전체는 다음의 책을 부분 발췌하였으며, 표현상 일부 수정하여 사용한 곳도 있음을 밝힌다. 엠마누엘 스티켈베르거, 『하나님의 사람 칼빈』, 박종숙, 이은재 역 (서울: 도서출판나단, 1992), 67-72.

[29] 엠마누엘 스티켈베르거, 『하나님의 사람 칼빈』, 박종숙, 이은재 역 (서울: 도서출판나단, 1992), 69.

거기 모인 사람들은 뜻밖의 인물의 출현에 의아해했습니다. 그들이 지켜보는 가운데 칼뱅은 입을 열기 시작하였습니다.

"거룩한 교부들에게 영예를 돌려 드립니다. 우리들 중에 당신보다 교부를 더 잘 알지 못하는 사람은 교부들의 이름을 언급하지 않도록 조심하시기 바랍니다. 당신이 교부들을 좀 더 제대로 공부했더라면, 어떤 구절들은 당신에게 도움이 됐을지도 모릅니다."[30]

칼뱅은 물 흐르는 것 같은 달변으로 가톨릭 측 변론자를 반박했습니다. 그에게는 미리 준비한 원고가 없었습니다. 즉석에서 변론자의 논지들을 나열하면서 성경과 교부들의 신학으로 하나씩 반박하였습니다.

모든 사람들은 이 낯선 젊은이의 유능하고 힘 있는 반증에 귀를 기울였습니다. 놀랍게도 젊은 칼뱅은 가톨릭의 주장을 반박함에 있어 많은 근거들을 교부들의 글에서만 끌어오고 있었습니다.

가톨릭 사람들은 종교 개혁자들이 교부들을 무시하고 성경을 잘못 해석한다고 비판했습니다. 그러나 칼뱅은 바로 성경과 교부들의 글들을 인용하여 종교 개혁가들의 주장을 유능하게 변증했습니다. 그리고 그것은 가톨릭 측 누구도 예상하지 못한 일이었습니다.

칼뱅은 먼저 교부 테르툴리아누스(Tertullianus, 160경–220경)의 견해를 인용한 후 주석하였습니다. 요한네스 크리소스토무스(Johannes Chrysostomus, 347경–407)의 설교 또한 정확한 출처와 함께 논거로 제시했습니다.

---

30) 엠마누엘 스티켈베르거, 『하나님의 사람 칼빈』, 박종숙, 이은재 역 (서울: 도서출판나단, 1992), 69.

그리고 나서 교부 아우구스티누스의 저작들을 인용하기 시작했는데, 그가 인용하는 구절들이 어느 작품의 어디쯤 위치하고 있는지까지도 정확하게 언급하였습니다. "(이 구절은) 요한복음 강해의 시작 부분인데, 아마도 여덟 번째 아니면 아홉 번째 설교일 것입니다……."[31]

이미 상당히 긴 시간이 흘렀습니다. 그러나 칼뱅의 반론은 아직 끝나지 않았습니다. 그가 능숙하게 인용하여 해석하고 있는 자료들 중 어떤 것들은 거기에 참석한 가톨릭 측 신학자들에게도 낯선 것이었습니다.

나아가 칼뱅은 거기서 자신의 논지에 합당한 복음적 해석을 입증하기 위하여, 방대한 양의 교부들의 자료들을 쏟아 놓기 시작하였습니다. "『베드로 집사를 위한 신앙론』(*De Fide ad Petrum Diaconum*)이라는 책에는 이렇게 적혀 있고, 『다르다누스에게』(*Ad Dardanum*)라는 서간문에는 다음과 같이 적혀 있습니다……."[32] 사람들은 칼뱅이 제시하는 학문적 증거들을 들으며 모두 숨을 죽였습니다. 그의 천재적인 기억력과 논리에 위축되어 더 이상 아무 말도 할 수 없었습니다.

당시 칼뱅도 어떤 내용의 토론이 이루어질 것을 예상할 수 없었습니다. 미리 원고를 준비할 수 없었습니다. 가톨릭 측 사람들의 즉각적인 변론에도 반박하여야 했습니다. 따라서 그는 자신의 논증을 대부분 기억 속에서 이끌어 냈습니다. 준비된 원고도, 가져온 책도 없이 오직 정리된 기억 속에서 논거들을 제시했습니다.

이러한 칼뱅의 유능함은 그가 파리에서 공부할 당시의 습관과 밀접한 관계가 있습니다. 그는 책을 읽은 후에는 내용을 암기하는 일에 많은 노

---

31) 엠마누엘 스티켈베르거, 『하나님의 사람 칼빈』, 박종숙, 이은재 역 (서울: 도서출판나단, 1992), 69-70.
32) 엠마누엘 스티켈베르거, 『하나님의 사람 칼빈』, 박종숙, 이은재 역 (서울: 도서출판나단, 1992), 70.

력을 기울였습니다. 저녁에 암기하고 아침에 다시 그 기억을 되살려 보는 훈련을 몸소 익혔습니다.[33]

칼뱅의 이 유능한 변증은 단지 그의 학문적 천재성만을 드러낸 것이 아니었습니다. 그는 기억뿐 아니라 신앙으로 확신하고 있는 바를 따라 논박하였습니다. 이는 성령 충만한 신학자에 의해 성경의 진리가 드러나는 순간이었습니다.

한순간에 가톨릭 연사들을 압도해 버린 칼뱅은 그의 논적이었던 미마르에게 다음과 같은 말을 하였습니다.

"우리가 교부들에 대하여 적대적이라고 하는 당신의 주장이 무례하고 뻔뻔한 것이 아닌지 당신 스스로 판단해 보시기 바랍니다. 당신은 교부들이 쓴 책들의 표지조차 제대로 보지 않았다는 것을 인정해야 합니다. 만일 당신과 당신에 앞서서 연설을 했던 사람들이 교부들을 한 번이라도 통독한 적이 있었더라면, 당신들은 아마 현명하게도 침묵을 지켰을 것입니다!"[34]

학문을 통한 하나님의 음성

하나님의 음성은 신비 체험이 아니라 성경과 학문을 통하여 들려왔습니다. 칼뱅은 학문을 통해 성경 진리를 깨달았습니다. 그 진리를 신앙으

---

[33] Willem van't Spijker, *Calvin: A Brief Guide to His Life and Thought*, trans. Lyle D. Bierma (Louisville: Westminster John Knox Press, 2009), 12-15.
[34] 엠마누엘 스티켈베르거, 『하나님의 사람 칼빈』, 박종숙, 이은재 역 (서울: 도서출판나단, 1992), 70.

로 확신하고 경험하였습니다. 그것이 그가 신학을 하는 방식이었습니다. 신학 토론은 계속되었습니다.

가톨릭 신학자들은 자신들의 완전한 패배에 당혹감을 감출 수 없었습니다. 물을 끼얹는 듯 고요한 좌중 한가운데로 칼뱅이 내린 토론의 결론이 하나님의 음성처럼 들려왔습니다.

"그리스도의 살과 피로 말미암는 은혜로써 우리가 받을 수 있는 모든 것들을 통해 진리와 실재 안에서 우리를 결합시켜 주는 영적 교제, 우리를 우리의 구세주와 연합시켜 주는 영적인 연합, ……이것은 영적인 끈, 곧 성령의 줄을 통하여 연합되는 것입니다. 이것이 바로 성만찬입니다."[35]

칼뱅의 연설이 끝났습니다. 한참 동안 교회당은 침묵이 흘렀습니다. 토론에 참여한 가톨릭 신학자들과 청중들은 느꼈습니다. 감히 반박할 수도 없고 거부할 수도 없는 권위 있는 내용이 선포되었다는 것을 말입니다.

수도사들의 회심

그때 프란체스코 교단의 한 탁발 수도사, 장 탕디(Jean Tandy)라는 사람이 자리에서 일어났습니다. 그는 대중들에게 인기를 모으던 유능한 가톨릭 설교자였습니다. 열정적으로 종교 개혁 반대 연설을 하러 다니던 사람이었습니다. 그랬던 그가 한없이 겸손한 태도로 다음과 같이 고백했습니다.

---

[35] 엠마누엘 스티켈베르거, 『하나님의 사람 칼빈』, 박종숙, 이은재 역 (서울: 도서출판나단, 1992), 71.

"성경이 말하는 성령을 거스르는 죄라는 것은 명백한 진리를 거스르며 반항하는 완고함이라고 여겨집니다. 내가 지금 들은 연설에 따라 나는 내가 죄인이라는 사실을 고백합니다. 그동안 나는 무지 때문에 오류 속에서 살았고 잘못된 가르침을 널리 퍼뜨려 왔습니다. 하나님의 영광을 거슬러 말하고 행하였던 모든 것에 대해 나는 하나님의 용서를 구합니다. 그리고 여기 있는 모든 사람들에게도 내가 지금까지 가르쳐 온 잘못된 것들에 대하여 용서를 구하는 바입니다. 나는 지금부터 그리스도와 그분의 순수한 가르침만을 따르기 위하여 성직의 옷을 벗어 버리겠습니다."[36]

그 종교 회담에서의 논쟁은 종교 개혁자들의 승리로 끝났습니다. 종교 개혁을 지지하는 사람들만 감명을 받은 것이 아니었습니다. 신학적으로 오류 속에 갇혀 있던 많은 가톨릭 수도사들이 회심하였습니다.

토론이 끝난 다음 로잔은 개혁 신앙으로 되돌아왔습니다. 매춘 소굴들은 모두 폐쇄되고 창녀들은 추방당했습니다. 종교 회담이 구체적인 결실을 맺기 시작하였습니다.

영력만큼 귀한 학문

은혜로운 역사가 일어날 때도 영적인 무질서가 있을 수 있습니다. 그러한 무질서에 기여하는 것을 영광스러운 신념으로 생각하는 사람들이 있

---

[36] 엠마누엘 스티켈베르거, 『하나님의 사람 칼빈』, 박종숙, 이은재 역 (서울: 도서출판나단, 1992), 71-72.

을 수 있습니다. 그런 상황에서 목회자의 신학적 판단력은 영력 못지않게 중요합니다. 진리는 무질서에 질서를 부여하는 다리입니다.

실제로 제네바에서도 이 같은 원리가 입증되었습니다. 파렐은 불같은 정신을 소유한 강한 개혁자였습니다. 교황적인 제도들의 폐단을 정죄했습니다. 단순하고 명백한 명령과 지시들을 통하여 종교 개혁을 진척시켰습니다. 그러나 실제로 이 같은 정신에 불타고 있는 종교 개혁자들을 움직인 사람은 칼뱅이었습니다.

칼뱅의 신학적인 지식은 영적인 무질서에 질서를 부여했습니다. 새롭게 태동하는 교회에 형태를 부여했습니다. 개혁 신앙이 무엇을 믿고 어떻게 살아야 하는가를 명백하게 정리해 주었습니다. 실제적으로 루터에서 시작된 종교 개혁은 칼뱅에 의해 마무리되었습니다. 칼뱅의 지식이 아니었다면 파렐은 그의 업적을 이룰 수 없었을 것입니다.

지금 신학교에서는

저는 모든 신학생들이 칼뱅이나 에드워즈와 같이 될 수 있다고 생각하지 않습니다. 그런 사람들은 매우 특별한 인물들이었습니다. 하나님께서는 평범한 사람들에게 흔히 발견되지 않는 특별한 지성을 그들에게 주셨습니다.

독자 여러분 가운데, 어떤 사람은 신학을 가르치는 선생으로 일생을 보낼 사람이 있을 것입니다. 또 목회를 하면서 사명을 감당하는 사람도 있을 것입니다. 물론 전문적으로 신학을 가르칠 사람들에게는 경건한 영성과 함께 학문적 능력이 요구됩니다.

모든 목회자가 학자와 같은 지식을 갖출 수는 없을 것입니다. 그러나 제가 말씀드리고자 하는 것은 학문적 능력의 다과(多寡)의 문제가 아닙니다. 성경의 진리와 관계된 학문에 대한 열정과 성실히 공부하는 자세입니다. 그래서 저는 신학생들에게 늘 말하곤 하였습니다. "공부를 잘하고 못하는 것 그 자체는 목회 사역에 있어서 문제가 덜 될지 모르나, 지식을 쌓는 일에 게으른 태도는 두고두고 신앙적으로 문제가 될 것이다. 하나님 앞에서……."

훈련되지 않은 헌신은 헌신되지 않은 훈련만큼이나 무익한 것입니다. 신학교 시절에는 열심히 공부하여야 합니다.

부지런하라

그 다음으로 강조되어야 할 것은 부지런함입니다. 어느 날 신학교 강의실에서 강의를 마치고 나오는 길이었습니다. 한 학생이 저에게 대화를 요청해 왔습니다. 그는 신학교 생활의 여러 가지 어려움에 대해서 충고를 받고 싶어했습니다.

그가 대화하는 가운데 이런 이야기를 했습니다. "교수님께서 강의 시간에 틈틈이 소개해 주시는 책들을 거의 모두 읽었습니다. 이 두 해 동안 읽은 책들을 다 쌓는다면 그 두께가 제 키의 두 배를 훨쩍 넘을 것입니다. 이 독서가 저를 매우 성숙하게 만들어 주었습니다."

여러분은 신학교에 입학하신 지 얼마나 되셨습니까? 지난 1년 동안 몇 권의 책을 읽으셨습니까? 리포트를 쓰기 위해서 군데군데 읽었던 책들을 빼고, 시험을 위해서 짜깁기로 답안지를 작성하려고 읽은 책들을 제외하고 첫 표지부터 마지막 표지까지 모두 읽은 책이 몇 권이나 됩니까?

신학교를 다니는 시절은 결코 한가하지 않습니다. 가정이 어려운 학생들은 틈틈이 아르바이트를 해야 합니다. 어떤 사람들은 일찍부터 시작한 교회 봉사 때문에 바쁜 시간들을 보냅니다. 그리고 과중한 학교 공부에 시달리며 화급을 다투는 리포트와 발표 준비로 바쁜 시간들을 보냅니다.

우리가 환경에 끌려다니고 여건에 밀려다니면 아마 한 해 동안에 단 열 권의 책도 제대로 못 읽을 수 있습니다. 따라서 무엇보다 책을 사랑하는 습관을 가져야 합니다. 부지런한 생활 습관이 몸에 배게 해야 합니다. 부지런한 모든 사람들이 다 진실한 사람은 아닙니다. 더욱이 그들이 모두 신령한 사람일 수는 없습니다. 그러나 진실한 사람들은 모두 성실한 사람이었습니다. 신령한 사람들 중 태만한 사람은 없습니다.

질병에 걸리거나 과로로 휴식을 취하지 않으면 안 되는 때가 있습니다. 그때는 푹 쉬어야 합니다. 그래야만 후일 더 큰 질병으로 보다 많은 시간을 허비하지 않을 것이기 때문입니다. 그러나 건강한 사람이 부지런하게 생활하지 않고 있다면, 그는 결코 깨끗한 영성을 소유하지는 못하고 있을 것입니다.

저는 신학생들에게 늘 강조했습니다. 젊은 시절에 건강하면서 하루 6시간 이상 잔다면 범죄라고 말입니다. 우리는 지극히 한정된 시간 안에 하나님을 위한 거룩한 사역에 힘쓰도록 부름을 받았습니다. 짧은 인생인데 낭비하며 보낼 시간이 어디에 있겠습니까?

신학교 시절에 어떤 태도로 자신이 스스로 준비하도록 훈련받는가 하는 것은 매우 중요한 것입니다. 왜냐하면 태도를 바꾸는 것은 쉽지 않기 때문입니다. 작은 행동들의 반복은 습관을 낳고, 습관의 축적은 인격을 형성합니다. 그리고 그 인격은 다시 수많은 행동들을 만들어 냅니다. 따라서 준비하는 과정을 통해서도 좋은 생활과 습관을 몸에 익혀야 합니다.

번지는 악

저는 조국교회의 신학교 안에 번지고 있는 몇 가지 커다란 질병을 발견했습니다. 그중에 눈에 띄는 것이 '게으름'과 '무기력'이었습니다. 진리를 탐구하고 싶어하는 열망이 너무 부족하다는 것이었습니다.

우리는 진리를 가르치고 그것을 위해서 살도록 부름받았습니다. 그런데 성경의 진리를 깨닫기 위해서 분투하였던 선배들의 학문적 업적들을 대수롭지 않게 생각하는 사람들이 있습니다. 그것은 매우 어리석은 것입니다.

세례 요한은 단지 빈 들에서 놀다가 성령 받고 사역을 시작하지 않았습니다. 세례 요한의 설교를 들어 보십시오. 그의 설교와 활동을 보면 약 30년 동안 광야에서 속세와 인연을 끊고 있다가 나타난 사람처럼 여겨지지 않습니다. 그는 자기의 시대를 정확하게 꿰뚫어 보고 있었습니다. 인간의 본성에 대한 심오한 통찰과 그리스도의 오심에 대한 조직적인 교훈을 가지고 있었습니다. 지식의 탐구 없이 어떻게 그런 일들이 가능하겠습니까? 학문적인 탐구 없이 어떻게 그토록 치밀하게 말씀 사역을 위하여 준비될 수 있겠습니까?

부지런한 독서와 진지한 학문의 탐구가 필요합니다. 그래서 성경을 더 깊이 깨달아야 합니다. 민족의 갈 길과 교회가 나아가야 할 바에 대한 통찰을 가져야 합니다. 제한된 짧은 인생을 어떻게 효과적으로 하나님 섬기며 살 것인지 배워야 합니다.

순교자 최원초 목사님

일제 강점기에 목회하다가 6·25 전쟁 때 순교한 분들 가운데 최원초(崔源初, 1905-1950) 목사님이라는 분이 있습니다. 그 당시의 신학 교육이라고 하는 것이 오늘날에 비하면 정말 엉성했습니다. 제대로 된 책도 별로 없고 자료도 부족하던 시절이었습니다. 오늘날의 기준으로 보면 정상적인 신학 교육이라고 하기 어려웠을 것입니다. 그러나 그러한 환경에서도 믿음의 선진들은 게으름과는 거리가 멀었습니다.

1948년 가을 어느 날, 당시 신안주교회에서 목회하던 최 목사님이 부흥집회를 마치고 돌아오는 길이었습니다. 마침 맞은편에서 걸어오던 한 젊은 청년[37]은 목사님이 무엇인가 호주머니에서 꺼내어 가끔씩 쳐다보며 중얼거리는 것을 보았습니다. 목사님 손에는 작은 종잇조각들이 쥐어져 있었습니다. 영어 단어 쪽지였습니다. 목사님은 그 젊은 청년에게 이렇게 당부하였습니다. "나는 헬라어까지밖에 공부하지 못하였지만, 자네는 히브리어까지 공부해야 하네."

신학교 시절에 최대의 적은 게으름입니다. 나태는 타락의 앞잡이입니다. 게으름은 모든 부패와 영적 무능력의 원천입니다. 불꽃같은 인생을 살았던 믿음의 선진들 중에 게으른 사람은 아무도 없습니다. 여러분은 신학교 시절에 부지런한 삶이 몸에 배어야 합니다.

게으름의 영은 언제나 영적인 삶에 손해를 끼칩니다. 그래서 청교도인 조지 스윈녹(George Swinnock, 1627-1673)은 다음과 같이 말했습니다.

---

[37] 이 청년이 바로 내수동교회 박희천 원로 목사이다.

"교만한 사람은 사탄의 옥좌이고, 게으른 사람은 사탄의 베개이다. 사탄은 그 옥좌에 앉아 그 베개를 베고 조용히 잠을 자고 있다."[38]

짧은 거리라면 뛰어다니며 사시길 바랍니다. 세월을 아끼고 시간을 절약해야 합니다. 하나님께서 거룩한 사역을 위하여 사용하실 때를 대비해야 합니다. 자신을 준비하는 일에 신명을 바치기 바랍니다.

게으름과 영적 생활

저는 중요한 사실 하나를 발견했습니다. 게으름과 나태, 안일을 벗 삼아 지내는 사람에게는 가난한 심령이 없다는 것입니다. 애통하는 마음도 없었습니다. 심령이 가난하고 애통하는 자들은 은혜를 받은 자들입니다. 그 은혜를 아는 자는 게으름과 나태, 안일을 벗 삼아 살 수 없습니다.

부지런히 사십시오. 지식을 얻기 위하여 전심전력하십시오. 학년이 올라갈수록 지성적인 진보가 눈에 띄게 하십시오.[39]

---

[38] George Swinnock, *Christian Man's Calling*, in *The Works of George Swinnock*, vol. 1 (Edinburgh: James Nichol, 1868), 303. 특히 이 점에 관하여 토머스 왓슨(Thomas Watson)은 그리스도의 삶에 있어서 자기 부인은 자신의 안일한 삶을 거부하는 가운데 성취된다고 주장한다. 그는 "잡초와 더러운 벌레들이 경작되지 않은 땅에서 자라는 것처럼 모든 사악은 게으르고 각성되지 못한 심령 속에서 자란다."라는 사실을 지적하면서, 부지런한 사탄의 활동과 이교도들의 열심을 기억하도록 촉구한다. 더욱이 복음 사역에 있어서 하나님께 영광 돌리는 추수를 위해서는 반드시 농부와 같이 씨를 뿌리고 그것들을 가꾸는 수고가 있어야 하므로 그리스도인의 삶 속에는 나태와 안일이 자리할 수 없음을 강조한다. Thomas Watson, *The Duty of Self-Denial and Ten Other Sermons* (Morgan: Soli Deo Gloria, 1996), 16.

[39] 찰스 스펄전은 젊은 그리스도인들에게 주는 권면을 통해 신앙생활에 있어서 경건을 열렬함에 두도록 충고하고 있다. 세상 사람들이 자신이 추구하는 것을 얻기 위하여 열렬하듯이, 경건한 사람들은 마땅히 하나님 나라를 구하고 의로운 삶을 추구하고 자신의 일을 성취함에 있어서 열렬하게 살아야 한다

경건한 신학도는 시간을 소중히 여깁니다. 시간을 쓸데없이 낭비하게 하거나 집중하지 못하게 하는 것이 무엇인지 성찰해야 합니다. 우리의 시간이 주님을 섬기는 데 쓰이도록 힘써야 합니다.

한때 우리나라에서 선교사로 활동하고 신학 교수로도 재직하였던 미국인 간하배(Harvie M. Conn, 1933-1999) 교수는 화장실에서도 책을 읽었다고 합니다. 메이첸(John Gresham Machen, 1881-1937) 교수도 언제나 주머니에 작은 책을 넣고 다녔습니다.[40]

조지 휫필드의 젊은 시절 일기를 보면, 그가 매일 밤마다 하루의 삶을 반성하였음을 알 수 있습니다. 그의 전기를 읽으면서 제 눈길을 끈 것이 있습니다. 매일 자기의 삶을 점검하는 '확인 목록'이었습니다. 열다섯 가지로 이루어진 이 목록 가운데 열세 번째 항목에는 이런 내용이 들어 있었습니다. "오늘 하루도 연구하는 일에 부지런하였는가?"[41]

는 것이다. Charles H. Spurgeon, "On Being Diligent in Business," in *A Good Start: A Book for Young Men and Women* (Morgan: Soli Deo Gloria, 1995), 281-282.

[40] Ned B. Stonehouse, *J. Gresham Machen: A Biographical Memoir* (Grand Rapids: Wm. B. Eerdmans Publishing Company, 1954), 23-24.

[41] 이 확인 목록의 열다섯 가지 일일 확인 사항은 다음과 같다. ① 개인 기도에 있어서 열렬하였는가? ② 작정해 놓은 기도 시간에 기도하였는가? ③ 매시간 부르짖었는가? ④ 대화하거나 행동하기 전후에 나 자신이 행하려는 것이 하나님께 어떻게 영광 돌리게 할 수 있을지에 대하여 심사숙고하였는가? ⑤ 기쁜 일이 있었을 때 즉시 하나님께 감사하였는가? ⑥ 하루의 일과를 미리 계획하는 일을 잊지 않고 했는가? ⑦ 모든 일을 함에 있어서 순수하였고(simple), 또한 반성해 보았는가? ⑧ 내가 행할 수 있는 선한 일을 감당하거나 행함에 있어서 뜨거운 열심이 있었는가? ⑨ 말하거나 행함에 있어서 온유하고, 명랑하고, 붙임성 있는 태도를 견지하였는가? ⑩ 다른 이들에 대하여 교만하거나, 허탄하게 굴거나, 참지 못하거나, 투기하지는 않았는가? ⑪ 먹고 마시는 일에 있어서 자신을 돌아보았으니, 감사한 마음을 가졌으며, 잠자는 일에 있어서 절제가 있었는가? ⑫ 윌리엄 로(William Law)의 규칙을 따라 하나님께 감사하는 일에 시간을 드렸는가? ⑬ 연구하는 일에 부지런하였는가? ⑭ 다른 사람에 대하여 불친절하게 생각하거나 말하지 않았는가? ⑮ 나의 모든 죄를 고백하였는가? Arnold A. Dallimore, *George Whitefield: The Life and Times of the Great Evangelist of the 18th Century Revival*, vol. 1 (Edinburgh: The Banner of Truth Trust, 1995), 80.

부지런히 학문을 습득하기 위하여 애쓰십시오. 공부하기에 너무 바쁜 것 같은 느낌이 듭니까? 그래도 신학교 다니는 시절이 인생 중 가장 한가한 때라는 사실을 기억하십시오.

성경과 신학의 지식을 얻기 위해 힘쓰십시오. 우리가 본격적으로 목회 사역에 투신하게 되면 그만큼 학문을 위하여 집중할 시간이 부족해집니다. 따라서 신학교 시절에 더욱 부지런히 살아야 합니다.

거룩한 감화와 학문

우리는 거룩한 감화가 있는 책들을 우선적으로 읽어야 합니다. 모든 신학 서적들이 거룩한 감화를 불러일으킬 수 있는 것은 아닙니다. 성경의 배경에 관한 이야기나 혹은 사전적인 내용들을 수록하고 있는 책들, 성경 언어에 관한 책들 같은 것은 감화는 없지만 성경 자체를 아는 일에 매우 커다란 유익을 줍니다.

그렇지만 학문을 습득하는 가운데 우리가 경건의 영향을 받으며 성화되어야 합니다. 그리고 이러한 일들을 위해서는 거룩한 감화가 있는 지성적 저자들의 책을 탐독할 필요가 있습니다. 단지 학자들 사이에 오가는 이야기만을 차갑게 들려주는 책 말고, 읽을 때 마음이 뜨거워지고 거룩한 열심을 촉발하는 책들 말입니다. 하나님을 향한 사랑을 불러일으키는 책들을 읽어야 합니다. 성경을 더욱 올바로 이해하고 은혜를 받을 수 있다면 얼마나 좋은 독서이겠습니까?[42]

---

[42] 이 점에 있어서 제임스 패커의 신학이 무엇인가에 대한 설명에 귀 기울일 필요가 있다. 그는 '신학' (theology)이라는 말의 어원이 '하나님'이라는 뜻을 가진 헬라어 데오스(θεός)와 '강론', '연설', '일련의

신학을 공부하고 독서를 하면서 더 좋은 그리스도인이 되고 싶어져야 합니다. 하나님을 향한 더 간절하고 절박한 기도가 우러나와야 합니다. 하나님의 영광을 위하여 살고 싶어져야 합니다. 모든 책을 읽으며 이렇게 될 수는 없을 것입니다. 그리고 그렇지 않은 책도 꼭 읽어야 할 것입니다. 그러나 신학교 시절에 영적인 감화가 있는 책들을 더욱 소중히 여겨 더욱 열심히 읽어야 합니다.

역사적으로 하나님께 영광을 돌렸던 설교자들이 그런 식으로 성경을 배웠습니다. 신학 서적이나 경건 서적의 진가를 측정함에 있어서 거룩한 감동의 정도를 기준으로 사용하였습니다.

조지 휘트필드가 지적했듯이 우리는 '십자가 밑에서' 기록된 책을 필요로 합니다. 저자와 작품 위에 '그리스도와 영광의 영이 임재한' 저작들을 필요로 하고 있습니다. 휘트필드는 다음과 같이 충고합니다.

"그들은 권위를 가진 자처럼 특별한 방식으로 글을 쓰고 설교를 했다. 그들은 비록 죽었으나 자신들의 저술로 지금까지 말하고 있다. ……예언의 영을 거론하지 않더라도 우리는 그들의 저술들이 오래 살아남을 것이며 계속해서 번창할 것이라는 사실을 감히 단언할 수 있다. 그러나 이와는 반대로 화려하고도 천박하게 장식된 훨씬 더 현대적인 작품들은, 성경의

논쟁'의 의미를 가진 로고스(λόγος)의 합성어임을 상기시키면서, 진정한 신학은 말씀하시는 하나님의 음성을 듣는 것이라고 주장한다. 그는 이처럼 인간이 하나님 앞에서 귀 기울이고 늘 때 하나님의 신학을 알게 하는 지식은 '성경을 통하여 말씀하시는 성령'으로 말미암아 오기 때문에, 신학자들의 임무는 설교와 교육과 성경을 풀어 줌으로써 교회와 그리스도인의 삶 속에서 영적인 쓰레기들을 걷어 내고 진리의 물이 더욱 힘차게 흐를 수 있도록 만들어 주는 것이라고 주장한다. James I. Packer, *Laid-back Religion?: A Penetrating Look at Christianity Today* (Leicester: Inter-Varsity Press, 1993), 9–10.

기준에 가장 가까운 작품이 무엇인지를 분별할 수 있는 이들의 평가 앞에서는 쇠잔해져 사라지고 말 것이다."[43]

어느 날 스펄전이 한 성경 주석에 대해 서평을 쓰게 되었습니다. 그 주석의 내용은 정통 신앙을 대변하고 있었습니다. 그러나 영적인 감화에 있어 그에게 만족을 주지 못했습니다. 그 책을 살펴본 후 찰스 스펄전이 기록한 다음의 서평을 들어 보십시오.

"이 주석의 주해와 개론을 쓴 이들은 그 해석이 좀 지나치게 영적인 것 외에는 아무데서도 오류를 찾을 수는 없다. 요한복음의 교훈은 매우 영적이지만, 이 복음서를 강해하는 이의 자격은 학식보다도 거룩하신 이로부터의 감동을 받는 일이다. 이 책의 집필자들이 하나님의 감동을 아주 모른다고 말할 수는 없으나, 그러나 분명하게 말할 수 있는 것은 이 주석에는 그것의 흔적이 매우 약하다는 점이다. 현대의 정신은 성경을 메마르게 하는 경향이 있으며, 그것을 포도즙 틀에서 밟히고 남은 포도의 마른 껍질같이 만들어 버린다. ······오늘의 주석가들은 그들의 전 시대 주석가들보다 더욱 비평적이나, 그러나 그들은 전엣분들보다 덜 교육적이고 덕을 세우지 못한다. ······우리는 점점 지혜로워지지만 얼마 안 가서 은혜롭고 영속성이 있는 것은 모조리 부끄러워하게 될 것이다."[44]

---

43) George Whitefield, "*A Recommendatory Preface to the Works of Mr. John Bunyan*," in *The Works of the Reverend George Whitefield*, vol. 4 (London: Edward and Charles Dilly, 1771), 306-307.
44) 이안 머리, "설교자와 책,"『진리의 깃발』, 1996년 4월호, 한제호 역 (서울: 한국개혁주의설교연구원, 1996), 18.

짧은 사역, 긴 준비

세례 요한은 짧은 기간 동안 불꽃처럼 쓰임받았습니다. 그는 가혹하리만큼 긴 세월 동안 자신을 준비하였습니다. 30년 가까운 세월 동안 고독을 벗 삼고 외로움을 이웃 삼았습니다. 광야에서 하나님만 바라보며 지성적으로 성숙해 갔습니다.

세례 요한이 30년 가까운 세월을 광야에서 선지 사역을 위하여 준비되고 있을 때 그가 무엇을 하며 그 긴 세월을 보냈을까요? 오락이나 하고 삼류 잡지나 보면서 메뚜기나 잡으며 세월을 보냈을까요? 수금이나 뜯으면서 나무 그늘 아래서 노랫가락이나 흥얼대며 시간을 보냈을까요?

우리는 짐작할 수 있습니다. 그는 광야에서 이스라엘 백성의 신앙의 기초가 되었던 모세 오경을 읽으며 이스라엘의 선택과 그들의 율법적인 의무에 대하여 공부했을 것입니다. 선지서를 통하여 하나님의 백성의 배교의 역사를 읽으며 선지자들의 영성과 영광스러운 섬김을 공부했을 것입니다. 그리고 자신에 관하여 예언한 이사야서를 탐구했을 것입니다. 말라기서를 묵상하며 어떻게 자신이 광야의 외치는 자의 소리로서 살아야 할지도 생각했을 것입니다. 어떻게 사람들의 교만과 무지를 깨뜨려 하나님께로 돌아오게 할 수 있을지에 대하여도 생각했을 것입니다.

요한 시대의 광야 공동체 유적에서 발견되는 저작물들에서 볼 수 있는 바와 같이 요한 자신도 경건한 열심을 가지고 성경을 탐구하였을 것입니다. 경건한 글과 통찰력 있는 저술들을 읽었을 것입니다. 선지자의 영성과 삶 속에 나타난 거룩한 정서들을 배웠을 것입니다. 무엇보다도 구약에 계시된 그리스도와 이스라엘의 구원 계획에 대하여 탐구했을 것입니다.

어떻게 보내시렵니까?

신학교 시절을 어떻게 보내시겠습니까? 무엇을 가장 중요한 추구점으로 삼으시겠습니까? 신학교 시절에 가장 중요한 할 일이 무엇입니까? 그것을 위하여 준비하십시오. 준비되지 않은 헌신은 거의 쓸모없습니다.

아직 신학교에 입학하지 않으셨다면 정말 다행입니다. 그 시절이 주어진다면 어떻게 보낼지에 대하여 미리 생각하십시오. 그리고 뜻을 세우십시오. 그 일을 위하여 헌신하십시오. 하나님께서는 목사가 되기 위해서 신학교에 입학하는 것을 원하시지 않습니다.

이미 신학교에 들어와서 1년 혹은 2년이나 3년의 세월을 보내 버렸습니까? 지나온 세월들을 반성하십시오. 그리고 남은 기간 동안 어떻게 자신을 준비해야 할지 생각해 보십시오.

맺는말

신학교 시절에 부지런히 공부하십시오. 성경을 아는 지식과 신학을 이해하는 지성에서 자라 가십시오. 진리를 이해하며 자신을 합치시키십시오. 세례 요한과 같이 마음에 불을 품은 채 어두운 시대를 예리한 통찰로 꿰뚫어 보십시오. 조국교회가 지나는 역사의 한 밤의 경점(更點)을 알려서 교회가 나아갈 바를 보여줄 수 있도록 학문적으로 준비되십시오. 신학생은 열심히 공부해야 합니다.

A Guide for Seminary Students on
How to Prepare for Pastoral Ministry

여기서는 목회자의 길을 걷고자 하는 신학생들의 성품과 생활의 준비에 대하여 다룬다. 성화되지 못한 목회자의 인격이 교회에 얼마나 큰 고통을 주는지 보여준다. 비난받을 때 어떻게 처신하며 고난을 통하여 성품이 다듬어지는 유익에 대하여 살펴본다. 또한 신학교에서 흔히 볼 수 있는 목회자 후보생들의 잘못된 생활 습관이 깨끗한 영성을 소유하는 데 얼마나 커다란 짐이 되는지를 보여준다. 시험과 과제물을 둘러싼 부정직함이 너그럽게 받아들여지는 현 세태의 위험과 동역자 간의 우애하지 못하는 것과 물질적인 탐욕이 목회 사역에 얼마나 쓴 뿌리인지를 보여주고, 이것을 극복하기 위하여 성경의 교훈과 믿음의 선배들의 생애를 통하여 교훈을 받는다.

제4장

인격적 준비:
성품과 생활

복음 사역은 자연과의 싸움이나 악령들과만의 전쟁이 아닙니다. 또한 자신과만 싸우는 골방 속의 수도자적 투쟁도 아닙니다.

우리의 사역은 사람들을 상대로 이루어집니다. 우리가 인격적으로 준비되어야 하는 것도 바로 이 때문입니다. 그래서 선배 목사님은 제게 말씀하셨습니다. "목회는 사람을 가지고 하는 장사다. 인격적으로 갖추어지지 않은 교역자는 교회에 도움이 되지 못한다."

지도자의 길은

어렵게 신학교에 들어왔습니다. 어려운 환경을 감수하며 학업을 연마하고 신학을 수련합니다. 그것은 단지 교회 안에서 몸으로 때우는 허드렛일을 하기 위한 것은 아닙니다. 그러한 일이 하찮다고 말씀드리는 것이 아닙니다. 신학의 길을 가는 우리는 지도자의 길을 가야 할 사람들임을 기억하자는 것입니다.

원하든 원하지 않든 많은 사람들은 우리에게서 인생을 어떻게 살아야 할지 배우게 될 것입니다. 어떻게 신앙생활을 하며 살아야 할지를 배울 것입니다. 교역(敎役)의 길을 걷기 원한다면 인격적으로 다듬어져야 합니다. 그렇지 않으면 교회와 교인들에게 고통을 안겨 주게 될 것입니다.

우리는 목회 사역에 대한 강렬한 열심을 품어야 합니다. 영혼을 구원하는 일에 대한 꺼지지 않는 열정을 가지고 있어야 합니다. 그러나 동시에 성숙한 경건이 우리의 인격에 배도록 힘써야 합니다. 그래서 로버트 맥체인(Robert M. M'Cheyne, 1813-1843)은 말했습니다.

"하나님께서 축복해 주시는 자질 가운데 예수님을 닮는 것처럼 위대한 것은 없다."[45]

지도자의 길에 들어서게 되면 자신의 결점과 약점을 보기 어렵습니다. 지도자에게 용감하게 다가와서 우리의 결점을 지적해 주는 평신도들을 만나기 쉽지 않기 때문입니다. 또 그들이 충고해 준들 모든 목회자들이 귀를 기울이겠습니까?

인격적으로 미숙한 목회자는 평안하게 살아갈 수 있는 사람을 자신의 인격적인 결함 때문에 불행에 떨어뜨립니다. 행복하게 예수님을 믿으며 즐겁게 살아갈 수 있는 사람의 교회 생활을 지옥으로 만들기도 합니다. 이

---

[45] Charles H. Spurgeon, *The Call to the Ministry*, in *Lectures to My Students*, vol. 1 (Pasadena: Pilgrim Publications, 1990), 2. 제임스 패커(James I. Packer) 역시 청교도들을 회상하는 가운데 우리에게 필요한 두 가지를 거론했는데, '성숙한 경건'(mature holiness)과 '연단된 꿋꿋함'(seasoned fortitude)이 바로 그것이다. James I. Packer, *A Quest for Godliness: The Puritan Vision of the Christian Life* (Wheaton: Crossway Books, 1990), 11.

런 사람들이 지도자의 자리에 있게 되면 그를 따르는 많은 사람들은 힘들 수밖에 없습니다. 교인들은 목회자가 좋아서만 교회에 나오는 것은 아닙니다. 각각 저마다 하나님과의 관계에서 받은 은혜를 따라서 섬기도록 부름을 받았기 때문에 나오는 것입니다. 때로는 목회자가 마음에 들지 않아도 그 교회에 출석할 수 있습니다. 정상적인 신앙을 가진 사람들이라면 지도자 때문이 아니라 하나님 때문에 함께 섬기는 사람들이기 때문입니다.

흠이 많은 지도자 아래서 고생하며 신앙생활을 하는 성도들을 생각해 보십시오. 교회는 결집된 힘으로 하나님을 섬겨야 하지 않겠습니까? 그런데 지도자의 인격적인 결함 때문에 갈등하며 공동체의 힘을 소진해 버린다고 생각해 보십시오. 그것을 어떻게 하나님 앞에서 책임질 수 있겠습니까? 교회는 하나님을 위하여 있고, 목회자는 교회를 위하여 있는 것이 아니겠습니까?[46)]

두 종류의 지도자

리더십에는 두 가지 유형이 있습니다. 하나는 '소인배형'(小人輩型) 리더십이고, 또 하나는 '군자형'(君子型) 리더십입니다. 소인배형 지도자는 언제

[46)] 목회 사역에 있어서 목회자 자신의 인격의 중요성은 아무리 강조하여도 지나치지 않다. 그리고 이 같은 인격의 함양은 목회적인 기술들을 배우는 과정을 통해 저절로 이루어지는 것이 아니라, 자신이 깨달은 하나님의 뜻에 자신을 복종시키는 일들의 연속적인 수행을 통하여 성취되는 것이다. "순종하여야 한다. ……직접 겪었다는 사실은 뭇사람의 심금을 울려 주는 것이다. ……성경의 세계에서 말씀을 취하여 나의 인격을 통과시킨 뒤 교인들의 세계로 전해야 한다. 목회자가 적용을 할 수 있도록 성도들을 제대로 이끌어 준다면 성도들은 말씀대로 사는 영광을 누리게 된다." 홍정길, "설교의 문제점과 강해 설교", 『목회자와 설교』, 총신대학 부설 한국교회문제연구소 편 (서울: 도서출판 풍만, 1987), 177-178.

나 주위에 아첨하고 아부하는 사람들을 포진시킵니다. 사람들을 개인에게 묶어 둡니다. 그리하여 자신에게 굴복하는 사람들로 만듭니다.

따라서 한 지도자가 어떤 인격을 가지고 있는 사람인지를 알기 위해 굳이 그에게 다가가지 않아도 됩니다. 주위에서 함께 섬기고 있는 동역자들을 보면 그가 어떤 지도자인지 알 수 있습니다. 소인배형 지도자는 주위에 똘마니 같은 사람들을 두고 보스(boss)처럼 군림합니다. 그러나 군자형 지도자는 주위에 자기처럼 오직 그리스도께 매인 사람들을 두며 공통의 사명을 완수해 갑니다.

교회에는 질서와 규모가 있습니다. 그러나 어떤 식으로든지 교회의 여러 직분들을 자기에게 줄 세우는 질서로 만든다면 그것은 옳지 않습니다. 우리는 서로 다른 곳에서 하나님을 만나 서로 다른 일로 섬기도록 부름받았습니다. 그러나 한 교회에서 섬기도록 세워 주셨습니다. 그러면 지도자는 각 사람들이 하나님의 사랑과 은혜에 붙잡혀 함께 섬기는 것을 기쁘게 생각해야 합니다.

소인배형 지도자는 그것으로 만족하지 못합니다. 그는 사람들이 하나님과 바른 관계를 맺고 교회를 섬기는 것만으로는 만족할 수 없습니다. 자신과 동역하는 사람들이 자기 밑에 종속되어야 안정감을 느낍니다. 그들 위에 군림해야지만 만족을 느낍니다. 결코 훌륭한 지도자라고 할 수 없습니다.

이따금 군자형 지도자들을 만납니다. 그들은 다른 사람들이 인격적으로 자신에게 매이고 아부하는 것을 원하지 않습니다. 왜냐하면 그분들의 관심은 사람들을 지배하거나 동역자들에게 섬김을 받는 것이 아니라 하나님께 봉사하는 것이기 때문입니다. 그들은 생각이 크고 마음이 넓습니다. 저는 이런 사람을 군자형 지도자라고 부릅니다. 그리고 이러한 인격을 갖춘 지도자들에 의해 섬김받는 교회가 늘어갈 때 교회의 미래는 밝아질 것입니다.

세상의 지도자와는 다르다

용렬하고 속 좁은 지도자가 되어서는 안 됩니다. 소인배형 리더십은 결국 자신을 사악한 사람으로 만듭니다. 만약 그런 리더십을 가지고 교역의 길로 들어선다고 생각해 보십시오. 교회나 신학교 안에서 붕당(朋黨)이나 만들 것입니다. 일가친척을 규합하여 교인들이나 직원들을 부리려고 할 것입니다.

교회 지도자는 세상의 지도자와 같지 않습니다. 이 길로 들어선 것은 예수님께서 걸어가신 길을 몸소 보여주기 위해서입니다. 어떻게 사는 것이 하나님을 위한 것이며, 어떻게 믿는 것이 참된 신앙인지를 보여주기 위해서 있습니다. 그러므로 신학의 도상에서 몸소 섬기는 지도자가 되는 연습을 해야 합니다. 교회 안에서 지도자가 된다는 것은 세상에서 지배자가 된다는 것과 다릅니다. 경건한 인격 없이는 결코 선한 지도자가 될 수 없습니다.

"인자의 온 것은 섬김을 받으려 함이 아니라 도리어 섬기려 하고 자기 목숨을 많은 사람의 대속물로 주려 함이니라"(막 10:45).[47]

---

[47] '인자의 온 것은 섬김을 받으려 함이 아니라 도리어 섬기려 하고'에 해당하는 헬라어 본문은 다음과 같다. 'καὶ γὰρ ὁ υἱὸς τοῦ ἀνθρώπου οὐκ ἦλθεν διακονηθῆναι ἀλλὰ διακονῆσαι.' 우리말 개역개정 성경에는 카이 가르(καὶ γὰρ)에 대한 번역이 빠져 있는데, 이것은 'for also'의 뜻으로 "인자(人子)이신 예수 그리스도조차도 이 같은 섬김의 원리로부터 예외이실 수 없다는 사실을 보여주는 것이다. 그의 왕직(kingship)은 섬김의 왕직이었지 주인 노릇하는 왕직이 아니었음을 보여준다." Ezra P.

변하지 않는 지도자의 인격 때문에 마음으로 고생하는 교인들을 생각해 보십시오. 단지 "내 모습 이대로 주 받으옵소서."라고 찬송할 수 있다는 이유 때문에 인격적인 결함들을 정당화할 수는 없습니다.

변화를 거부하는 세대

사람들은 어떻게 하든지 우리를 통해서 선포되는 복음을 거절하려고 합니다. 또 정직하게 선포되는 하나님의 뜻을 회피할 구실을 찾습니다. 세상에서 한 줌의 누룩이 되기보다는 서 말의 밀가루가 되고 싶어하는 사람들입니다. 고달픈 제자의 길보다는 안락한 부자의 길을 걷고 싶어합니다. 세상에서 배척받는 소금이 되기보다는 오히려 환영받는 설탕이 되고 싶어하는 사람들입니다.[48]

Gould, *The International Critical Commentary: Gospel According to St. Mark* (Edinburgh: T&T Clark, 1983), 202.

48) 헬무트 틸리케(Helmut Thielicke)는 베르나노스(Georges Bernanos)의 유명한 소설 『어떤 시골 사제의 일기』(*Journal d'un curé de campagne*)를 인용하면서 예수 그리스도께서 그리스도인들에게 대하여 "너희는 세상의 꿀이다."라고 말씀하지 아니하시고 "너희는 세상의 소금이다."라고 하신 말씀의 중요성에 대하여 다음과 같이 설명한다. "만일 안이하고 유약한 그리스도인들이 있다면, 우리는 그들의 야망이 곧 세상의 꿀단지가 되는 데에 있다고 생각할 수밖에 없다. 그들은 사랑의 하나님이라는 매우 편리한 개념을 사용해 삶의 쓰라림에 설탕을 뿌려 삶을 달콤하게 한다. 그들은 섬뜩하리만큼 유치한 낭만주의로 죄악의 불쾌한 악취를 누그러뜨린다. 그들은 그들 존재에서 지옥을 아주 깨끗이 치워 버리고 오직 천국만을 그들의 시야에 둔다. 그들은 그들 삶에 곤란한 일이 닥치고 유혹이 다가오면 모래밭에 얼굴을 쑤셔 박는다. 그리고 만면에 미소를 지으며 마치 그들이 세상을 이기기나 한 것처럼 가장한다. 그들은 역사의 산고(産苦)와 극심한 고뇌, 그리고 적그리스도와 그들이 깃밟은 뭇 순교자들의 신음 소리를 통해 실현되는 하나님의 나라를 아름다운 꽃이 만발한 정원으로만 생각한다. 그래서 그들은 그들의 신앙이라는 달콤한 꿀을 그 정원의 꽃봉오리에서 채취한다. 그렇기 때문에 세상 사람들이 이러한 그리스도인들에게 혐오감을 느끼고 메스꺼움을 느낀 나머지 그들에게서 등을 돌리는 것이다." 헬무트 틸리케, 『친애하는 신학생 여러분』, 배응준 역 (서울: 도서출판 나침반, 1995), 84-85.

우리는 그들에게 참된 복음을 전하기 위해 부름받았습니다. 그래서 지금 신학의 도상에 서 있습니다. 우리가 복음 진리를 외쳐 사람들을 하나님 앞에서 살아가게 해야 합니다.

어떤 사람들은 복음을 귀하게 여겨 순종합니다. 그러나 어떤 사람들은 순종하지 않으려고 합니다. 그들은 우리가 전한 것이 하나님의 말씀이 아니라는 것을 입증하고 싶어하는 사람들입니다. 그렇게 함으로써 희생과 고난이 따르는 참된 신앙의 길을 걷는 대신 평탄하고 안일한 길을 가고 싶어하기 때문입니다.

썩 좋은 빌미

그들에게 우리의 아름다운 말과 반듯한 논리는 쉽게 반박하기 어려운 것들입니다. 가장 좋은 빌미는 우리의 인격적인 흠입니다.

말씀을 전하는 우리에게서 인격적인 결함과 도덕적인 흠결을 발견할 때 떠벌리기 시작합니다. "그것 봐, 인격이 저렇게 천박한 사람에게서 쏟아져 나오는 말을 믿을 수 있을까? 도덕적으로 이런저런 문제가 있는데 그 사람 말도 쓰레기 아닐까? 내가 왜 그 사람 설교를 들어야 하는데?"

여러 사람이 그런 비난에 동의하기 시작하면 훌륭한 설교는 물거품이 되어 버리기 쉽습니다. 다듬어지지 못한 인격은 우리로 말씀의 대언자가 아닌 허풍쟁이나 떠버리로 만들기에 좋은 빌미입니다.

가끔 목회자들에 관한 기사가 나옵니다. 특별히 목회자들이 범죄와 연관되어 등장하면 꽤 한참 동안 사람들은 복음에 대해 냉담해집니다. 그리고 교회에 대한 비난은 뜨거워집니다.

따라서 지도자의 길을 걷는 사람들은 인격적으로 준비되어야 합니다. 공적인 생활에서는 물론이고 개인적인 생활에 있어서도 올바르게 처신해야 합니다.

좋은 인격이 복음을 받아들이게 하는 것은 아닙니다. 목회자의 인격에 의한 감동과 복음에 의한 감화가 똑같은 것이 아닐 수 있기 때문입니다. 그러나 복음은 인격을 통해서도 증거됩니다. 그러므로 우리의 인격을 끊임없이 갈고닦아야 합니다. 거룩한 하나님의 말씀과 은혜 안에서 말입니다. 거룩한 사역에 부합한 경건한 덕성을 갖추어야 합니다.

이빨 쑤시기

저희 집안에서는 저 혼자 목사가 되었습니다. 우리 집안에 복음이 들어온 것은 지금으로부터 약 50년 전의 일입니다. 그러나 그 후로도 가족 중 여럿이 예수님을 믿지 않고 있었습니다.

어느 날 목사님이 저희 집에 심방을 오게 되었습니다. 그리고 점심까지 함께하게 되었습니다. 목사님은 대접까지 받게 되었으니, 그야말로 저희 가족들에게 복음을 전할 절호의 기회를 갖게 된 것입니다.

은혜로운 가정 예배가 끝나고 간절한 목사님의 기도도 있었습니다. 저를 비롯해서 아직 교회에 나가지 않던 몇몇 가족들이 뜻밖의 심방에서 좋은 인상을 받았습니다. 그리고 식사를 마쳤습니다. 몇 가지 빈 접시가 주방으로 치워지고 과일이 막 들어오려는 참이었습니다. 이게 웬일입니까? 목사님이 식사를 마친 후 벽에 비스듬히 등을 기대고 두 다리를 벌린 채 젓가락으로 이빨을 쑤시는 것이 아니겠습니까?

저는 그 당시 중학생이었던 것으로 기억됩니다. 더럽기도 하고 구역질이 나기도 하였습니다. 또 한편으로는 무안하고 수치스럽기도 하였습니다. 목사님의 그 행동은 은혜로운 심방으로 열려진 가족들의 마음을 닫아 버리기에 충분하였습니다.

목회자의 길을 가는 사람들은 먼저 예의가 몸에 밴 신사 숙녀가 되어야 합니다. 예의는 상식 있는 사람들 사이에서 통용되는 일반적인 습관입니다. 뛰어나고 고매한 인격은 나중입니다. 먼저 상식이 통하는 사람이 되어야 합니다. 목회자의 예절 바른 태도는 적어도 불신자들에게 그를 얕잡아 보게 할 빌미를 주지 않습니다.

커다란 은사는 단번에 주어질 수 있습니다. 그러나 좋은 인격은 오랫동안의 성화 과정이 필요합니다. 자기 성찰과 부단한 반성, 끊임없는 자기 부인, 말씀대로 살고 싶어하는 갈망을 통해 서서히 이뤄지는 것입니다.

그러므로 인격적으로 훌륭한 사람들을 대할 때 그 좋은 인격이 내일이라도 갑자기 변할지 모른다는 불안감을 느끼지 않습니다. 왜냐하면 하루 아침에 빚어진 인격이 아니기 때문입니다. 은혜로운 목회 사역을 위해서 이러한 인격적인 준비가 꼭 필요하지 않겠습니까?

다 잡아넣을 거야!

무슨 이유 때문인지는 잘 기억나지 않습니다. 아주 여러 해 전 제가 섬기던 한 교회에서 웃지 못할 일이 벌어졌습니다. 제직회가 벌어지고 있는 자리에 한 사람이 문을 박차고 뛰어 들어와 소리소리 질렀습니다 "당신들이 집사야? 내가 너희들 모두 고소해 버릴 거야. 모조리 잡아넣겠어!"

고래고래 소리를 지르며 난리를 친 사람은 바로 그 교회의 전도사였습니다. 지금도 저는 경솔하게 양측을 판단할 마음은 없습니다.

그러나 교역자가 아무리 억울한 일을 당했다고 하더라도 그런 식으로 인격의 천박함을 드러낸 것은 옳지 않습니다. 만약 오해가 있었다면 대화로 해명해야 했습니다. 그래도 풀리기 어려웠다면 정식으로 이의를 제기했어야지요. 그가 하나님만 바라보는 사람이라면 오해받았을 때 오히려 말씀을 기억하며 자기도 돌아보아야 하지 않았겠습니까?

"여호와여 내가 주를 불렀사오니 나를 부끄럽게 하지 마시고 악인들을 부끄럽게 하사 스올에서 잠잠하게 하소서 교만하고 완악한 말로 무례히 의인을 치는 거짓 입술이 말 못하는 자 되게 하소서 주를 두려워하는 자를 위하여 쌓아 두신 은혜 곧 주께 피하는 자를 위하여 인생 앞에 베푸신 은혜가 어찌 그리 큰지요 주께서 그들을 주의 은밀한 곳에 숨기사 사람의 꾀에서 벗어나게 하시고 비밀히 장막에 감추사 말 다툼에서 면하게 하시리이다"(시 31:17-20).

수치를 영광으로

어느 교회에서 커다란 분쟁이 일어났습니다. 교인 중에 만삭이 된 한 자매가 자신의 아이가 목사님의 아이라고 고백하였습니다. 자녀도 없고 상처(喪妻)한 지 얼마 안 된 목사님이었습니다. 사실이 아니라고 해명했지만, 이미 모든 교인들이 목사님의 부정(不貞)을 믿어 버린 후였습니다. 목사님은 무참하게 강단에서 끌어내려졌습니다.

자매는 아이를 출산하였습니다. 목사님은 교회에서 해고되고 노회에서는 면직까지 당했습니다. 교회는 목사님을 퇴직금도 없이 내쫓았고, 자매의 집안에서는 목사님의 품에 아이를 들려 보냈습니다.

그 후 목사님은 강원도에 있는 탄광으로 들어가 5년이라는 긴 세월 동안 광부로 품을 팔아 어린아이를 양육하면서 지냈습니다. 자기의 결백을 하나님께서 증명해 주시길 기다렸습니다.

그리고 5년이 지난 어느 해, 그 교회에서 부흥회가 있었습니다. 은혜받은 자매는 회개하였습니다. 그리고 자기가 낳은 아이가 사실은 목사님의 아이가 아니라 어느 집사의 아이라고 고백했습니다. 교회는 당회를 소집하여 교인들의 대표로 이루어진 사죄단을 만들었습니다. 그리고 목사님을 찾아 나섰습니다. 그러고는 그분을 다시 교회의 목자로 모셨습니다. 그 후로 목사님은 그 교회에서 평생 성자와 같은 대접을 받으며 목회를 하였다고 합니다.

물론 모든 사람이 그렇게 살 수 있다고 생각하지 않습니다. 그것이 최선이라고 말할 수 있는 권리도 없습니다. 그러나 그 목사님은 큰 오해와 위기 가운데서 자신이 그리스도의 인격으로 무장된 사람임을 훌륭하게 보여줬습니다. 수치를 영광으로 바꾸었다는 점에서 그런 인격의 필요성을 인정해야 하지 않겠습니까?

사모의 인격도 목사의 책임

목회자들의 인격적인 결함 때문에 복음 사역이 방해받는 어려움은 쉽게 발견됩니다. 그런데 제가 알고 있는 한 목사는 열심이 있고 유능하지만 늘 부인 때문에 사역에 지장을 받았습니다. 가는 곳마다 부인이 교인과의 깨끗하지 못한 돈거래로 비난받았기 때문입니다.

물론 나름대로 사정이 있었겠지요. 그러나 어려운 사정은 감추어지게 마련이고 좋지 않은 소식은 잘 드러나게 마련입니다. 사역자의 아내의 인격적인 결함은 곧바로 사역자 자신의 문제가 됩니다.

하나님의 종으로 부름받는다는 것은 다른 사람들이 지지 않는 많은 짐을 져야 한다는 것을 뜻합니다. 그러므로 목회자의 아내는 비록 평신도이지만 특별한 평신도가 되지 않으면 안 됩니다. 그리고 그녀들이 인격적으로 준비되는 것도 목회의 준비에 속합니다. 목회자는 가정을 더욱 잘 다스려야 하기 때문입니다.

롱펠로의 노래

험한 입을 가진 목회자도 문제입니다. 교회에서 함께 하나님을 섬기는데 무슨 위급한 일이 일어나겠습니까? 또 위급한 일이 일어난다고 칩시다. 고래고래 소리를 지르고 독한 말을 뿜어냄으로 해결할 수 있는 일이 무엇이 있겠습니까?

가끔 권위주의에 사로잡혀 교회의 부교역자들이나 신학교의 직원들을 자신의 하수인처럼 다루는 지도자들을 본 적이 있습니다. 자기의 혈기를 못 이겨 사람들에게 언성을 높여 놓고는 이렇게 말하곤 합니다. "내가 이렇게 소리는 질러도 뒤끝은 없는 사람이야……."

소리 지른 당사자야 뒤끝이 없겠지만 그런 인격적인 모독을 당한 상대방은 뒤끝이 있는 것을 어떻게 하겠습니까?

오랜 시간이 지나도 그때 받았던 인격적인 모독은 여전히 잊히지 않는 상처로 남습니다. 그리하여 한마음으로 하나님의 교회와 공동체를 섬겨야 할 마음을 상처로 멍들게 합니다. 롱펠로(Henry W. Longfellow, 1807-1882)의 유명한 시가 생각납니다.[49]

하늘을 향해 화살 하나를 날렸다네.
땅에 떨어진 화살, 그 어딘지 몰랐네.
너무도 빨리 날아가 버려
날아가는 그 길, 보지 못했네.
하늘을 향해 노래 한 가락 불렀다네.
땅에 떨어진 노래, 그 어딘지 몰랐네.
제아무리 예리하고 강한 눈을 가졌다 한들
날아가는 그 노래, 누가 볼 수 있으리.
길고 긴 세월이 흐른 후 한 떡갈나무,
부러지지 않은 화살 고이 있었네.
노래도 처음부터 끝까지,
친구의 가슴속에서 다시 발견했다네.

자신은 마치 비느하스의 의분을 토하는 것처럼[50] 역정을 내는 것일지

---

[49] Henry W. Longfellow, "The Arrow and the Song," in *The Works of Henry W. Longfellow*, vol. 1 (Dessau: Katz Brothers, 1854), 204.

[50] "이스라엘 자손의 온 회중이 회막 문에서 울 때에 이스라엘 자손 한 사람이 모세와 온 회중의 눈앞에 미디안의 한 여인을 데리고 그의 형제에게로 온지라 제사장 아론의 손자 엘르아살의 아들 비느하스가 보고 회중 가운데에서 일어나 손에 창을 들고 그 이스라엘 남자를 따라 그의 막사에 들어가 이스

모르나, 그것은 천박한 인격에서 쏟아져 나오는 혈기임이 분명합니다.

교인들은 주님의 양 떼이고, 교회의 부교역자들이나 신학교의 직원들은 하나님께서 세우신 일꾼들이지 자기의 속물(屬物)이 아닙니다. 이런 인격적 흠들이 설교와 목회 활동을 헛된 것으로 만들어 버리기에 좋은 구실이 아니겠습니까?

누가 목사를 가르칠까?

목사가 되고 나면 누가 우리를 가르치겠습니까? 목회자는 말씀 앞에 자신을 살펴보며 자신을 스스로 가르쳐야 합니다. 그것은 고도의 신앙적인 수련 끝에 얻어지는 것입니다.

목회를 하면 교회 규모와는 상관없이 그 공동체 안에서 어른이 됩니다. 가는 곳마다 상좌에 앉고 정성스럽게 차려진 음식은 먼저 우리를 위한 것이 됩니다. 섬길 기회보다는 섬김을 받을 기회가 훨씬 더 많게 됩니다. 그렇게 목회를 하면서 자신도 모르는 사이에 지난날의 겸손을 잃어버립니다. 전도사도 아니고 목사도 아니던 시절에 배우던 것을 잊어버립니다. 겸손히 낮아질 수 있는 인격이 필요한 이유가 여기 있습니다.

가르쳐 주는 사람이 없어도 하나님과 동행하면서 깨달았습니다. 성령께서 기뻐하시고 슬퍼하시는 바에 민감하게 반응하며 매일 자기를 부인하며 살아가는 것이 쉬운 일이 아니라는 사실을 말입니다.

라엘 남자와 그 여인의 배를 꿰뚫어서 두 사람을 죽이니 염병이 이스라엘 자손에게서 그쳤더라 그 염병으로 죽은 자가 이만 사천 명이었더라"(민 25:6-9). 여기서 '그의 막사'라고 되어 있는 부분이 히브리어 원문에는 '그 여자의 장막'(הַקֻּבָּה)이라고 되어 있다.

겸손할 이유 있는 시절

학생 시절에는 겸손해질 이유가 많이 있습니다. 우선 교회법적으로 지위에 있어서 목사 후보생은 당회의 돌봄 아래 있습니다. 그를 임명하고 또 사임하게 하는 모든 권한이 담임 목회자에게 달렸습니다. 그런 점에서 신학생은 더 말할 나위 없이 교회의 가르침에 복종하며 겸손하게 훈련받아야 합니다.

뿐만 아니라 배움의 도상에 서 있다는 신분상 위치로 보더라도 그는 겸손해져야 합니다. 교회에 와서는 말씀을 배우는 신자인 동시에 목회를 배우는 예비 목회자입니다. 신학교에 가서는 하나님에 관한 학문을 선생으로부터 배우는 위치에 있습니다.

또한 경제적으로도 겸손해져야 할 충분한 이유가 있습니다. 특별한 경우를 제외해 놓고 신학생들은 넉넉하지 않은 환경 속에서 공부를 합니다. 때로는 얼마 안 되는 교회의 장학금을 의존하거나 후원자들의 후원을 받아서 살아갑니다. 또는 아내의 직장 생활을 통해 얻어지는 수입으로 학비와 생활비를 조달하며 학업을 이어 가야 합니다. 그는 누군가로부터 도움을 받아야 하는 위치에 있고, 결핍을 참는 훈련을 견뎌야 할 상황에 놓여 있습니다. 이것도 겸손해야 할 이유입니다.

사역에 있어서 아직 초보라는 사실도 그가 겸손해져야 할 이유입니다. 그는 훈련받는 중입니다. 섬김의 열정이 있는지는 모르겠지만, 아직 하나님께서 쓰시기에 충분히 준비되진 않았습니다.

고난을 통해 빚어짐

이렇듯 신학생이 겸손해져야 할 이유가 충분합니다. 그리고 여러 방면에서 훈련받아야 하는 때입니다. 그런데 좀 더 나은 사례비를 따라 이리저리 교회를 옮겨 다닌다면 그의 인격이 변화되겠습니까?

신앙의 세계에 있어서 자연적인 성품은 영적 성품만큼 중요하지 않습니다. 다시 말해서 거룩한 하나님과의 교제를 통하여 다듬어진 성품, 다른 지체들과의 인격적인 관계를 통해 갖추게 된 덕스러운 자질을 성경은 요구합니다.

따라서 예수 그리스도께서 "심령이 가난한 자는 복이 있나니 천국이 그들의 것임이요 애통하는 자는 복이 있나니 그들이 위로를 받을 것임이요 온유한 자는 복이 있나니 그들이 땅을 기업으로 받을 것임이요"(마 5:3-5)라고 하신 것은 자연적으로 타고난 성품을 가리키는 것이 아닙니다. 그리스도 안에서 진리와 성령으로 말미암아 새롭게 획득된 성품과 인격을 가리킵니다.

고난과 결핍, 때로는 사람들로부터의 환경을 통해서라도 우리의 인격을 다듬어 가십니다. 그러므로 목회를 배운다는 핑계로 6개월이나 1년에 한 번씩 정기적으로 사역지를 옮기는 것은 좋지 않습니다. 인격적으로 다듬어져 가는 거룩한 사역자의 모습이 아닙니다.

신학을 공부하는 동안 모든 일에 있어서 시종일관, 믿음이 여러분의 삶을 지배하게 하십시오. 믿음으로 사십시오. 범사에 하나님의 도움만 바라십시오. 그분만을 소망으로 삼으며 사십시오. 목회자의 인격적 준비는 이런 삶 속에서 이루어집니다.

혈기 변하여 예수 향기로

신학교에서 학생들을 가르치던 때의 일이었습니다. 운동권 학생들과 긴밀한 연대를 가지고 언제나 데모에 앞장서던 학생이 있었습니다. 학교 사태를 시위와 폭력으로 이끌던 과격한 학생이었습니다. 그가 지나치게 혈기에 치우치는 모습을 보면서 저는 그가 거듭난 신자인지조차도 의심하였습니다.

그러던 그 학생이 졸업한 후 몇 년 만에 학교에 찾아왔습니다. 잠깐 인사를 하고 대화를 나누었습니다. 저는 그 학생이 몰라보게 변했다는 느낌을 받았습니다. 그는 졸업한 후 목회에 헌신했습니다. 그는 인생의 막장까지 간 사람들을 돌봐야 했다고 합니다. 그들을 전도하고 목회하면서 혈기는 사라지고 예수님을 닮은 사람으로 변화된 것입니다.

우리가 하고 있는 일이 결코 우리를 거룩하게 하지 않습니다. 그러나 하나님과의 관계를 바르게 하고 섬기면, 주님의 인격을 닮아 갑니다. 그렇게 주님을 닮고 싶어하는 목회자만이 목회를 통해 그런 교인을 만들고자 힘씁니다.

고난의 신학교에서

교육 전도사로서 꼭 열네 해를 섬겼습니다. 주위의 동기 목사들보다 유난히 긴 전도사 시절을 보낸 셈입니다. 그것도 전임 사역자가 아닌 교육 전도사로 말입니다.

장년부 교인이 100여 명 모이는 교회의 청년부 교육 전도사로 발을 들여놓은 때부터 교회를 개척할 때까지 교육 전도사로 보냈습니다. 단 한 번 교회를 옮기며 보낸 넉 달간을 제외하고는 이렇게 교회를 섬기는 일이 14년 동안 계속되었습니다.

신학교 교수로 재직하던 시절에도 저는 서울 시내에 있는 중형 교회에서 중등부와 고등부의 교육 전도사로 섬겼습니다. 그리하여 신학교에서 학생들은 저를 가리키면서 우스갯소리를 하곤 하였습니다. "야야, 저 김 교수는 우리하고 똑같은 교육 전도사야."

신학교에서 주당 열다섯 시간 이상의 강의를 하면서 학위 과정을 공부하여야 했습니다. 그 상황에서 교회를 섬긴다는 것은 힘겨운 일이었습니다. 화장실에 앉으면 하루에 한 컵씩 피를 쏟기도 하였습니다. 그래서 더 이상 육체적으로 견딜 수 없으니 이제 교역자 생활을 그만하게 해 달라고 하나님께 간절히 기도도 하였습니다. 그러나 그렇게 기도할 때마다 매번 분명히 응답해 주셨습니다. 계속 교회를 섬겨야 한다는 것이었습니다.

가르칠 때는 교만해지고 글을 쓸 때는 자기의 분수를 잊기 쉬웠습니다. 그러나 사역의 현장에서 돌덩어리처럼 변화되지 않는 영혼들을 보면 저절로 겸비해졌습니다. 자신이 진흙 바닥에 구르고 있는 것 같은 비참함을 느꼈습니다. 기도하지 않을 수가 없었습니다.

지금 생각하면 신학을 공부하는 과정보다 그것을 실천하는 섬김 속에서 신학의 본질을 더 많이 배웠던 것 같습니다. 영혼에 대한 깊은 사랑과 교회에 대한 타오르는 열렬한 정서를 배웠습니다.

설교자로서의 소명의 엄숙함은 신학교 교과서를 통해서가 아니라 변화하지 않는 영혼들을 붙들고 씨름하는 가운데 알게 되었습니다.

무엇보다도 살을 에는 듯한 연단과 여가도 없이 몸부림치며 살지 않으면 안 되는 상황의 중압감은 때로 너무 고통스럽게 느껴졌습니다. 그러나 저는 그 과정을 통해서 유리그릇 같은 제 성품이 강해졌음을 알게 되었습니다. 하나님께서는 상처받은 사람들과의 부딪히는 관계 속에서 저 자신의 인격적 결함을 보게 하셨습니다. 그리고 지금은 그 모든 어려움 속에서 연단해 주신 하나님을 찬송합니다.

하나님께서는 아직 저를 보시고 만족하지 않으시겠지만, 저는 하나님을 보며 만족할 수 있는 믿음을 갖게 되었습니다. 그리고 미천한 인격을 가진 제가 어떻게 지도자로서 영혼들을 끌어안고 살아가야 하는지를 깨닫게 되었습니다.

섬기며 다듬어지며

섬기는 과정 속에 이런 인격적인 연단의 비밀이 있다는 사실을 깨달아야 합니다. 많이 기도하고 신중하게 사역지를 선택하십시오. 그리고 일단 확신을 가지고 어느 교회에 부임하면, 하나님께서 떠나라고 하실 때까지 모든 어려움을 견디며 충성해야 합니다. 그리고 모든 것을 바쳐 교회와 영혼들을 섬겨야 합니다.

교회에서는 인격적인 부딪힘이 많고 상처도 많습니다. 교회라고 하는 곳이 원래 그런 곳입니다. 어떤 사람들은 예수님의 사랑을 받은 사람들이 서로 상처를 받고 용서하지 못하는 것이 이해가 잘 안 된다고 합니다. 그래서 어떤 사람들은 그리스도인들이 너무 쩨쩨하다고 말합니다.

그러나 그렇지 않습니다. 교회에 온 사람들은 세상에서 상처를 많이 받은 사람들입니다. 보이지 않는 하나님께 받아들여지고 싶어하는 마음을 가진 사람들입니다. 세상에서 유리하고 방황하던 사람들입니다. 그들은 인격적인 부딪힘에 약합니다. 그렇기 때문에 그들이 더욱 목회자와 교회를 필요로 하는 것이 아니겠습니까?

목회자는 이런 사람들에게 말씀을 전함으로 구원과 영생에 이르도록 근심하게 해야 합니다. 그런데 개인의 인격적인 흠 때문에 그들이 괴로워하게 해서야 되겠습니까?

성자와 같은 목회자도

교인들에게 인격적으로 완전한 만족을 줄 수 있는 목회자가 어디 있겠습니까? 언젠가 저는 손양원(孫良源, 1902-1950) 목사님의 친딸 되시는 권사님으로부터 목사님의 목회와 일생에 대한 간증을 들었습니다.

그분은 순교자로서뿐 아니라 사랑의 원자탄으로 알려져 있습니다. 사랑하는 두 아들을 죽인 원수를 양아들로 삼은 분이 아닙니까? 그런 훌륭한 분이 목회하는 교회에서도 그분을 싫어하고 그분의 가르침을 못마땅해하는 교인들이 있었다고 합니다.

도대체 누가 모든 교인들을 만족시킬 수 있을까요? 천사가 목회를 하면 과연 그들을 만족시킬 수 있을까요? 모든 사람을 만족시켜 줄 수 있는 목회자는 없습니다.

그러나 주님께서는 아십니다. 어쩔 수 없이 미움을 받는지 부실한 인격 때문에 비난을 받는지 아십니다. 우리가 전하는 진리 때문에 비난을 받는다면 그것은 상급이 될 것입니다. 왜냐하면 주님을 위하여 애매히 받는 고난이기 때문입니다.

만일 다듬어지지 못한 인격과 도덕적인 결함으로 말미암아 받는 것이라면 그것은 애매히 당하는 고난이 아닙니다. 많은 고난을 당하여도 상받을 것이 없을 것입니다.

너 성결키 위해 네 머리 숙여
저 은밀히 계신 네 주께 빌라.
주 사귀어 살면 주 닮으리니
널 보는 이마다 주 생각하리.

인격과 증거

목회자가 인격적으로 존경을 받고 있다면, 교인들은 그의 설교에 마음을 열고 귀를 기울일 것입니다. 혹시 그 말씀이 이해하기에 어려워도 설교하는 목사의 본마음이 느껴질 것입니다.

그러나 목회자에게 인격적으로 심각한 흠이 있다면, 교인들은 좋은 설교를 들으면서도 어찌하든지 그 가치를 깎아내리려고 할 것입니다. 그리고 자신의 삶을 그 설교를 통해 바꾸지 않으려는 구실을 찾기에 여념이 없을 것입니다.

우리는 목회 사역의 영적인 특성을 너무나 잘 알고 있습니다. 따라서 목회자의 인격이 교회의 영적인 변화를 가져온다고 믿지는 않습니다. 전도자의 아름다운 성품이 사역의 성공을 보장해 준다고도 생각하지 않습니다. 제 주위에는 법 없이 살 수 있으리만큼 착하고 경우 바른 성품을 가진 사람임에도 불구하고 사역에 있어서 열매가 거의 없는 목회자들도 있습니다.

인격과 동떨어진 말씀 사역은 결코 그 생명력이 오래 지속되지 않습니다. 그리고 하나님의 말씀을 가르치는 사람들은 단지 내용만을 전달해 주는 도구가 되어서는 안 됩니다. 자신 속에서 깊이 체험된 말씀이 '나의 복음'(my gospel)으로 인격화되어야 합니다(롬 2:16, 16:25). 하나님께서는 보이지 않는 당신의 말씀이 보이는 인격으로 전달되기를 원하십니다.

말씀, 변화의 능력

그러면 인격적으로 다듬어지는 비결은 무엇입니까? 말씀의 은혜에 잠기는 것입니다. 흔히 인격적인 연단에서 비롯된 고난도 가치가 있다고 말합니다. 그러나 고난당하는 모든 사람이 다 인격적으로 거룩하게 변하는 것은 아닙니다.

고난을 통해 하나님의 말씀을 깊이 생각하는 사람이 변합니다. 그 속에서 하나님의 음성을 들을 수 있는 사람만이 거룩한 인격을 갖게 됩니다.

"고난당한 것이 내게 유익이라 이로 말미암아 내가 주의 율례들을 배우게 되었나이다"(시 119:71).

말씀으로 은혜받지 못하면, 고난과 시련 때문에 뒤틀린 성품을 갖기 쉽습니다. 마음의 상처를 간직하고 잘못 자라서 여러 사람과 부딪히기도 합니다. 어떤 사람은 가난으로 고난을 받았기 때문에 탐욕스럽게 되기도 하고, 또 어떤 사람들은 비난으로 고통받았기 때문에 폐쇄적인 사람이 되기도 합니다.

구원하신 뜻

한 사람이 거룩한 사역을 위하여 인격적으로 준비되어 간다는 것이 무엇입니까? 단지 기독교적인 에티켓을 배우는 것입니까? 교회 안에서 능숙한 처세술을 익히는 것입니까?

그렇지 않습니다. 그것은 그 사람이 하나님의 말씀을 통해 신령한 은혜를 받는 것입니다. 주님의 성품을 닮아 가는 것을 뜻합니다. 진리의 감화가 그의 인간성을 거룩하게 변화시켜 가는 것을 뜻합니다.

그리스도의 십자가로 우리를 구원하신 후 우리에게 거시는 하나님의 가장 큰 기대가 무엇입니까? 그것은 우리가 그 아들 예수 그리스도의 성품을 본받는 것입니다.

"하나님이 미리 아신 자들을 또한 그 아들의 형상을 본받게 하기 위하여 미리 정하셨으니 이는 그로 많은 형제 중에서 맏아들이 되게 하려 하심이니라"(롬 8:29).

하나님의 자녀라면 하나님을 닮은 모습이 우리에게 있어야 할 것입니다. 그런 의미에서 이 인격적인 준비는 사역자이기 전에 그리스도인으로서 요구되는 것입니다.

목회자는 다른 모든 신자들보다 더욱 주목을 받는 위치에 있습니다. 그래서 목회자의 생활은 사람들에게 드러나게 되고, 그것은 그대로 교인들에게 신앙과 삶의 교재가 됩니다. 그러므로 우리는 인격적으로 잘 준비되어야 합니다.

살아오면서 고결한 인격을 지닌 그리스도인들을 종종 만납니다. 그분들 앞에 서면 머리가 저절로 숙여집니다. 그분들의 공통적인 특징은 한결같이 성경을 사랑한다는 것입니다. 아무리 다른 열심이 있어도 말씀을 사랑하지 않으면 세월이 지나도 아름다운 인격으로 변화될 수 없습니다.

말씀을 사랑하는 사람들. 지금은 비록 모나고 부족하지만 끊임없이 깎이고 다듬어질 것입니다. 그리하여 모든 사람들에게 말씀을 증거하기에 적합한 인격자가 될 것입니다.

김장철 배추 절이기

예전에는 김치야말로 가장 중요한 반찬이었습니다. 그래서 가을철이 되면 김장을 했습니다. 커다란 통에 물을 담고 소금을 풀어 그 물속에 싱싱한 배추를 담급니다. 어찌하든지 많이 집어넣으려고 애써 누릅니다. 좀처럼 배추는 물속으로 들어가지 않습니다. 심하게 누르면 배추가 상하거나 부러집니다. 소금물에 하룻밤 담가 둡니다. 그러면 보쌈을 싸 먹어도 좋을 정도로 부드러운 김장 배추가 됩니다.

우리의 인격도 마찬가지입니다. 하나님의 말씀이 귀로 들어와 입으로 나가는 것으로는 변화되지 않습니다. 피상적으로 신학을 공부하는 사람들은 결코 인격적 변화를 경험하지 못합니다.

하나님의 말씀에 대한 진지한 탐구가 있어야 합니다. 뿐만 아니라 신령한 지식이 마음을 파헤쳐야 합니다. 성령의 역사로 변화를 경험하여야 합니다. 그 후에야 입을 통하여 전해지는 설교는 하나님의 말씀이 되는 것입니다.

능력을 많이 받았다고 할지라도 말씀을 통하여 감화를 받지 않으면 변화되지 않습니다. 그 진리 앞에서 신앙과 삶을 새롭게 하는 말씀이 없다면 성령의 역사도 없습니다. 그런 사람은 세월이 아무리 많이 흘러도 그리스도의 향기를 발하는 인격으로 성숙해지지 못합니다.

큰 바위 얼굴

한 소년이 먼 산 큰 바위의 얼굴을 바라보며 자라고 있었습니다. 인자한 사람의 형상을 한 바위의 얼굴을 닮은 고결하고 큰 인물이 그들 가운데 나타날 것이라는 전설 때문이었습니다.

돈 많은 사람도, 정치적으로 성공한 사람도 고향을 찾았습니다. 사람들은 성공한 그들이 큰 바위의 얼굴일지도 모른다는 기대감을 가지고 맞이하였습니다. 그러나 정작 큰 바위의 얼굴은 어린 시절부터 그 바위를 바라보며 살아온 촌부(村夫)의 삶의 모습에서 나타났습니다. 바로 그 소년이었습니다.

너새니얼 호손(Nathaniel Hawthorne, 1804-1864)의 『큰 바위 얼굴』(*The Great Stone Face*)에 나오는 이야기입니다.

당신은 누구를 닮고 싶으십니까? 성공한 목회자를 닮고 싶으십니까? 뛰어난 학자를 닮고 싶으십니까? 여러분의 스승은 누구입니까?

오늘날 신학교가 직면한 커다란 문제가 바로 이것입니다. 선생들은 있지만 스승으로 여기는 제자들이 많지 않습니다. 훌륭한 스승이 있어도 그분을 본받지 않으려 합니다. 제 소견대로 살고 싶어하는 것입니다.

존경하는 스승이 없는 목회자는 제조 회사와 유통 기간이 표시되지 않은 채 비닐로 포장된 음식과 같습니다. 존경하며 본받고 싶은 스승이 주위에 없습니까?

그러면 다른 시대, 다른 나라에서라도 찾아보십시오. 살아 있는 사람들 가운데 그런 인물이 없다면 죽은 사람들 가운데서라도 찾아보십시오. 글을 통해서라도 만나십시오. 역사를 통해서라도 대면하십시오. 그리고 그분들과 교제하십시오. 신학생에게 스승이 없다는 것은 자기가 어떤 목회자가 되고 싶은지에 대한 목표점이 없는 것입니다.

하나님을 사랑하고 진리를 따라 살고 싶어하는 신학생은 언제나 그런 삶을 앞서 살았던 인물을 찾아냅니다. 그리고 존경하고 사랑하게 됩니다. 그러한 스승을 마음에 품으십시오. 그리고 사모하십시오. 그분처럼 살기를 간절히 소망하며 기도하십시오. 그런 스승을 통해서 그리스도를 바라보십시오. 혼자 그리스도를 바라보는 것보다 훨씬 더 주님을 닮게 해줄 것입니다.

헤롯도 인정한 인격

세례 요한을 보십시오. 그는 헤롯과 정적(政敵)의 관계에 있었습니다. 헤롯이 동생의 아내 헤로디아를 아내로 취한 일에 대하여 비난하였기 때문입니다.

요한은 누구든지 그리스도 예수께서 오실 길을 내도록 설교했습니다. 그리고 오실 그리스도 예수를 맞이할 사람들로서 합당하게 살아가도록 촉구했습니다. 그와 배치되는 삶에 대하여 하나님의 말씀과 거룩한 분노로 책망하였습니다.

요한은 바리새인과 사두개인들, 유대인들과 왕궁을 드나드는 귀족들 앞에 담대하게 외쳤습니다. 그는 세상의 지위를 두려워하지 아니하는 선지자의 정신이 무엇인지를 보여줍니다. 단지 자기 과시적인 분노나 충동적 감정에서 비롯된 것이 아니었습니다. 깊은 신앙의 인격적 성품에서 비롯된 것이었습니다.

"이는 요한이 헤롯에게 말하되 동생의 아내를 취한 것이 옳지 않다 하였음이라 헤로디아가 요한을 원수로 여겨 죽이고자 하였으되 하지 못한 것은 헤롯이 요한을 의롭고 거룩한 사람으로 알고 두려워하여 보호하며 또 그의 말을 들을 때에 크게 번민을 하면서도 달갑게 들음이러라"(막 6:18-20).

'의(義)롭고 거룩한 사람'(ἄνδρα δίκαιον καὶ ἅγιον), 그것이 바로 세례 요한의 인격에 대한 성경의 평가입니다.[51] 그는 거룩한 사람이었고, 그의 삶은 의로웠습니다. 선지자로서의 소명을 감당하기 위하여 악에 굴복하지 아니하였습니다. 불의와 타협하지 않았습니다. 거룩한 강인함(holy toughness)은

---

51) 이 같은 표현은 우리로 하여금 구약에 자주 등장하는 '하나님의 사람(אִישׁ הָאֱלֹהִים)'이나 '거룩한 사람(אִישׁ קָדוֹשׁ)'을 생각나게 한다. 특별히 전자는 엘리야 선지자에 대한 호칭으로 불렸다(왕하 1:9). 구약성경의 히브리어에서 엘로힘(אֱלֹהִים)이라는 말 자체가 '신격', '신성'을 의미하는 추상 명사로 사용되기 때문에 '하나님의 사람'(a man of God)이라고 번역된 이쉬 하엘로힘(אִישׁ הָאֱלֹהִים)은 곧 '경건한 사람'(a man of holiness)을 의미한다. 현대 히브리어 신약성경은 이 부분을 '의롭고 거룩한 사람'(כִּי הוּא אִישׁ צַדִּיק וְקָדוֹשׁ)이라고 번역하였다. L. Koehler, W. Baumgartner, eds., *Lexicon in Veteris Testamanti Libors* (Leiden: Brill, 1958). 50-51; W. L. Holladay, ed., *A Concise Hebrew and Aramaic Lexicon of the Old Testament* (Grand Rapids: Wm. B. Eerdmans Publishing Company, 1986), 16-17; SDHS, ed., *The New Testament in Hebrew and English* (Edgware: The Society for Distributing the Holy Scriptures to the Jews, 1993), 80.

인격적 성품 때문이었습니다. 오랜 세월 동안 광야에서 받은 영적이고도 인격적인 연단에서 비롯된 것입니다.

어린아이 시절에 광야로 보냄을 받았습니다. 그리고 그곳에서 그의 성품은 의롭게 형성되어 갔습니다. 경건하고 거룩한 삶의 추구를 통하여 그런 인격을 갖게 되었습니다. 이처럼 한 시대를 깨울 선지자로서의 신앙과 인격은 결코 한순간에 이루어진 것이 아닙니다.

우리는 어느 때나

언제쯤이면 우리가 모든 사람들이 인정할 정도의 의롭고 거룩한 인격을 갖게 될까요? 신학교를 졸업하고 박사 학위를 받을 때일까요? 목사 안수를 받는 그 순간에 그렇게 될까요?

그렇지 않습니다. 오랫동안 하나님을 사랑하고, 그분의 말씀으로 다듬어져야 합니다. 우리의 모범이 되신 예수님의 인격을 흠모하며 닮기를 갈망해야 합니다. 그분을 본받아 살려는 열렬한 바람을 가져야 합니다. 빗나간 욕망과 안일한 정신을 날마다 십자가에 못 박음으로써 그리스도를 닮아 가는 것입니다.

세례 요한은 헤롯의 정적이었습니다. 그런데도 헤롯은 그를 의롭고 거룩한 자라고 인정하지 않을 수 없었습니다.

"하나님께로부터 보내심을 받은 사람이 있으니 그의 이름은 요한이라" (요 1:6).

그렇습니다. 요한은 하나님으로부터 보냄을 받은 사람이었습니다. 예수님의 교훈을 거절하려고 애쓰던 유대인들조차도 이 사실을 인정하지 않을 수 없었습니다.52) 그는 일을 통하여서만 그 사실을 입증한 것이 아닙니다. 그의 인격을 통해서도 그 사실을 증거하였습니다. 그의 인격에는 하나님 곁에 있다 온 사람들만의 독특한 향취가 있었습니다. 그의 몸은 광야의 흙냄새와 모래바람과 같은 자연의 냄새를 지녔을 것입니다. 그러나 그의 인격은 맑은 영혼의 향취를 지녔습니다.

변화산에서의 경험

예수님께서는 기도하기 위하여 산에 올라가셨습니다. 그런데 산에서 변화된 모습을 보여주셨습니다. 기도는 우리의 인격을 변화시키는 힘이 있습니다.

하나님과의 깊은 교제는 하나님의 거룩한 성품에 영향을 받게 합니다.

---

52) 이 같은 사실은 예수님과 당시 종교 지도자들이었던 대제사장들, 서기관들, 그리고 장로들과의 대화 가운데서도 잘 나타난다. 그리고 세례 요한의 선지자됨이 어디로 말미암은 것이냐고 물으신 예수님의 질문에 대하여 그들이 대답하지 못한 것을 보아서도 잘 알 수 있다. "요한의 세례가 하늘로부터냐 사람으로부터냐 그들이 서로 의논하여 이르되 만일 하늘로부터라 하면 어찌하여 그를 믿지 아니하였느냐 할 것이요 만일 사람으로부터라 하면 백성이 요한을 선지자로 인정하니 그들이 다 우리를 돌로 칠 것이라 하고 대답하되 어디로부터인지 알지 못하노라 하니"(눅 20:4-7). 그러나 저들의 이 같은 답변은 "빌라도 앞에서 행한 가증한 진술, 곧 '가이사 외에는 우리에게 왕이 없나이다.'라는 발언(요 19:15)을 무색하게 하는 부끄럽고도 부정직한 맹세였다. 그들은 스스로 이스라엘의 선생임을 자처하였고(요 3:10), 무지한 백성을 꾸짖기도 하였다. 그럼에도 불구하고 이미 여러 해 동안 선지자로서 민족적인 인정을 받아 오던 세례 요한에 대해 새삼스럽게 그가 신적인 사명을 가진 선지자인지를 확신할 수 없다고 고백하는 것은 이치에 맞지 않은 위선적인 대답이었다." 예수님께서 "요한의 세례가 하늘로부터냐 사람으로부터냐."(τὸ βάπτισμα Ἰωάννου ἐξ οὐρανοῦ ἦν ἢ ἐξ ἀνθρώπων)라고 물으신 것은 '그의 소명과 사역의 신적인 기원 여부'를 물으시는 질문이었다. Alfred Plummer, *The International Critical Commentary: Gospel According to S. Luke* (Edinburgh: T&T Clark, 1981), 457.

그러므로 원하는 무엇을 얻기 위해서뿐만 아니라, 인격이 그리스도를 닮기 위해서 정직하고 열렬하게 기도해야 합니다. 분명히 신학하는 것과 기도 생활은 깊은 연관이 있습니다.

고(故) 박윤선(朴允善, 1905-1988) 목사님이 외국에서 공부하는 제자에게 보낸 몇 편의 서신을 읽었습니다. 편지마다 목사님은 권면하였습니다.

> "무엇보다도 기도에 시간을 많이 쓰십시오. 學問만 위주하고 기도하지 않는 神學者들은 自由主義로 떨어질 위험이 있습니다. 그뿐 아니라 그런 자들은 교회에 害를 끼칩니다."[53]

신학의 지식은 기도의 눈물에 잠겨 있을 때만 안전합니다. 심지어 성경을 아는 지식도 기도의 눈물에 잠기지 아니하면 우리로 교만하게 합니다.

> "……우리가 다 지식이 있는 줄을 아나 지식은 교만하게 하며 사랑은 덕을 세우나니"(고전 8:1).

그런 점에서 신학은 그 학문적인 성격에 있어서 매우 독특합니다. 같은 지식을 습득한다고 할지라도 누가 어떤 방식으로 습득하느냐에 따라 결과가 다르기 때문입니다. 그러므로 날마다 깊은 기도 속에서 살아가십시오. 그리스도를 사랑하십시오. 열렬한 기도로 그 은혜의 물에 잠겨서 신학을 공부하십시오.

---

[53] 정성구, 「나의 스승 박윤선 박사」 (용인: 킹덤북스, 2018), 449.

모세의 인격적 변화

모세를 기억해 보십시오. 그의 인격은 비난받을 때에 확실히 드러났습니다. 미리암과 아론을 비롯한 다수의 백성이 그의 지도력을 비난하였습니다. 그에게 대항하고 반항하였습니다. 그때 그가 어떠한 사람으로 나타났습니까?

"그들이 이르되 여호와께서 모세와만 말씀하셨느냐 우리와도 말씀하지 아니하셨느냐 하매 여호와께서 이 말을 들으셨더라 이 사람 모세는 온유함이 지면의 모든 사람보다 더하더라"(민 12:2-3).[54]

모세는 어떤 사람이었습니까? 미디안으로 도망치던 때를 생각해 보십시오. 자신의 동족을 구타하는 애굽 사람을 그 자리에서 쳐 죽일 정도로 과격한 사람이었습니다. 민족과 더불어 고난을 받겠다는 열심은 있었으나 인격은 아직 다듬어지지 아니하였습니다.

비난받을 때에 온유할 수 있었던 성품은 수십 년의 세월을 통하여 깎고 다듬어진 인격적 연단의 결과였습니다.

---

54) 이 본문에서 '이 사람 모세는 온유함이 지면의 모든 사람보다 더하더라'라고 번역된 부분은 히브리어 본문에 'וְהָאִישׁ מֹשֶׁה עָנָו מְאֹד מִכֹּל הָאָדָם אֲשֶׁר עַל־פְּנֵי הָאֲדָמָה'로 되어 있는데, 직역을 하면 '그 사람 모세는 그 땅 위에 있는 모든 사람들 중 매우 겸비하였다.'가 된다. '온유하다.'라고 번역된 히브리어 아나우(עָנָו)는 아니(עָנִי)라는 말과 케레-케티브(Qere-Ketib)에 있어서 선택적으로 쓰이는데 시문에서는 대개 아나우(עָנָו)가 쓰인다. 두 단어 모두 '굴복하다.', '괴로움을 당하다.'의 뜻을 가진 동사인 아나(עָנָה)에서 유래되었다는 것은 의미적으로 시사하는 바가 적지 않다. W. L. Holladay, ed., *A Concise Hebrew and Aramaic Lexicon of the Old Testament* (Grand Rapids: Wm. B. Eerdmans Publishing Company, 1986), 278.

그는 하나님께서 대면하여 말씀해 주시던 사람이었습니다. 그런 친밀한 영적 교제 속에서 살던 사람이었습니다. 그런 영적인 은혜의 삶이 혈기 왕성했던 모세의 인격을 바꾸어 놓았습니다.

"그와는 내가 대면하여 명백히 말하고 은밀한 말로 하지 아니하며 그는 또 여호와의 형상을 보거늘 너희가 어찌하여 내 종 모세 비방하기를 두려워하지 아니하느냐"(민 12:8).

급조되지 않는 인격

늘 울어도 좀처럼 변하지 않는 것이 우리의 인격입니다. 고난과 쓰라린 연단을 받으면서도 쉽사리 다듬어지지 않는 것이 우리의 성품입니다. 지식은 집중적으로 노력하여 단시일 내에 축적할 수 있습니다. 잃어버린 건강도 열심히 노력하면 빨리 회복될 수도 있습니다. 그러나 아름다운 인격은 속성(速成)으로 얻어지지 않습니다.

그러므로 광야와 같은 신학교 시절을 인격적으로 준비되는 시간으로 삼으십시오. 때를 놓치면 그렇게 훈련받을 수 있는 기회가 쉽게 오지 않습니다. 겸손해져야 할 이유가 많은 신학교 시절입니다.

깊은 말씀 생활과 열렬한 기도 생활로 그리스도의 성품을 본받으십시오. 스승들의 삶을 탐구하십시오. 그분들이 인격을 통하여 거룩하신 하나님을 보여주었는지 묵상하십시오. 그분들과 함께 주님을 닮고자 애쓰십시오. 그러면 여러분도 오래도록 존경받으며 말씀 사역을 감당할 수 있을 것입니다.

웃기는 리포트

무엇보다도 신학의 도상에서 정직한 사람들이 되어야 합니다. 왜냐하면 우리가 전할 교훈은 정직하고 계명은 순결하기 때문입니다(시 19:8).

언젠가 학생들로부터 리포트를 받았던 적이 있습니다. 그중에 분명히 사람도 다르고 리포트의 모양도 같지 않은데, 내용이 어디서 많이 읽어 본 것 같은 리포트가 있었습니다(선생에게는 학생들에게는 없는 감각이 있습니다. 꼼꼼히 읽지 않아도 한 번 읽은 리포트는 그 내용이 생각납니다).

꼼꼼히 대조한 결과 한 사람이 리포트를 쓰고, 그 리포트를 다른 세 사람이 동시에 사용한 사실이 드러났습니다. 그 세 사람 중 한 사람은 큰 종이에 명조체로 프린트해서 제출했고, 또 한 사람은 작은 종이에다 샘물체로, 또 한 사람은 필기체로 글자체를 바꾸어 프린트하여 제출하였습니다. 얼마나 부정직한 행위입니까?

교수님, 의로우십니까?

신학교에서 나타나는 정직의 위기는 미래의 교회에 어두운 전망을 드리웁니다. 심각한 것은 시험 중 부정행위입니다.

어느 해인가 신학교에서 가르치던 중 졸업 시험에서 부정행위를 한 학생 둘을 적발하였습니다. 3일 동안 아침마다 교수실 앞에 찾아왔습니다. 한 번만 용서해 달라고 빌었습니다. 도무지 자신들의 부정직한 행위를 뉘우치는 기색이 없었습니다.

두 사람은 졸업 때도 가깝고 하니 이번 부정행위를 없었던 것으로 해 달라고 간청하였습니다. 요구를 끝까지 거절했습니다. 그중 한 학생이 달려들 듯이 물었습니다. "교수님, 그렇게 의로우십니까? 교수님은 신학교에 다닐 때 한 번도 부정행위를 한 적이 없으십니까?"

저는 두 학생의 반항하는 질문에 답했습니다. "저는 의롭지 않습니다. 그러나 신학교에 다니는 동안 한 번도 남의 시험지를 보거나 부정행위를 한 적이 없습니다."

학생들은 재차 물었습니다. "정말 한 번도 없으십니까?"

저는 다시 대답하였습니다. "그렇습니다. 한 번도 그런 적이 없습니다."

범사에 근신하는 마음으로 신학교에 다니십시오. 여러분이 언제 어떤 일을 만나게 될지 모릅니다.

한상동 목사님

작고하신 교계의 지도자 중 한 분인 고(故) 한상동(韓尙東, 1901-1976) 목사님의 일화입니다. 그분은 한 교회를 목회하였을 뿐만 아니라, 한 교단의 총회장을 역임하며 교계에 영향력을 끼쳤습니다.

일찍이 신학교 예과에 입학하였습니다. 당시 대부분의 신학교가 그랬듯이 정규 교육 과정을 받지 못한 사람의 경우 예과를 거친 후 본과에 입학해야 했습니다. 신학교에 다니면서 교회를 개척하였습니다. 학문도 짧은 처지에 목회하랴 신학 공부하랴 쉬운 일이 아니었습니다.

그러던 어느 날, 신학교 교과목을 따라 영어 시험을 치르게 되었습니다. 성경 신학 과목이라면 설교 같은 내용으로라도 작성했을 것입니다. 시험이 외국어였으니 성령 충만한 한상동 전도사도 어쩔 도리가 없었답니다.

그 전도사가 시험지를 앞에 놓고 한숨을 쉬며 "주여!"를 연발하는데 이상한 일이 일어났습니다. 옆자리에 앉은 학생이 자기 답안지를 자꾸 한상동 전도사 쪽으로 밀어주는 것이었습니다. 순진한 이분은 한참 시간이 흐른 후에야 친구가 자기 영어 답안을 보고 쓰라고 그런 것인 줄 알게 되었습니다.

이 사실을 깨달은 한상동 전도사는 시험지를 덮어 놓고 교실을 나갔습니다. 그리고 회개하셨다고 합니다. "주님, 제가 평소에 어떻게 살아왔길래 저를 잘 아는 친구가 시험지를 보여주면 제가 보고 쓸 것이라고 생각했겠습니까? 제가 이렇게 살고서도 목회를 하겠습니까?"[55]

영어 답안지를 보여준 그 전도사의 이름을 아는 사람은 없지만, 그날 백지로 제출하고 나간 전도사는 후일 그 신학교의 학장이 되었습니다.[56] 이것이 바로 하나님께서 사람을 쓰시는 방법입니다.

지금도 그분에게서 가르침을 받은 목사님들은 한결같이 말합니다. 그분이 신학교 채플 시간에 가장 많이 외치던 설교 제목이 '참되게 살자'였다고 말입니다. 한 편의 설교가 끝나면 예배실이 흔들릴 정도로 회개의 기도 소리가 가득 찼다고 합니다.

신학교 시절, 칼날 같은 신앙의 양심과 담백한 인격을 지녔던 사람들도 세월이 지나면 변합니다. 하물며 신학생 때 이런 정직함을 볼 수 없다면

---

[55] 이 예화 역시 내수동교회 박희천(朴熙天) 원로 목사에게 직접 들은 것이다. 박 목사는 전도사 시절 약 6개월 동안 한상동 목사의 집에서 함께 살았다고 한다.

[56] 한상동 목사는 주남선(朱南善) 목사와 함께 고려신학교 설립의 주역이었으며, 일제 치하에서의 신사참배 반대 운동으로 5년간 옥고를 치러야 했다. 1952년 3월부터 1962년 10월까지 제2대 재단 이사장을 지냈으며, 1969년 3월 27일부터 1974년 4월 2일까지 제8대 학장을 지냈다. 허순길, 『高麗神學大學院 50年史: 1946-1996』 (부산: 고려신학대학원출판부, 1996), 275.

무엇을 기대할 수 있겠습니까? 그러므로 항상 하나님의 면전에서 살아야 합니다. 우리 자신이 결코 완전한 사람이 될 수 없다는 사실을 너무나 잘 압니다. 그러나 그것으로 충분하지 않습니다. 마음을 다해 정직하고 의로운 삶을 살아가야 합니다.

삶은 설교의 주석

세례 요한의 인격의 탁월성은 그의 삶에서도 나타납니다. 그는 자신이 선포한 대로 산 사람입니다. 흔히 설교자가 자신이 설교하는 것의 절반만 살아도 훌륭한 사람이라는 말을 듣습니다. 그러나 설교는 반드시 살아온 삶의 반영이어야 합니다.

요한은 사람들에게 하나님 나라를 선포한 설교자였습니다. 그리고 실제로 자신이 그런 삶을 살았습니다.

"……광야에 외치는 자의 소리가 있어 이르되 너희는 주의 길을 준비하라 그가 오실 길을 곧게 하라 하였느니라 이 요한은 낙타털 옷을 입고 허리에 가죽 띠를 띠고 음식은 메뚜기와 석청이었더라"(마 3:3-4).

설교자의 삶은 강단에서의 설교에 대한 주석입니다. 비록 말이 어눌해도 삶이 훌륭한 설교자는 자신의 설교에 대해 상세한 주석을 쓰고 있습니다. 삶으로 설교하는 설교자는 비록 말이 화려하지 않아도 설교의 거룩한 빛은 바래지 않습니다. 삶이 그의 설교를 빛나게 해주기 때문입니다.

말이 훌륭해도 삶이 훌륭한 주석이 아니면, 그의 설교는 설득력을 잃게 됩니다. 설교는 즉석에서도 할 수 있습니다. 그러나 자신이 선포한 대로 사는 인격적인 삶은 결코 즉석에서 얻어지는 것이 아닙니다.

신학교에 들어가면 제일 먼저 논쟁을 배우게 됩니다. 전에는 당연하게 여겼던 것에 대해 논쟁하게 됩니다. 그래서 사람들은 신학을 배울수록 겸손을 잃어버립니다. 배울수록 말이 많아지고 더 많이 선생이 되고 싶어합니다. 그러나 그만큼 삶으로 살아내지는 못하기 쉽습니다. 말씀 앞에서 성찰하고 은혜받을 기회는 드물어집니다. 그러므로 신학 수업 중 이러한 위험에 빠지지 않도록 자신을 지켜야 합니다.

부하기를 탐하지 말라

목회를 하면서도 부(富)하기를 탐하는 사람들이 있습니다. 그런 이들에게 그리스도를 닮은 인격을 기대하는 것은 도적에게 자비심을 구하는 것만큼이나 어려운 것입니다. 그리스도께서는 가난한 자들을 위해 스스로 가난해지셨습니다. 우는 자들과 함께 우시고, 아파하는 자들과 함께 고통받으셨습니다. 이 모두 그들을 구원하시기 위함이었습니다.

오늘날은 과거에 비해 비교적 넉넉한 물질을 누리며 살아갑니다. 우리는 물질주의에 흐르지 않도록 경계해야 합니다. 소박한 생활을 하도록 자신을 훈련시켜야 합니다.

"……어떠한 형편에든지 나는 자족하기를 배웠노니 나는 비천에 처할 줄도 알고 풍부에 처할 줄도 알아 모든 일 곧 배부름과 배고픔과 풍부와 궁핍에도 처할 줄 아는 일체의 비결을 배웠노라"(빌 4:11-12).

세상아, 나도 너를 버리노라

저는 4세기의 동방 교부 요한네스 크리소스토무스(Johannes Chrysostomus, 347경-407)의 설교를 좋아합니다. 오래전 사람이긴 하지만, 말씀에 대한 해박한 이해와 깨끗한 삶에 대한 추구가 그의 설교의 가치를 높였습니다.

그는 작은 도시에서 섬기던 사제였습니다. 그러나 설교자로서 그의 명성은 이미 온 로마에 퍼졌습니다. 크리소스토무스란 이름의 뜻이 '황금의 입'(golden mouth)을 의미하는 것이니 설교의 영향력이 어느 정도였는지를 짐작하게 됩니다. 당시 동로마의 중심지였던 콘스탄티노플에서는 귀족들이 이 유명한 설교자가 자신들의 목회자로 와야 한다고 생각했습니다. 그래서 그를 보쌈하듯 강제로 데려와서 주교로 임명하였습니다.

콘스탄티노플의 귀족들이 자신들의 결정이 대단히 커다란 실수였음을 깨닫는 데는 그리 오래 걸리지 않았습니다.[57] 그는 부임하자마자 교회 예배당에 걸려 있던 값비싼 금붙이와 장신구들을 모두 떼어 내서 팔아 버렸습니다. 그리고 그 돈을 가난한 사람들을 구제하는 데 사용하였습니다.

청빈한 그의 삶은 타협할 줄 모르는 설교자의 정신과 만나서 콘스탄티노플을 깨웠습니다. 결국 그는 간악한 핍박자들의 교묘한 간교에 의하여 폰토스에서 순교하였습니다. 그러나 그의 삶과 정신은 오늘날까지 남아 세상을 향해 이렇게 말합니다.

"세상아, 네가 나를 버리려느냐? 나도 너를 버리노라."

---

57) Clyde E. Fant, Jr., William M. Pinson, Jr., *20 Centuries of Great Preaching: Biblical Sermons to Savonarola, A. D. 27-1498*, vol. 1 (Waco: Word Books, 1979), 53-62.

낙서하듯 마치지 말라

젊은 시절에는 성결하고 헌신적인 삶을 살았지만 목회의 마지막을 물질 때문에 낙서하듯 마치는 목회자들을 많이 보았습니다. 얼마나 불행한 일입니까?

동역자들에게 일어나는 일은 얼마든지 우리에게도 일어날 수 있는 일들입니다. 그러므로 목회의 길에 들어서기를 원하는 사람들은 물질 문제에 대한 분명한 태도를 가져야 합니다.

단호하고 칼날 같은 신앙으로 이 문제를 정리하지 못하면 거룩한 사역을 세속적인 탐욕으로 더럽히게 됩니다. 한때 열심 있고 헌신적이었음에도 불구하고 비난을 받는 것입니다.

성경은 가난 자체를 칭송하지 않습니다. 탐욕스러우면서도 가난한 것은 그렇지 않으면서도 부유한 것만 못합니다.

그러므로 복음 사역을 위하여 헌신한 사람들은 물질에 대한 탐욕을 멀리해야 합니다. 그뿐만 아닙니다. 명예나 지위에 대한 탐심도 우리의 경건을 감퇴시킵니다.

목회자는 물질을 탐하지 않는 사람들이 되어야 합니다.

"부하려 하는 자들은 시험과 올무와 여러 가지 어리석고 해로운 욕심에 떨어지나니 곧 사람으로 파멸과 멸망에 빠지게 하는 것이라 돈을 사랑함이 일만 악의 뿌리가 되나니 이것을 탐내는 자들은 미혹을 받아 믿음에서 떠나 많은 근심으로써 자기를 찔렀도다"(딤전 6:9-10).

자족하는 마음

자족하는 마음을 배우도록 노력하여야 합니다. 결핍을 조금도 견디지 못해 하는 사람들은 경건을 유지하기 어렵습니다.

"우리가 먹을 것과 입을 것이 있은즉 족한 줄로 알 것이니라"(딤전 6:8).

신학교 시절은 물질적으로 곤궁한 삶을 살아가야 할 때가 많습니다. 그러나 중요한 것은 그런 훈련 과정을 통해 물질에 대한 태도가 신앙적으로 바뀌어야 한다는 것입니다.

어떤 사람은 신학생 시절 궁핍으로 심한 고통을 받았기 때문에 오히려 목회를 하면서 물질에 집착하기도 합니다. 또 어떤 사람은 넉넉한 환경에서 살아왔기 때문에 그 씀씀이를 줄이지 못해서 그러기도 합니다.

어떤 형편에서 신학을 공부하든지 중요한 것은 이것입니다. 서로 다른 환경에서 어떻게 자신이 인격적으로 훈련되어 가느냐 입니다.

기적으로 살지 말게

저는 신학교에 다닐 때, 개학이 가까워 오면 여러 학생들이 기도원에 올라가는 것을 보았습니다. 그들의 기도 제목은 간단하였습니다. 다음 학기 등록금을 대줄 까마귀를 보내 달라는 것이었습니다(왕상 17:4-6).

언젠가 한 신학생이 제게 도움을 요청하며 다가왔습니다. 그래서 도와주었습니다. 저는 물었습니다. 어떻게 그렇게 어려운 형편에서 신학 공부를 계속할 수 있었느냐고 말입니다. 그랬더니 그 학생이 대답했습니다. "목사님, 저는 정말 기적적으로 학교를 다녔습니다. 매번 등록금을 낼 때 하나님께서 역사하셨습니다. 그때마다 기적적으로 사람을 보내 주셔서 등록하게 하셨습니다. 그래서 이번에는 목사님을 찾아왔습니다."

그래서 저는 이렇게 말했습니다. "학생, 다음부터는 기적을 의지하여 신학교에 다니지 말게. 스스로 성실하게 노력하며 다니도록 하게나."

학생들이 그 귀중한 훈련의 시간을 등록금을 버는 일에 사용하는 것이 안타깝습니다. 성경과 학문을 탐구하기 위해 쓸 시간도 넉넉하지 않은데, 아르바이트를 해서 돈을 벌어야 하는 것은 가슴 아픈 일입니다.

그러나 제가 보기에 많은 학생들이 모든 시간을 공부하느라고 헌신하는 것 같지는 않았습니다. 긴 방학, 그리고 학기 중에 남는 시간을 경건과 학문을 위하여 사용했기에 가난하게 된 사람들은 아니었습니다. 더욱이 남의 도움을 당연한 것처럼 여기는 것은 바람직하지 않습니다.

"또 내가 너희와 함께 있을 때 비용이 부족하였으되 아무에게도 누를 끼치지 아니하였음은 마게도냐에서 온 형제들이 나의 부족한 것을 보충하였음이라 내가 모든 일에 너희에게 폐를 끼치지 않기 위하여 스스로 조심하였고 또 조심하리라"(고후 11:9).

성실한 사람들만이 진실한 삶을 살 수 있습니다. 나태한 사람들은 고통스러운 정도(正道)를 걷기보다는 지름길을 찾기에 마음이 급급한 사람들입니다. 그리고 그러한 성향은 진리의 말씀을 일평생 전하며 살아야 할 사역자의 정신에 부합하지 않습니다.

잊을 수 없는 노(老)목사님

신학교 시절에 크게 감명을 받았던 선배 목사님의 일화를 전해 드리고 싶습니다. 지금은 고인이 되셨지만 그런 훌륭한 목사님께 성경을 배운 것을 감사하게 생각합니다.

그분은 서울에 있는 한 교회에서 40여 년 동안 목회를 하고 은퇴하였습니다. 그 교회에서 유아 세례를 준 아이를 자신의 손으로 장로로 장립하였다고 합니다. 실로 긴 세월 동안 한 교회에서 목회한 셈이지요.

그런데 그 목사님이 은퇴할 즈음 교회에 작은 소동이 일어났습니다. 교인이 수천 명 모이는 큰 교회였습니다. 당회의 장로님들은 일평생 봉직하다 은퇴하는 목사님을 위하여 근처에 신축한 대형 아파트를 마련하기로 했습니다. 그 소식을 들은 목사님은 대노하였습니다. "어찌하여 나의 가는 마지막 길을 이렇게 욕되게 하십니까? 나는 이제 사역을 끝냈고 자식들이 장성하여 모두 잘 살고 있습니다. 우리 두 늙은이는 아들 집의 곁방에 머물다 죽으면 그만인데, 왜 이렇게 내 가는 길을 부끄럽게 합니까?"[58]

예상은 했지만 목사님의 굳은 의지를 마주한 장로님들은 고민에 빠졌습니다. 그래서 다시 목사님을 찾아갔습니다. "목사님, 목사님이야 빈손으로 교회를 떠나시면 모든 사람들이 존경할 만하다고 칭찬하겠지요. 그러나 저희는 어떻게 됩니까? 목회자를 일평생 부려 먹고 마지막에는 거처도 안 주고 내쫓았다고 욕하지 않겠습니까? 그러면 그것이 곧 교회의 불명예가 아니고 무엇이겠습니까?"

---

[58] 당시만 해도 부모는 유산을 아들에게 물려주고 아들들은 부모를 모시는 것이 일반적인 풍습이었다.

순수한 목사님은 이 대목에서 마음이 약해졌습니다. 그리고 여러 날 고민한 후에 당회를 소집하여 자신의 의사를 밝혔습니다. "장로님들, 제가 드디어 주택을 받기로 결심했습니다. 단 그렇게 크지 않고 작은 것으로 주십시오. 그러면 받겠습니다."

좀 더 큰 주택을 드릴 수 있게 해 달라고 간청하는 당회와 힘든 줄다리기를 하다가, 결국 은퇴하실 때 방 두 칸짜리 다세대 주택을 마련해 드리는 것으로 합의를 보았답니다.

그 목사님은 일제 시대 가난한 환경에서 엄격한 교육을 받으면서 자란 분이었습니다. 지금 우리와는 시대와 문화가 달라서 모든 가르침을 일률적으로 따를 수는 없을 것입니다. 그러나 그런 정신이 우리의 삶을 지도하여야 함에는 이의를 제기할 수 없습니다.

하나님의 복을 받는 사역으로 영광을 올렸던 신앙의 선배들은 이 일에 있어서 깨끗했습니다. 소위 성공한 사람들 중에는 그렇지 않은 사람들이 더러 있을지 모릅니다. 그러나 하나님 보시기에 성공했던 사람들은 이 문제에 있어서 분명한 태도를 지닌 사람들이었습니다.

존 웨슬리의 모범

여러분은 18세기의 걸출한 설교자 가운데 존 웨슬리(John Wesley, 1703-1791)를 기억하실 것입니다. 그는 힘에 넘치도록 복음 사역을 위하여 수고한 전도자요, 개혁자였습니다. 그러나 그의 청렴했던 물질생활에 대해 잘 아는 사람들은 그리 많지 않습니다.

그는 평생을 새벽 4시에 일어나 하루의 사역을 시작하였습니다. 매년

13만 km 이상 말을 타고 다니며 복음을 전하였습니다. 1년에 평균 1천 편 이상의 설교를 하였다고 하니 초인적인 사역을 감당한 사람이었습니다.

웨슬리는 헤아릴 수 없을 정도로 많은 지역을 다니며 집회를 인도했습니다. 그리고 받은 사례비를 정해진 액수만큼만 생활비로 사용하고 나머지는 가난한 자들을 위해 베풀었습니다.

청교도적인 삶이 몸에 밴 웨슬리는 물질을 사랑하지 않았습니다. 무명할 때나 유명해졌을 때나 수입은 달랐지만 그의 생활은 일정한 수준을 유지했다고 합니다.

이 같은 깨끗한 삶의 모본은 같은 시기의 설교자 조지 휘트필드(George Whitefield, 1714-1770)에게서도 나타납니다. 그는 교인들로부터 헌금을 걷는 일에 뛰어난 수완을 발휘하였습니다. 언제나 그 돈은 가난한 고아들을 위한 수용 시설을 운영하는 것과 구제 사업에 사용하였습니다.[59] 자신은 절제하는 삶을 자처하였습니다. 휘트필드는 자신의 설교에서 이에 대해 말했습니다.

---

[59] 특별히 휘트필드가 추진한 베데스다 고아원에 깊은 관심을 가졌던 사람은 당대의 인쇄업자이며 과학자이자 외교관이었던 벤저민 프랭클린(Benjamin Franklin)이었다. 프랭클린은 1739년에 휘트필드가 처음 미국에 왔을 때 그를 통하여 일어나는 대대적인 신앙 부흥을 보면서 인연을 맺게 되었다. 당시 지성인이었던 프랭클린은 그리스도인들의 신앙생활이 삶은 없고 이론으로만 무성한 데에 염증을 느끼고 있었기 때문에 휘트필드의 사회사업에 깊은 관심을 갖게 되었고, 그 일을 위하여 여러모로 후원하였다. 신대륙의 독립 문제를 둘러싸고 미국(당시 뉴잉글랜드)과 영국의 관계가 악화되면서 휘트필드의 사회사업을 위한 모금 활동이 모함거리가 되었던 것으로 보인다. 이 문제와 관련한 휘트필드와 프랭클린의 관계에 대하여는 다음을 참고하라. Arnold A. Dallimore, *George Whitefield: The Life and Times of the Great Evangelist of the 18th Century Revival*, vol. 2 (Edinburgh: The Banner of Truth Trust, 1995), 441-453; Arnold A. Dallimore, *George Whitefield: The Life and Times of the Great Evangelist of the 18th Century Revival*, vol. 1 (Edinburgh: The Banner of Truth Trust, 1995), 479-494; Joseph Tracy, *The Great Awakening: A History of the Revival of Religion in the Time of Edwards & Whitefield* (Edinburgh: The Banner of Truth Trust, 1976), 51-59.

"세상 사람들은 저를 아주 부자로 압니다. ……여러분들도 아마 제가 이곳에서 설교를 하고 큰 대가를 받는다고 생각할지 모르겠습니다. ……그러나 여기 있는 분들 가운데 지난 1월부터 8월까지 저처럼 단돈 1기니 정도의 수입을 올릴 정도로 가난한 사람은 여섯 분도 안 됩니다. ……형제들이여, 제가 하늘나라에 가면 여러분은 제가 어떠한 정신으로 여러분을 섬겼는지를 알게 될 것입니다. 그때가 되면 여러분은 제가 행한 모든 일이 다른 사람들이 있을 곳을 마련해 주기 위한 것이었음을 알게 될 것입니다."[60]

우리의 마음이 탐욕에 지배를 받는다면 거룩한 사역에 장애가 될 것입니다. 만약 그렇다면 우리 자신이 바로 회심이 필요한 사역자임을 입증하는 것이 아니겠습니까?

저택 옆의 헛간

신학교에 다닐 때 한 선배 목사님이 들려준 이야기가 있습니다. 자신이 유학 시절에 알게 된 한 목회자의 이야기입니다.

탁월한 성경 공부 교재를 저술하여 일약 미국 교회의 주목을 받게 된 젊은 목사님이 있었습니다. 미국에 있는 내로라하는 대형 교회들이 그분을 자기 교회의 교육 전문가로 초빙하고자 각축을 벌였습니다. 그러던 중

---

[60] George Whitefield, "All Men's Place," in *Eighteen Sermons* (New Brunswick: A. Blauvelt, 1802), 299-300; Clyde E. Fant, Jr., William M. Pinson, Jr., "George Whitefield 1714-1770," in *20 Centuries of Great Preaching: Wesley to Finney, 1703-1875*, vol. 3 (Waco: Word Books, 1971), 105-170.

어느 한 교회의 교육 목사로 청빙을 받게 되었습니다.

그분을 모신 교회는 과연 그분의 명성에 걸맞은 대우를 해주었습니다. 푸른 풀밭 위에 아름다운 화강암으로 큰 저택을 지어 주었습니다. 성경을 연구하고 교육을 위하여 공부하는 일에만 전념하게 하기 위해서였습니다. 아름다운 주택이 완성되고 그분은 거기에 입주하였습니다.

그러나 일주일이 지나지 않아서 목사님은 건축업자를 불렀습니다. 그리고 그에게 이렇게 부탁했습니다. "이 집 옆 담장에 바짝 붙여서 낡은 판자와 허름한 함석을 이용하여 창고를 하나 만들어 주십시오. 제발 부탁합니다."

그 업자는 필요한 창고가 저택 안에 마련되어 있는데 무엇 때문에 그 옆에 창고를 또 짓느냐고 투덜거렸습니다. 그러자 목사님은 애원하다시피 부탁하였습니다. 그 창고가 다 지어지던 날, 목사님은 그날 밤을 그 창고에서 지냈습니다. 알고 보니 사연은 이러했습니다.

그분은 일찍이 양치기로서 예수님을 믿게 된 사람이었습니다. 고달픈 일과를 마치고 건초 더미 위에 드러누워 뚫어진 함석지붕 사이로 초롱초롱 비춰 오는 별빛을 맞으며, 하나님을 찬송하고 기도하였습니다. 하나님과의 깊은 영적 관계를 누렸습니다. 신앙의 추억을 가진 사람이었습니다.

그러다가 갑자기 넓은 저택에서 여유로워진 생활은 낯설게 느껴졌습니다. 이전과 같은 하나님과의 친밀한 교제로부터도 멀어질까 염려하였습니다. 그리하여 마음이 부요해질 때마다 그 창고에 들어가 엎드려 기도했습니다. 지난날 자기가 어떻게 하나님을 만났고 하나님께서 어떻게 이 자리까지 인도하셨는지를 생각했습니다. 그리고 앞으로도 변함없이 주님 앞에 참된 일꾼으로 살기로 다짐했다고 합니다.

우리는 이 어려운 신학 수업의 때를 믿음으로 잘 견뎌야 합니다. 물질적 어려움 속에서 하나님만을 의지해야 합니다.

저도 매우 곤궁한 가운데 신학 공부를 해왔습니다. 신학 대학원을 다니던 시절 공부하다가 세 번이나 영양실조로 쓰러졌습니다. 특별히 물질적으로 도와주는 사람도 없었기 때문에 더 힘들었습니다. 그러나 지금은 그런 경험들이 저를 성숙하게 했다고 생각합니다. 우리는 궁핍할 때에 물질로 사는 것이 아니라, 오히려 하나님의 은혜로 산다는 것을 깨닫게 됩니다.

가난할 때나 부유할 때나 변함없이 하나님만을 의지해야 합니다. 그분의 공급하심에 삶을 의탁하는 신앙을 잃지 말아야 합니다. 저 역시 그런 깨달음을 되새기며 오늘을 살고 싶습니다.

순교자 김예진 목사님

평양신학교를 졸업한 목회자 가운데 김예진(金禮鎭, 1898-1950) 목사님이라는 분이 있습니다. 남산 아래 한 교회를 개척하였고, 훌륭하게 목회하다가 순교한 분입니다.

6·25 전쟁 당시 서울이 점령당했을 때 한강을 건너 광주(廣州) 경안으로 피난을 갔습니다. 거기서 밀고로 붙잡혀 서울로 압송되었습니다. 북한군의 온갖 회유와 설득 공작에도 불구하고 순교하였습니다.

북한군은 김 목사님에게 "나는 민족의 반역자입니다. 미국놈에게 딸을 팔아먹은 나쁜 죄를 지었습니다."라고 큰소리로 복창하며 다니도록 강요하였습니다. 그러나 김 목사님은 이러한 강요를 거부하였습니다. 그들은 총대와 총구로 무참히 때렸고, 목사님의 얼굴에는 붉은 피가 낭자하게 흘렀습니다. 목사님은 적군들 앞에서 기도했습니다. "오, 하나님이시여, 저들은 알지 못하여 이렇게 하고 있사오니 저들의 죄를 용서하여 주옵소서. 주여, 저들에게 성령을 주옵소서. 회개할 마음을 일으켜 주옵소서. 저들도 나의 사랑하는 한 민족, 한 동포이옵나이다."

목사님은 미아리 고개까지 끌려가서 총살당할 때까지 기도하며 걸어갔다고 합니다.[61]

그분은 목회도 열심히 하였을 뿐 아니라, 부흥회 인도하러도 자주 다녔습니다. 부흥회를 마치고 오는 날이면 남산에 있는 산동네를 심방하였습니다. 가난하게 살던 마을이었습니다. 집회한 교회에서 받은 적은 액수의 사례비를 털어 마을 지체들의 양식을 보태 주었답니다. 그리고 정작 자신은 빈손으로 가정에 돌아오는 일이 허다했다고 합니다.

히포크라테스의 선서처럼

한때 제가 여러 해 동안 섬겼던 교회의 목사님도 이런 분이었습니다. 물질로 고통받는 성도가 있어서 교회에서 그를 돕도록 구제비를 주면, 목사님은 그때마다 자신의 생활비나 신학교 강사료에서 따로 준비한 돈을

---

[61] 김예진 목사는 1898년 7월 20일 평남 강서에서 출생하였으며, 평양 숭신전문학교 재학 당시 3·1 운동에 가담하여 옥고를 치른 경력이 있다. 평양신학교는 1939년 우편으로 졸업장을 받아 졸업하였다. 그의 체포에 관하여 일설에는 금식 기도를 하고 내려오는 중에 체포되었다는 말이 있는데, 그것이 바로 광주 경안에서의 일이 아닌가 추측된다. 순교할 당시 52세였고, 1962년 3월 1일 건국공로훈장을 추서받았다. 金光洙, 『韓國基督教殉教史』(서울: 한국교문사, 1979), 158-161; 임영섭, 『한국 기독교 순교자 100인 전기』(서울: 도서출판양문, 1991), 77-80.

구제비에 보탰습니다. 그리고 슬며시 담당 부교역자에게 건네주곤 하였습니다. 적은 구제비에 더 많은 자신의 구제금을 보태고도 자신의 이름을 숨겼습니다.

성도들뿐만이 아닙니다. 동역자들이 물질적으로 고통을 받고 있다면 더욱 도와야 합니다.

어느 병원의 앞뜰 돌비에 새겨진 글을 보았습니다. '히포크라테스의 선서'(Hippocratic Oath)였습니다. 그 맹세에는 목회의 길을 가고 싶어하는 사람으로서 가슴에 새겨 둘 두 가지가 들어 있었습니다. 하나는 "환자로부터 습득한 비밀을 끝까지 누설하지 않겠다."라는 약속이었습니다. 또 다른 하나는 "동역자들을 친형제처럼 사랑하며 존경하고 서로 돕겠다."라는 약속이었습니다.

사람의 몸을 다루는 의사들도 서로를 친형제처럼 사랑하고 존경하며 서로 돕습니다. 그렇다면 영혼의 의사인 우리가 동역자들이 물질로 고통을 당할 때 염려하는 마음으로 섬기는 것은 너무나 당연하지 않겠습니까?

맺는말

이러한 목회자가 필요합니다. 세례 요한은 온갖 악의에 찬 도전 앞에서도 담대히 외칠 수 있었습니다. 이는 훌륭한 설교의 내용만이 아니라, 자신의 선포대로 사는 삶과 강직한 인격이 있었기 때문이었습니다.

세례 요한은 완전한 사람은 아니었습니다. 그러나 그의 선포는 그의 삶의 방향이었습니다. 그의 설교는 인격에서 우러나오는 외침이었습니다. 그의 설교를 바리새인들과 서기관들의 가르침과 구별되게 만든 것이 무엇이었을까요? 그러한 인격과 삶이 아니었을까요?

그는 세상에 사랑하는 것이 없었습니다. 그가 애착하는 것이 없었습니다. 두 눈은 그리스도로 말미암아 다가올 하나님 나라를 향해 고정되어 있었습니다. 삶은 하나님 나라를 기다리는 사람에게 합당한 거룩하고 의로운 삶이었습니다.

세례 요한은 선포하기 위하여 살았고, 사는 것처럼 선포했습니다. 거룩한 정염으로 진리를 외쳤고, 그 외침은 인격 속에서 우러나왔습니다. 광야에서의 설교는 곧 그의 삶이었고, 모든 사람들이 살기를 바라는 생활이었습니다.

조국교회가 기다리는 사람도 이런 사람들이 아니겠습니까? 신학교 시절에 목회자로서 합당한 인격적인 준비를 이루어 가야 합니다.

이 장에서는 목회자가 되기 위한 정서적 준비, 즉 사랑과 열정의 준비에 대하여 다루고 있다. 오늘날의 차가운 복음주의가 어떻게 병든 영적 상태를 반영하는 것인지를 보여주는 동시에 하나님을 아는 신령한 지식은 반드시 거룩한 정서를 동반한다는 사실을 논증한다. 거룩한 사랑과 열정의 부족은 하나님의 성품에 대한 경험의 부재에서 비롯된다는 것과, 나아가 죄로 말미암은 무감각에서 비롯될 수도 있다는 사실을 보여준다. 지식 그리고 사랑과 함께 거룩한 정서가 자라 가는 올바른 신학 함에 대해 생각해 본다.

제5장

정서적 준비:
사랑과 열정

케인스의 경제학

영국의 경제학자 케인스(John M. Keynes, 1883-1946)는 소위 고전 경제학자들과는 다른 이론을 학계에 제시했습니다. 그는 수정 자본주의의 길을 열었고, 현대 경제학의 이론가로 세계적인 명성을 얻었습니다. 당시 그의 이론은 미국에서 더 많은 인정을 받아 1929년 경제 대공황을 극복하게 하는 토대가 되었습니다. 케인스는 후학들에게 언제나 이런 충고를 하였습니다.

"냉철한 머리와 따뜻한 마음을 가지라"(Have a cool head and warm heart).

사실 이 말은 그의 스승 앨프리드 마셜(Alfred Marshall, 1842-1924)이 가르쳐 준 정신이었습니다.[62]

---

[62] J. M. Keynes, "Alfred Marshall, 1842-1924," *The Economic Journal*, vol. 34, No. 135 (Sep. 1924), 367.

수리에 의한 계량 경제학의 합리성이 최고의 가치로 여겨지던 시대였습니다. 그러나 케인스는 합리적인 경제 정책의 그늘에서 고통받는 가난한 사람들을 보았습니다. 그들을 향한 도덕적인 정서를 가져야 한다고 생각했습니다. 그러한 그의 생각은 후일 경제학에 도덕성을 도입하는 데 일조하였습니다. 소위 규범 경제학이라는 것입니다. 케인스가 주장한 것은 이것입니다. "사람을 사랑하는 마음을 가진 사람이 경제학을 해야 한다."

신학은 사람을 위한 것입니다. 진리를 배움으로써 하나님의 성품을 닮아 가게 하기 위한 학문입니다. 복음을 전파하여 영혼들을 구원하게 하기 위한 것입니다. 성경의 진리를 가르쳐서 성도들을 영적으로 교화하기 위한 것입니다. 영적인 변혁을 통하여 교회를 새롭게 하여 사람들이 하나님을 위해 살게 하기 위한 것입니다.

사람들은 선천적 기질과 영혼의 변화를 통해 획득되는 정서를 혼동합니다. 그래서 하나님을 향한 사랑과 열정이 부족한 것이 기질만의 문제인 듯 생각합니다. 그러나 결코 그렇지 않습니다. 영적인 변화가 없는 곳에는 거룩한 정서가 깃드는 법이 없습니다.

그래서 영적으로 잠들어 있는 교회가 어느 날 갑자기 잃어버린 세상을 위해서 목 놓아 기도하는 것은 불가능합니다.

차가운 복음주의

오늘날 복음 사역자들의 가장 커다란 문제는 열정이 없다는 것입니다. 이 책을 처음 쓰던 시절만 해도 빗나간 열정을 경계했습니다. 그러나 약 25년의 세월이 흐른 지금 우리는 열정 자체를 보기 드물게 되었습니다.

강단 위에 선 목회자나 강단 아래에 있는 성도들 모두 거룩한 열정이 부족합니다. 하나님의 말씀이 깊게 전해지지 않습니다. 말씀을 통해 변화 받고자 갈망하는 사람들을 보기가 쉽지 않습니다.

세례 요한에게 말씀이 임하는 선지자적 부르심은 한순간에 일어났습니다. 그러나 그 일이 있기 전, 그는 오랜 세월 광야에서 훈련을 받으며 정서적으로 준비되었습니다.

하나님과 그의 나라를 위하여 섬기는 자의 가슴속에 있어야 할 거룩한 열정과 사랑에서 자라 갔습니다. 광야에서 하나님의 말씀을 묵상하고 기도하였습니다. 많은 신앙의 체험들과 함께 진리를 알아갔습니다. 하나님의 거룩한 사역자로서의 합당한 열정과 사랑을 배워 갔습니다.[63] 그는 이러한 신령한 생활을 통해 거룩한 정서를 지니게 되었습니다.

체험에 대한 오해

우리는 신앙의 체험과 열정을 과소평가하는 시대에 살고 있습니다. 역사 속에서 잘못된 열정과 그릇된 체험이 교회의 경건을 얼마나 심각하게

---

[63] 세례 요한이 거룩한 정염(holy pathos)을 지닌 구약의 참선지자 상을 계승하고 있다는 사실은 신약성경 여러 곳에서 나타난다. 그의 열정은 영적으로 탁월했던 선지자 엘리야에 비유되었는데(눅 1:17), 자신의 설교를 듣고 회개하기 위해서가 아니라 임박한 하나님의 진노를 피하기 위하여 세례 받으러 오는 무리들을 향한 과격한 외침(눅 3:7), 그리고 헤롯(Herod Antipas)이 동생 빌립의 아내 헤로디아를 취한 행동에 대해 박해를 무릅쓰고 탄핵한 행동(막 6:16-18) 등은 모두 그의 열정을 보여 주는 것이다. 윌리엄 헨드릭슨(William Hendriksen)은 특별히 누가복음 1장 17절의 '엘리야의 심령과 능력'(πνεύματι καὶ δυνάμει Ἠλίου)을 주석하면서, 이 말은 세례 요한의 사역을 통하여 엘리야의 심령과 능력이 드러날 것을 말하는 것이며, 이는 옛 선지자의 담대함 같은 거룩한 정서를 예고하는 것이라고 설명하였다. William Hendriksen, *Exposition of the Gospel According to Luke*, in *New Testament Commentary* (Grand Rapids: Baker Book House, 1978), 72.

해치는지에 대해서 값비싼 교훈을 발견했습니다. 그래서 잘못된 열정과 그릇된 체험에 대한 경계심이 늘 있습니다. 그리고 그것은 바람직한 것이기도 합니다. 그러나 한 가지 극단을 우려한 나머지 또 다른 극단에 치우칠 위험이 있습니다.

역사적으로 교회는 이 문제에 있어서 극단에서 극단으로 진자 운동을 해왔습니다. 잘못된 체험과 열정을 경계한 나머지 이번에는 정반대로 생각하기 시작하였습니다. 뜨거운 열정을 저급한 신앙의 특징으로 생각하는 것입니다. 신앙에 있어서 체험을 매우 천시하는 것입니다.

신학을 공부하는 동안에 역사를 배울 필요가 있습니다. 교회의 역사에서도 지성을 중시하는 입장과 감성을 중시하는 입장이 교차해 왔습니다. 오순절 성령 강림 사건을 중심축으로 시작해 봅시다. 한편으로는 신학과 이지(理智)와 교리 등을 중시하는 경향이 있었습니다. 또 한편으로는 신비한 체험과 열정, 하나님과의 내적 교제를 중시하는 경향이 있었습니다. 이 문제에 대해서 교회의 역사를 간략히 개관해 봅시다.

지성이냐 정서냐

시간이 흐르면서 초대 교회의 생명력 있는 성령의 불길이 식어 갔습니다. 로마 제국의 사상적 박해에 대한 대안으로서 많은 변증가들이 나오게 되었습니다. 이러한 신앙 사조에 대한 반발이 일어났는데, 그것이 바로 몬타누스주의였습니다.

주후 2세기 중엽에 시작된 이 운동은 극단적인 신비 체험과 열정, 그리고 감성을 중시한 운동이었습니다. 몬타누스(Montanus)는 자신을 통해서 보혜사 성령의 시대가 도래하였다는 교리를 내세웠습니다. 그러나 이 이단 운동은 얼마 못 가서 쇠퇴하였습니다.

이번에는 기독교에 대한 또 다른 지성주의의 이단이 등장하였습니다. 주후 2-3년경에, 구원의 성사 유무를 지식에 둘 정도로 이성을 중시하는 영지주의라는 이단이 등장했습니다.[64]

그 후 다시 수도와 개인의 체험, 열정, 감성, 내적 광명 등을 중시하는 수도원주의로 흐르게 되었습니다. 이러한 수도원 운동은 주후 3세기경에 시작되어 10세기까지 융성하였습니다.

11세기에 접어들면서는 강력한 지성주의 운동이 일어났습니다. 스콜라주의가 바로 그것입니다. 14세기까지 계속된 스콜라주의는 이슬람 철학에서 영향을 받았습니다. 아리스토텔레스(Aristoteles, BC 384-BC 322)의 철학 체계를 통해 하나님과 인간과 구원을 설명하려 했습니다.

교회는 성경에 기록된 예언과 영적인 은사들과 체험을 무시하게 되었습니다. 점차 신앙적인 열정을 낮게 평가하였습니다. 주교의 관할 하에 교회의 권징이 더욱 철저해졌고, 성경 해석은 아주 엄격하게 교회의 통제를 받게 되었습니다.

그렇지만 그 후 14-15세기에는 다시 체험과 열정, 내적인 교통을 중시하는 신비주의 운동이 일어나게 됩니다. 중세 후기의 이 신비주의는 마이스터 에크하르트(Meister Eckhart, 1260경-1327경), 요하네스 타울러(Johannes Tauler, 1300경-1361), 하인리히 주조(Heinrich Suso, 1295-1366), 얀 판 뤼즈브루크(Jan van Ruusbroec, 1293경-1381) 등에 의해 후일 새로운 경건주의 운동의

---

[64] Harry R. Boer, *A Short History of the Early Church* (Grand Rapids: Wm. B. Eerdmans Publishing Company, 1976), 55-65.

물결을 일으켰습니다. 그러나 결국 에크하르트는 정죄되고 교황 요한네스 22세(Johannes XXII, 1245-1334)는 이들이 주장하는 교리 중 일부를 이단적인 것이라고 공포하였습니다.[65]

이는 모두 체험을 무시하는 강학(講學, rationalism)에 빠진 차가운 스콜라 철학의 늪에서 신앙을 되찾고자 하는 운동이었습니다. 그러나 이러한 반동은 점차 또 다른 신비주의로 흐르게 되었습니다.

그 후 16세기에 일어난 종교 개혁에서 이 둘 사이에서 중심을 잡게 됩니다. 종교 개혁을 통하여 강단에서 복음이 회복되었습니다. 참된 부흥을 통하여 하나님의 말씀이 재조명되었습니다.

종교 개혁 후기부터 교파 간의 치열한 교리 논쟁이 시작되었습니다. 그 변증의 과정에서 종교 개혁의 신학이 상세화되는 유익이 있었습니다. 그러나 시간이 흐르면서 교회는 다시 생명력 있는 신앙을 잃어버리게 되었습니다. 그리고 합리주의의 물결에 뒤덮이게 됩니다.

바로 이러한 상황에서 '교리보다는 삶'이라는 구호를 내건 운동이 일어나는데, 이것이 바로 17세기와 18세기 독일에서 일어났던 경건주의 운동입니다.[66]

---

[65] Justo L. Gonzalez, *A History of Christian Thought: From Augustine to Eve of Reformation*, vol. 2 (Nashville; Abingdon Press, 1987), 324-326.

[66] 독일 프랑크푸르트의 목회자이던 필리프 야코프 슈페너(Philipp Jakob Spener)와 그를 이어 할레 대학교를 중심으로 하는 경건주의를 발전시킨 아우구스트 헤르만 프랑케(August Hermann Francke), 그리고 니콜라우스 루트비히 폰 친첸도르프(Nikolaus Ludwig von Zinzendorf) 등에 의하여 일어난 이 운동은 교회사에 적지 않은 영향을 미쳤다. 독일 경건주의 운동의 중심적인 인물은 필리프 야코프 슈페너였으며, 그는 인간 심성(heart)에 호소하는 마르틴 루터의 체험적인 복음 신앙을 회복하기를 원하였다. 그리하여 자신의 집에서 기도회를 가지거나 성경 공부와 신앙 체험을 나누는 소그룹 모임을 전개하였는데, 개인의 경건 생활을 강조하고 신학 교육과 교회의 개혁까지 외친 그의 주장은 당시 루터파 정통주의 교단의 반발을 일으켰다. 그의 추종자 아우구스트 헤르만 프랑케는 고아원이나 성경 학교와 같은 사회 기관을 설립함으로써 경건주의 운동이 사람들의 삶

그러나 '교리보다는 삶'이라는 그들의 기치는 처음의 순수했던 의도와는 다른 방향으로 흐르게 되었습니다. 후일 그 계승자들은 성경을 부인하고, 복음적인 하나님 나라와 인류 평화주의에서 말하는 좋은 세상 사이의 차이를 무시하게 되었습니다. 결과적으로 신학적 자유주의자에게 길을 열어 주게 되었습니다. 19세기 말에서부터 20세기까지의 일입니다.

이제는 성경에 대한 고등 비평을 통해 계시의 신적인 기원을 부인하기에 이르렀습니다. 기독교의 절대성을 부정하는 종교 다원주의를 따르는 시대가 되었습니다. 교회는 위기에 처한 복음주의와 함께 이런 역사의 흐름 안에 있습니다.

이에 대한 반동으로 한쪽에서는 극단적인 신비 체험을 강조합니다. 또 한쪽에서는 은사를 운동화하는 새로운 신앙의 경향이 대두되었습니다. 과거에 복음적이던 교회조차 포스트모더니즘 시대를 맞아 객관적 진리를 부인하고 개인의 주관적 행복을 최고의 가치로 여기게 이르렀습니다.

하나님을 아는 지식

성경에는 자주 하나님을 아는 지식이 거론됩니다. 소위 구약성경에서 말하는 다트 엘로힘(דַּעַת אֱלֹהִים)입니다. 성경에서 하나님을 아는 지식은 반

에 실제적인 영향력을 행사할 뿐만 아니라 제도적으로 지속될 수 있는 기반을 마련하였다. 1692년 할레 대학교의 교수로 임명되면서 그곳을 경건주의 운동의 중심지가 되게 하였다. Tim Dowley, *A Lion Handbook: The History of Christianity* (Surry Hills: Anzea Books, 1978), 442-445; Justo L. Gonzalez, *A History of Christian Thought: From the Protestant Reformation to the Twentieth Century*, vol. 3 (Nashville; Abingdon Press, 1987), 300-305; Carter Lindberg, ed., *The Pietist Theologians: An Introduction to Theology in the Seventeenth and Eighteenth Centuries* (Malden: Blackwell Publishing, 2005), 84-96.

드시 체험을 통해서 얻어지는 것입니다.

이스라엘 사람들에게는 경험을 통해서 아는 것이 아니면 아는 것이 아닙니다. 그래서 호세아 선지자는 말합니다.

"내 백성이 지식이 없으므로 망하는도다 네가 지식을 버렸으니 나도 너를 버려 내 제사장이 되지 못하게 할 것이요……"(호 4:6).

여기서 '지식'(דַּעַת)은 그것을 소유한 사람의 모든 삶을 움직이는 중심적인 요소를 말합니다. 그리고 그 지식이 그 사람 안에 계속 살아 있는 것은 신앙과 사랑을 통하여 가능함을 보여줍니다.

히브리인들의 사유 속에서 '알다'(יָדַע)라는 단어는 경험을 통하여 알게 되는 것을 의미합니다. 그리고 경험을 통하여 얻게 된 지식은 반드시 그의 삶에 영향을 끼칩니다.[67] 따라서 이스라엘 백성이 하나님을 아는 지식을 버렸다고 하였을 때, 그것은 곧 배교를 의미하는 것입니다.

하나님께서는 이스라엘의 선조들에게 당신의 거룩과 전능을 경험하게 하심으로써 하나님을 아는 지식을 갖게 하셨습니다. 그리고 그 경험은 그들의 신앙 속에서 계시로 보존되었습니다.

그들은 마땅히 하나님의 계시를 통하여 선조들이 알았던 것과 동일한 하나님을 알아가도록 힘써야 했습니다. 그러나 그들은 단지 차가운 종교 의식을 되풀이하였습니다. 문자로만 머물러 있는 경전을 보존하는

---

[67] 김남준, 『거룩한 부흥』 (서울: 생명의말씀사, 2003), 333-335; H. W. F. Gesenius, *Gesenius' Hebrew-Chaldee Lexicon to the Old Testament*, trans. Samuel Prideaux Tregelles (Grand Rapids: Baker Book House, 1984), 333-335.

것에 만족하였습니다. 그리고 이것은 하나님을 아는 지식을 버린 것이었습니다.

그들이 더 이상 하나님을 알려고 하지 않았을 때, 하나님을 아는 지식 안에서 맛볼 수 있는 거룩한 정서들을 함께 잃어버렸습니다. 그리고 그러한 상실은 그들을 배교의 상태로 데려갔습니다.

신앙 회복과 정서 회복

하나님께로 돌아가는 신앙의 회복이 있습니까? 거기에는 언제나 거룩한 정서의 회복도 함께 일어납니다. 이러한 사실은 성경 속에서 너무나 풍부한 증거를 가지고 있습니다.

> "에스라가 하나님의 성전 앞에 엎드려 울며 기도하여 죄를 자복할 때에 많은 백성이 크게 통곡하매 이스라엘 중에서 백성의 남녀와 어린아이의 큰 무리가 그 앞에 모인지라"(스 10:1).

에스라는 이스라엘의 죄악 때문에 하나님의 전 앞에 엎드렸습니다. 그는 통곡하며 기도하였습니다. 이스라엘 백성들은 의아해하였을 것입니다. 통곡하는 그의 정서를 이해할 수 없었을 것입니다.

그러나 성령의 역사로 그들의 마음이 열리자 에스라와 같은 시각에서 자신들을 볼 수 있었습니다. 자신들이 범죄하였음을 깨닫게 되었습니다. 그들도 동일한 정서로 함께 울었습니다.

이스라엘 백성은 하나님과의 언약 관계에 대하여 생각하게 되었습니다. 자신들의 불신앙으로 말미암아 깨뜨려진 관계를 생각하며 회개했습니다. 그들이 회개하기 시작하자 정서의 변화가 일어났습니다. 새로운 정서였습니다. 그것은 거룩한 슬픔의 정서였습니다.

또 다른 예를 봅시다. 다윗은 죽기 전에 성전 건축을 당부하였습니다. 다윗의 이 권면은 거기에 모인 이스라엘 백성의 마음에 커다란 감화를 끼쳤습니다.

다윗은 먼저 자신이 성전 건축을 위해 준비한 모든 예물을 하나님께 드렸습니다. 그리고 하나님의 이름과 위엄, 광대하심과 영광을 송축하였습니다. 그 백성들에게도 여호와를 송축하도록 권하였습니다. 그리고 거룩한 제사가 봉헌되었습니다.

그때 이스라엘 백성의 신앙은 크게 진작되었습니다. 그들은 하나님께서 세우신 왕권에 순종하기로 결심하였습니다. 바로 그때 그들의 마음에는 새로운 정서가 깃들었습니다. 기쁨의 정서였습니다.

"……온 이스라엘을 위하여 풍성한 제물을 드리고 이 날에 무리가 크게 기뻐하여 여호와 앞에서 먹으며 마셨더라……"(대상 29:21-22).

이처럼 신령한 은혜는 거룩한 정서를 동반합니다.

체험을 동반한 지식

하나님을 아는 지식은 하나님을 경외하게 합니다. 사랑하게 합니다. 성결한 삶을 살게 만들어 줍니다. 그리고 이러한 지식은 반드시 신령한 은혜의 경험을 통해서 얻어집니다. 진리를 깊이 깨달을 뿐 아니라, 그 의미를 경험하는 것이 하나님을 아는 지식의 요체입니다.

따라서 지식을 떠난 신앙의 체험과 경험으로 확인되지 않은 지식은 결코 거룩한 지식이 아닙니다. 이스라엘의 부패한 삶은 하나님을 아는 지식을 버렸기 때문이었습니다.

모든 지식은 인격적으로 습득되어야 합니다. 그리고 인격적으로 습득된 지식은 반드시 지성적인 동의와 체험에서 비롯된 정서를 가져다줍니다. 신령한 체험은 반드시 은혜로운 정서를 동반합니다. 이러한 인간 마음의 정서에 대해 조나단 에드워즈(Jonathan Edwards, 1703-1758)는 다음과 같이 말했습니다.

"'정동'(情動, disposition)이라고 하는 것은 영혼이 지닌 성향과 의지의 힘 있는, 그리고 지각할 수 있는 실천이다."[68]

하나님께서는 사람의 영혼에 두 가지 기능을 부여하셨습니다. 하나는 지각하고 사변할 수 있는 기능입니다. 그것을 통해서 영혼은 여러 가지 사물을 분별하여 살피고 판단합니다. 우리는 그것을 '이해'(理解, understanding)라고 부릅니다.

그리고 또 하나의 기능은 살피고 생각하는 것들에 관하여 어떤 성향을 갖는 것입니다. 어떤 사물에 대해 마음이 기울어지게 하든지, 아니면 멀어지는 반감을 갖게 합니다.

---

[68] Jonathan Edwards, *Religious Affections*, in *The Works of Jonathan Edwards*, vol. 2, ed. John E. Smith (New Haven: Yale University Press, 1959), 96.

따라서 체험하지 못한 진리를 붙들고 종교 생활하는 것은 이념이지 신앙이 아닙니다. 정서적으로 느끼지 못하는 것들을 위하여 고난을 받으며 살아간다는 것은 가능하지 않습니다.[69]

세례 요한의 열정

세례 요한을 보십시오. 선지자로서 등장했을 때 타오르던 불꽃같은 정서를 보십시오. 하나님의 일에 쓰임받았던 사람들은 마땅히 이렇게 거룩한 열정을 지녀야 합니다. 하나님을 아는 지식을 강조하는 이유가 여기 있습니다.

선지자들을 단지 성령을 받은 사람들이라고 생각하는 것은 올바른 판

---

[69] 신앙에 있어서 정서의 위치에 관한 조나단 에드워즈의 아래 논문은 높이 추천할 만하다. 그가 이 탁월한 논문에서 개진하고 있는 중요한 요점들은 이것이다. ① 참된 신앙은 체험을 통하여 얻어지며, 신령한 체험은 반드시 은혜로운 정서를 동반한다. ② 인간은 지정의의 인격적인 존재이며, 그 인격은 정서의 작용을 통하여 움직인다. 그래서 신앙의 요체를 사랑이라고 할 때, 그것은 반드시 정서와 불가분의 관계에 있다. ③ 그럼에도 불구하고 격렬하고 뜨거운 정서가 곧 그 사람의 신앙을 옳다고 입증하는 것이 아니기 때문에 참된 신앙의 정서인지의 여부는 성경을 통하여 면밀히 검증되어야 한다. ④ 신앙에 있어서 정서가 결핍된 것은 거룩함의 결핍에서 오는 것이며 죄로부터 말미암는 영향이다. ⑤ 신앙에 있어서 지식의 빛과 정서의 열은 똑같이 필수적인 것이므로 어느 하나에 의하여 다른 것이 대체될 수 없다. ⑥ 거룩한 정서는 반드시 실천하는 삶 속에서 열매를 맺는다. 에드워즈에 의하면 바로 성경이 참된 신앙을 정서에 두고 있다는 것이다. 그리고 이 같은 사실은 그가 신앙에 있어서 중요한 정서 중의 하나인 거룩한 두려움과 소망의 감정을 논의하는 가운데 지적한 다음의 언급을 통해서도 잘 드러난다. "성경은 곳곳에서 우리의 신앙을 두려움, 소망, 사랑, 미움, 갈망, 기쁨, 슬픔, 감사, 긍휼, 그리고 열심과 같은 정동과 매우 많이 연결시킨다. 성경은 참된 신앙을 경건한 두려움 안에서 많이 찾는다. 그래서 성경은 종종 참된 믿음을 가진 사들의 특성을 말할 때에 하나님의 말씀으로 인해 떨며 그분 앞에서 두려워하고 그 두려움으로 인해 살까지 떨리는 자로, 또 하나님의 심판을 두려워하며 그분의 탁월하심으로 인해 떨고 그 앞에 압도되는 자로 설명한다. ……이와 마찬가지로 성경은 종종 하나님과 하나님의 약속의 말씀에 대한 소망을 참되고 깊은 신앙으로 묘사한다." Jonathan Edwards, *Religious Affections*, in *The Works of Jonathan Edwards*, vol. 2, ed. John E. Smith (New Haven: Yale University Press, 1959), 102-103.

단이 아닙니다. 그들은 단지 능력만 받은 사람들이 아닙니다. 매우 특별하게 준비된 사람들이었습니다. 한결같이 하나님을 아는 지식을 소유했던 사람들이었습니다. 성경을 알고, 그 시대를 알았습니다. 그 시대의 백성이 어떻게 살아야 하는지를 알았습니다. 그 시대의 이스라엘을 향한 하나님의 마음을 알고, 그분의 마음과 같은 정서를 품었습니다.

세례 요한이 하나님의 말씀을 증거하기 위하여 나타났을 때 그는 단지 냉담한 선교자가 아니었습니다. 그는 임박한 하나님의 심판 앞에 서 있는 마음과 열정으로 외쳤습니다.

무엇이 그로 하여금 박해에 굴하지 않고 하나님의 말씀을 외치게 만들었습니까? 부패한 그 시대를 탄핵하게 만들었던 것은 무엇이었습니까? 단지 그의 개인적인 신념이었습니까? 성경 지식에 대한 차가운 지식이었습니까? 아닙니다. 그 사람 안에 있었던 하나님을 아는 지식이었습니다.

그는 하나님의 마음을 가진 사람이었습니다. 그래서 불의에 대한 거룩한 분노가 있었습니다. 오직 그리스도께서 높아지시길 갈망하는 마음이 있었습니다. 이 모든 것이 바로 그의 거룩한 정서의 준비를 보여주는 것입니다.

병든 냉담함

오늘날 우리는 냉담한 시대를 살아가고 있습니다. 세속적인 것들을 위해서는 열심이 있으나 신령한 것에 대해서는 냉담합니다. 설교자들 가운데 말씀을 통해 사람들을 변화시켜야겠다는 갈망이 턱없이 부족합니다. 또 강단 아래 있는 회중들은 어떻습니까? 진리를 통해 자신들이 변화되기를 바라는 갈망이 보이지 않습니다. 그분의 거룩한 사랑을 받고자 하는 사모함이 보이지 않습니다.

주일이면 많은 사람들이 교회에 모이고 흩어집니다. 그러나 영적으로 변화되지 않는 자신의 모습 때문에 아파하지 않습니다. 바뀌지 않는 세상의 풍조와 타락한 물결 때문에 괴로워하지 않습니다.

이 모든 상황은 교회 전체를 심각한 영적 불감증으로 몰아넣습니다. 이는 돌가슴 철마음을 가진 신자들이 되게 합니다. 그리하여 지극히 사무적인 방식으로 섬기도록 만듭니다. 그러나 그것은 참된 신앙이 아닙니다.

하나님을 아는 사람의 인격 속에는 그분을 향한 사랑이 있습니다. 그분의 거룩한 성품을 체험한 흔적이 있습니다. 좋으신 하나님을 위하여 뜨거운 마음으로 사랑하며 살게 합니다. 타오르는 열정으로 그분을 섬기지 아니하면 만족할 수 없는 마음을 불러일으킵니다.[70] 잃어버린 영혼들에 대한 안타까운 탄식으로 마음이 뜨거워지게 합니다. 그러한 뜨거운 열정을 가슴에 지닐 때 참된 섬김과 기도가 가능해지는 것입니다.

따라서 하나님의 자녀들의 마음이 하나님을 향한 사랑의 정서로 뜨거워지지 않는 것은 영적인 질병입니다. 더욱이 목회의 길을 갈 신학생들이

---

70) "이처럼 하나님을 아는 참지식은 경험을 동반하고 그렇게 습득된 지식은 우리에게 하나님을 향한 경배와 헌신을 불러일으킵니다. 그 지식은 우리를 깨워 하나님의 영광을 위한 거룩한 열심에 자신을 다 드리게 합니다. ……그 지식의 내용이 그릇된 것일 때만 거짓 지식이 되는 것이 아니라, 지식의 내용이 아무리 참된 것이라 할지라도 그것이 도무지 하나님을 향한 사랑과 그의 영광을 위한 열심과 잃어버린 세상의 영혼들에 대한 거룩한 연민과 우리 자신의 쇠악된 모습에 대한 경건한 슬픔을 불러일으키지 못한다면, 그것도 역시 다루는 내용에 관계없이 진정한 의미에서 하나님을 아는 지식이 아니라는 것입니다." 김남준, 『거룩한 부흥』 (서울: 생명의말씀사, 2003), 343. 하나님을 아는 지식과 거룩한 열정, 그리고 그러한 열정이 가져다주는 헌신에 관해서는 같은 책 p. 303-365를 참고하라. 또한 하나님의 성품을 경험하는 것이 설교자의 정서와 어떤 연관을 갖는지에 대해서는 김남준, 『설교자는 불꽃처럼 타올라야 한다』 (서울: 생명의말씀사, 2009), 245-301를 참고하라.

이런 거룩한 정서에서 자라지 않는다면 그는 쓸모없는 사람이 될 것입니다. 그가 아무리 도덕적으로 결백한 삶을 산다고 할지라도 복음 사역에서 큰 열매를 기대할 수 없는 것입니다.

하나님의 말씀을 알 뿐 아니라, 그 마음이 거룩한 정서에 불붙어야 합니다. 퀴즈 대회에 나가기 위해 습득하는 성경 지식은 진정한 지식이 아닙니다. 하나님의 말씀은 그의 마음에 거룩한 정서를 불러일으키는 방식으로 습득되어야 합니다. 그리하여 인격과 삶에 영향을 끼쳐야 합니다.

피를 바른 설교

한 사람이 말씀을 전하는 행위가 무엇을 의미한다고 생각하십니까? 저는 설교를 이렇게 정의합니다.

"설교는 하나님을 만난 한 설교자의 뼛속에서 우러나와 형체를 갖추고, 심장을 관통하여 피를 바르며, 살을 찢고 흘러나옴으로 그 진액이 묻고, 흐느낌과 함께 토해져 나옴으로 눈물에 적셔진 하나님의 음성이다."[71]

하나님의 마음 없이 설교하는 것은 얼마나 직업적입니까? 그런 마음으로 교회에 대하여 말하는 것은 얼마나 차가운 것입니까? 모든 신학 공부는 자기와 이웃으로 하여금 하나님을 아는 거룩한 지식에 불붙게 할 목적으로 습득되어야 합니다. 하나님을 더욱 정성껏 섬기게 해야 합니다.

---

[71] 이 점에 관하여는 저자의 인터뷰 기사가 실린 다음 자료를 참고하라. 김치성, "책과 사람: 열정으로 불타는 설교자", 『그 말씀』, 통권 37호 (1995년 8월), 26-27.

이 점에서 찰스 스펄전(Charles H. Spurgeon, 1834-1892)의 설교 준비는 우리에게 거울이 됩니다. 설교단에 오를 때 그는 언제나 간략한 개요만을 가지고 올라갔습니다. 청교도들에게서 배운 것이었습니다. 그리고 자연스럽게 자신이 소화한 내용으로 설교를 전개해 갔습니다. 그래서 회중들은 성경 본문의 정서를 설교를 통해 느낄 수 있었습니다.

회중들은 항상 스펄전의 설교가 쉽다고 생각하였습니다. 그러나 그의 설교는 탄탄한 청교도 신학의 지원을 받고 있었습니다.

스펄전은 토요일 저녁마다 설교할 본문을 묵상했습니다. 본문을 말씀하시는 하나님의 정서로 '마음을 불붙이는' 시간을 가졌습니다. 이렇게 함으로써 그는 청교도들의 설교 내용에, 초기 메서디스트(Methodist)들의 열렬한 정서를 불붙여 설교할 수 있었습니다. 그래서 그는 늘 그의 후학들에게 이렇게 충고하였습니다.

"웨슬리의 불과 휘트필드의 연료를 찾으라"(Seek the fire of Wesley, and the fuel of Whitefield).[72]

사도 파송의 동기

제자들을 사도로 세워 파송하신 예수 그리스도의 동기를 생각해 보십시오. 우리에게 거룩하고 은혜로운 정서의 준비가 왜 필수적인가 하는 것

---

[72] Geoff Thomas, "The Preacher's Progress: A Biography," in *A Marvelous Ministry: How the All-round Ministry of Charles Haddon Spurgeon Speaks to Us Today* (Ligonier: Soli Deo Gloria Publications, 1993), 50-51.

을 알 수 있습니다. 사도들을 파송하시기 직전 예수님의 심정에 대하여 성경은 말합니다.

"무리를 보시고 불쌍히 여기시니 이는 그들이 목자 없는 양과 같이 고생하며 기진함이라"(마 9:36).

여기서 '불쌍히 여기시니'라고 되어 있는 부분을 헬라어 성경에서는 에스플랑크니스데($\dot{\epsilon}\sigma\pi\lambda\alpha\gamma\chi\nu\acute{\iota}\sigma\theta\eta$)라고 기록하고 있습니다. 이 말은 원래 '창자에 이르기까지 감동을 받다.'(be moved to one's bowels)라는 의미입니다.[73] 그러므로 '불쌍히 여기다.'라는 번역은 원문의 의미에 비추어 볼 때 불충분한 번역입니다.

영혼의 신체적 위치에 대해서는 각 나라 문화적인 맥락에 따라 조금씩 다릅니다. 팔레스타인 사람들은 영혼의 좌소(座所)가 창자(bowels)에 있다고 보았습니다. 우리나라 사람들에게 창자라고 하는 것은 썩 긍정적인 이

---

73) 에스플랑크니스데($\dot{\epsilon}\sigma\pi\lambda\alpha\gamma\chi\nu\acute{\iota}\sigma\theta\eta$)라는 단어의 원형은 스플랑크니조마이($\sigma\pi\lambda\alpha\gamma\chi\nu\acute{\iota}\zeta o\mu\alpha\iota$)인데 '심장, 폐, 간장, 신장, 창자 등을 포함하는 내장(entrails)'을 가리키는 단어인 스플랑크논($\sigma\pi\lambda\acute{\alpha}\gamma\chi\nu o\nu$)에서 유래된 것으로 생각된다. 주후 1세기의 문맥에서 보면 인간의 정서의 소재를 신장을 포함한 창자(bowels)에 두었다. 그래서 박형용(朴炯庸) 박사는 주장하기를 요한계시록 2장 23절의 네프루스 카이 카르디아스($\nu\epsilon\phi\rho o\grave{\upsilon}\varsigma$ $\kappa\alpha\grave{\iota}$ $\kappa\alpha\rho\delta\acute{\iota}\alpha\varsigma$)를 번역할 때, 우리말 개역개정 성경은 '사람의 뜻과 마음'으로 번역하였고 NASB는 'the minds and hearts'라고 번역하였지만 AV는 'the reins and hearts'로 번역한 것처럼, 헬라어의 원뜻은 '신장(kidneys)과 심장(hearts)'이라고 하였다. 따라서 에스플랑크니스데($\dot{\epsilon}\sigma\pi\lambda\alpha\gamma\chi\nu\acute{\iota}\sigma\theta\eta$)의 원뜻은 'be moved to one's bowels' 혹은 'be troubled to one's bowels'가 된다. 따라서 오늘날 우리의 정서에 비춰 볼 때 가장 정확한 번역은 '(불쌍하여) 가슴이 찢어지는 듯하다.' 혹은 '(연민과 궁휼의 정으로) 애간장이 녹는 것 같다.'이다. Walter Bauer, *A Greek-English Lexicon of the New Testament and Other Early Christian Literature*, ed. William F. Arndt, F. Wilbur Gingrich (Chicago: University of Chicago Press, 1986), 762-763; 박형용, 『성경 해석의 원리』(서울: 도서출판 엠마오, 1994), 151.

미지를 불러일으키는 신체 부위는 아닙니다. 오히려 심장이나 골수에 영혼의 좌소가 있다고 생각하는 경향이 있습니다. 그렇지만 아프리카 콩고 지방의 사람들은 영혼의 좌소가 간(liver)에 있다고 보았습니다.[74] 아무튼 이 표현은 영혼의 깊은 좌소인 창자가 흔들릴 정도의 깊은 감동을 받은 상태를 묘사하는 것입니다.

그러나 예수 그리스도께 이러한 체험은 결코 기쁜 것이 아니었습니다. 그분은 목자 잃은 양같이 고생하고 기진한 영혼들을 보셨습니다. 곤고한 영혼을 보시며 아파하셨습니다. 그 긍휼의 정서가 얼마나 컸는지를 보여주는 것입니다. 그래서 이 부분을 제대로 번역한다면 이렇게 될 것입니다. "예수께서 무리를 보시자 가슴이 찢어지는 듯 마음 아파하셨으니……."

사도들을 세상에 파송하신 것은 바로 세상을 바라보시며 느끼신 가슴을 찢는 강력한 사랑의 정서 때문이었습니다.

> "예수께서 그의 열두 제자를 부르사 더러운 귀신을 쫓아내며 모든 병과 모든 약한 것을 고치는 권능을 주시니라"(마 10:1).

메마른 사람들

단지 공부만 열심히 하고 신앙의 열심이 없는 신학자들을 가리켜서 '메마른 학자'(dry scholar)라고 합니다. 그런 사람들은 어떻게 신학적인 지식과 신앙이 아름답게 연결되는지 모르는 사람들입니다.

---

74) A. Berkeley Mickelsen, *Interpreting the Bible* (Grand Rapids: Wm. B. Eerdmans Publishing Company, 1977), 171.

그는 자신의 연구가 어떻게 자신의 영적인 삶을 풍요롭게 하는지 보여 줄 수 없습니다. 어떻게 교회의 영적 자산이 되는지 가르쳐 줄 수 없는 사람들입니다. 그런 방식으로 신학의 지식과 신앙생활이 분리될 때 교회는 매우 심각한 문제에 부딪히게 됩니다.

신학생들에게서 신학교에서 배우는 것이 별로 쓸모가 없다는 불평이 터져 나옵니다. 이것은 신학교에서 배우는 내용이 잘못됐다는 의미가 결코 아닙니다. 학교에서 배운 내용들이 목회 현장에서 꼭 필요한 지식이 아닌 것 같다고 생각하는 것입니다. 그리고 이것은 실용적인 특성의 부족 때문이 아닙니다. 신학을 공부함에 있어서 신앙화가 부족하기 때문입니다. 다시 말해서 배운 교과 내용을 어떻게 하나님을 잘 믿는 신앙과 연관시켜야 할지 모르기 때문입니다. 그러므로 신학 자체와 함께 어떤 방식으로 신학 함이 바람직한 것인지에 대해 좋은 선생님을 통해 배우지 않으면 안 됩니다.[75]

거룩한 정서가 충만한 가운데 신학교에 다녀야 합니다. 그렇지 않다면 세상에서 눈에 보이는 것들을 추구하며 살게 됩니다. 자기를 부인하는 것은 쉽지 않습니다. 하나님께서 원하시는 것은 우리의 마음입니다. 사랑으로 불붙여진 정서를 가진 마음입니다.[76]

---

[75] 여기서 신학을 공부하는 사람들이 학업의 과정을 통하여 거룩해져 가는 성화의 즐거움을 경험해야 할 필요성이 대두된다. 그리고 이러한 인격적인 성화를 통하여 더욱더 거룩한 정서가 함양된다. 제임스 패커(James I. Packer)는 이 점을 인간의 본성과 연관 지어 언급한다. 인간은 스스로 하나님을 섬기고 예배하고 배움으로써 자신의 성취, 만족, 자유 등이 실체화되는 것을 경험하게 된다는 것이다. 그러므로 이러한 거룩한 삶의 실천과 그 같은 실천을 가능하게 하는 근원적인 거룩한 정서의 경험 없이 단지 지식을 얻기 위하여 신학을 공부하는 것은 기독교 신학의 신학 함이 아니다. James I. Packer, *Laid-Back Religion?: A Penetrating Look at Christianity Today* (Leicester: Inter-Varsity Press, 1993), 120.

[76] 이 점에 대하여 청교도 신학자 존 오웬(John Owen)은 거룩한 정서의 작용을 통해서만 하늘에 속한 신령한 것들에 집착하는 삶을 살 수 있으며, 고통받는 세상에서 위로와 안식을 얻을 수 있다고 주장한다. 신령한 정서의 지배를 통해서만 우리의 사고도 영적으로 생각할 수 있다는 것이다. 즉 은혜로운 정서 없이는 '영적으로 생각하는 것'(spiritual mindedness)이 가능하지 않다는 것이다. 이 문제에

하나님께서 "내 아들아 네 마음을 내게 주며……"(잠 23:26)라고 말씀하실 때 그것은 정서가 깃든 사랑을 달라고 하시는 것입니다. 그것은 우리의 모든 것을 달라고 하시는 것입니다. 사랑은 지식의 소산이고 정서와 가장 깊이 관련되어 있습니다.

정서와 경외

하나님을 향한 '경외'(敬畏)는 두려움과 사랑으로 이루어집니다. 그리고 이 두 가지 모두 지식과 함께하는 정서를 배제하고는 생각할 수가 없습니다.

종종 이스라엘 백성은 경외하는 정서 없이 종교적인 의무를 행했습니다. 그러나 그러한 것들은 더욱 하나님의 진노를 불러일으켰습니다.

> "네 노랫소리를 내 앞에서 그칠지어다 네 비파 소리도 내가 듣지 아니하리라 오직 정의를 물같이, 공의를 마르지 않는 강같이 흐르게 할지어다"(암 5:23-24).

관한 매우 유익한 논문들을 보고자 한다면 다음을 참고하라. John Owen, *The Grace and Duty of Being Spiritually Minded: Declared and Practically Improved*, in *The Works of John Owen*, vol. 7, ed. William H. Goold (Edinburgh: The Banner of Truth Trust, 1988), 394-497. 존 오웬은 신령한 정서가 신앙의 중심부에 속하는 문제라는 것을 다음과 같이 말한다. "영혼에 안식과 만족을 주는 영적인 것들의 향취과 풍미를 섭취함으로써 영혼으로 하여금 영적인 것들에 단단히 붙어 있게 만드는 영적 정동은 영적으로 생각하는 이 일의 독특한 원천이요 실체이다"(p. 395). 그에 의하면, 외식(外飾)이라는 것도 알고 보면 이러한 정서의 문제에 뿌리를 두고 있다. 즉 외식이란, 사람들이 '실제로 집착하고 있는 것'과 '고백하는 것' 사이에 속임수에 속하는 생각을 집어넣은 것이다. "사람은 자신의 정동을 속이는 만큼 자신을 속일 수 있다. 그래서 외식이라는 것은 다양한 이유와 구실을 가지고 정동과 신앙 고백 사이에서 이뤄지는 지성의 기만적인 해석이다. 그렇게 함으로써 실제로 그렇지 않은 자처럼 보일 수가 있게 된다. 정직이라는 것은 사람의 정동이 실제로 어떠한지를 공개적으로 언명한 것으로서 그 정동들을 선하고 유용하게 만든다"(p. 396).

"이스라엘아 네 하나님 여호와께서 네게 요구하시는 것이 무엇이냐 곧 네 하나님 여호와를 경외하여 그의 모든 도를 행하고 그를 사랑하며 마음을 다하고 뜻을 다하여 네 하나님 여호와를 섬기고 내가 오늘 네 행복을 위하여 네게 명하는 여호와의 명령과 규례를 지킬 것이 아니냐"(신 10:12-13).

하나님께서는 우리의 사랑을 세상에게 빼앗기기를 원치 않으십니다. 그것을 독점하고자 하십니다. 우리도 자신의 모든 정서가 하나님 사랑에 지배받을 때 비로소 행복해집니다. 이로써 하나님의 구원의 계획을 따라 살아갈 수 있습니다.

존 오웬(John Owen, 1616-1683)이 "애정 어린 정서야말로 모든 진지함이 자리하는 좌소"라고 한 것도 바로 이 같은 맥락에서입니다.[77]

그가 말하는 바와 같이 정동을 움직이는 방향키(helm)는 영혼 안에 있습니다. 배를 모는 방향키 하나에 그 배의 향방이 달렸습니다. 하나님께서 은혜로 우리의 사랑의 정서를 붙잡고 계시면, 우리는 기쁘게 하나님의 계명에 순종하게 됩니다.[78]

---

[77] John Owen, *The Grace and Duty of Being Spiritually Minded: Declared and Practically Improved*, in *The Works of John Owen*, vol. 7, ed. William H. Goold (Edinburgh: The Banner of Truth Trust, 1988), 396.

[78] "하나님의 강력한 은혜의 손길이 우리의 정동을 붙잡고 있다면, 하나님께서는 우리의 영혼을 당신의 자비와 고난과 시험과 모든 섭리 안에서 당신의 제도와 교훈에 일치하게 이끄실 것이며, 유혹의 비바람과 폭풍 속에서도 우리를 견고하게 붙드셔서 우리의 영혼이 치명적인 위험으로 내달리지 않게 하실 것이다. 그러한 영혼을 가진 자만이 하나님의 뜻이라면 무엇이든지 따르고 순복할 수 있다." John Owen, *The Grace and Duty of Being Spiritually Minded: Declared and Practically Improved*, in *The Works of John Owen*, vol. 7, ed. William H. Goold (Edinburgh: The Banner of Truth Trust, 1988), 397.

세례 요한은 오랜 세월을 광야에서 지내면서 지성과 인격이 준비되었고 동시에 정서적으로 성장해 갔습니다. 끊임없는 하나님과의 교제, 그 교제가 가져다주는 은혜의 체험 속에서 자랐습니다. 그래서 그는 이스라엘에게 나타났을 때 하나님의 마음으로 설교할 수 있었던 것입니다.

하나님의 마음으로

그러므로 기억하십시오. 하나님의 마음으로 설교하지 않는 것은 외식입니다. 사랑하는 마음 없이 영혼을 돌보는 것은 세상 직업과 다르지 않습니다. 설교자를 향한 교인들의 불평에 귀를 기울여 보십시오.

열정 없는 사역자들이 전하는 설교를 들어 보십시오. 그들이 무슨 내용을 말하든지 그걸 꼭 들어야 할 필요를 느끼지 못합니다. 길거리에서 물건을 파는 상인들만큼도 확신과 열정이 없는 설교인데 과연 사람들이 그 말을 믿으려 할까요?

앞으로 우리의 모든 사역은 복음 전파와 관련된 것이어야 합니다. 신학교에서 선생으로 봉사하든, 교회에서 목회자로 섬기든, 선교지에서 복음을 전하든, 결국 사역의 목표는 복음이 전파되는 것입니다. 영혼들이 구원받고 하나님의 자녀가 되는 것입니다. 그 은혜와 지식에서 자라 가 창조 목적에 합당한 인생을 살아가는 것입니다. 그래서 하나님을 기쁘시게 하는 것입니다.

우리는 그것을 위해 부르심을 받았습니다. 그런데 하나님을 열렬히 사랑하지도 않고 그분의 마음을 알려고 하지도 않으면서 그 일을 위해 열심을 낸들, 그분을 기쁘시게 할 수 있을까요?

뜨거운 열정의 실종

하나님과 잃어버린 영혼을 향한 거룩한 정서는 신앙의 스타일의 문제가 아닙니다. 저는 여러분이 모두 큰소리로 주여 삼창을 하고 부르짖으며 기도해야 한다고 생각하지 않습니다. 더욱이 큰소리로 기도해서 성대가 망가져 설교 시간에 쉰 목소리를 내는 것이 영성의 표지라고 생각하지도 않습니다. 왜냐하면 그런 것들은 정말 스타일의 문제이기 때문입니다.

박수를 치면서 찬송을 인도할 것인가 아니면 조용히 찬송을 인도할 것인가 하는 것은 그의 신앙의 스타일에 따른 문제입니다. 그러나 열정 없이 기도하고 찬송하는 것이 무엇을 가져다줄까요?

많은 사람들을 목양한다고 합시다. 우리의 섬김과 사역을 통하여 그들의 삶의 모습이 어떻게 변화되기를 원하십니까? 어떠한 목표를 가지고 섬기고 있습니까? 그들을 단지 윤리적으로 바로잡아 주기 위해서입니까? 단지 용서의 교리로 양심의 가책을 무마해 주기 위함입니까? 지나간 모든 죄를 회개하고 새사람의 길을 걷게 되는 것은 무엇을 의미합니까?

그렇게 뉘우쳐도 또다시 죄에 빠질 수밖에 없는 삶을 살아갑니다. 그런 죄의 유혹을 뿌리치고 살아서 세상의 소금과 빛이 되는 일이 어떻게 가능해집니까?

은혜로운 정서

이 많은 질문은 필수적인 한 가지를 요구합니다. 그것은 바로 하나님을 사랑하여 그 뜻대로 살고 싶어서 치열하게 타오르는 신앙적인 정서입니다. 이에 대해 존 오웬은 말했습니다.

"당신의 부패함이 당신의 생각들을 혼란스럽게 함을 아는가? 일어나 힘을 다하여 부패함에 맞서라. 그 부패함이 목적을 완전히 달성하였을 때에 느낄 분노보다 더 큰 분노를 가지고 이에 대항하라. 부정한 생각이 궁극적으로 무엇을 하려는지 생각해 보라. 그것은 가차 없이 당신을 어리석음과 더러움 속으로 몰아넣을 것이다. 더러운 생각이 무엇을 탐하고 있는지 물어보라. 그것의 결말은 사망과 파멸이다. 더러운 생각이 우리를 철저하게 죄악 가운데로 빠뜨릴 때에 갖는 힘보다 더 큰 힘을 가지고 그것에 맞서라. 이러한 과정 없이는 죄를 이기지 못한다. 죄는 그것을 기뻐하는 우리의 정서 안에서 누울 자리를 취하고, 죄를 가볍게 여기는 지성에서 깃들 처소를 얻는다"[79]

그렇습니다. 은혜로운 정서, 신령하고 뜨거운 열정 없이 세상과 구별된 삶을 살 수 없습니다. 여러분은 어떻습니까? 신학교에 오기 전에는 성령 충만한 신앙의 정서 속에서 사셨습니까? 신학교에 와서는 어떻습니까? 그 열정이 점점 더 커지고 있습니까? 신학 지식들을 얼마간 얻고 거룩한 정서는 반납하셨나요?

'메마른 학자'(dry scholar) 밑에서 '메마른 학생'(dry student)이 자라납니다. 만약 그들이 유능하다면 그들의 결국은 지식을 자랑하는 것이 될 것이며, 그렇지 못하다면 요령으로 목회하는 방법을 배우게 될 것입니다.

---

[79] John Owen, *Of the Mortification of Sin in Believers*, in *The Works of John Owen*, vol. 6, ed. William H. Goold (Edinburgh: The Banner of Truth Trust, 1991), 62.

신학을 공부하면서 늘 어린아이와 같은 '부드러운 마음'(tender heart)을 유지하는 것이 중요합니다. 그러한 마음은 은혜로운 정서가 지배하는 마음입니다. 하나님께서 패역한 이스라엘의 마음속에 거룩한 새 영이 임할 때 무엇을 약속하셨습니까? 그들에게 이전의 굳은 마음을 제거하고 부드러운 마음으로 주실 것을 약속하셨습니다.

"또 새 영을 너희 속에 두고 새 마음을 너희에게 주되 너희 육신에서 굳은 마음을 제거하고 부드러운 마음을 줄 것이며"(겔 36:26).

17세기 청교도 신학자 리처드 십스(Richard Sibbes, 1577-1635)는 '부드러운 마음'에는 세 가지가 있다고 보았습니다. 첫째로, '부드러운 마음'은 생명을 가진 마음입니다. 따라서 죄와 영적인 것들에 대해 예민한 감각이 있는 마음입니다. 둘째로, 하나님께서 주시는 말씀이나 깨달음에 대해 유순한 마음입니다. 셋째로, 모든 진리에 대하여 저항하지 아니하며 그것들이 주는 인상들을 기꺼이 받아들이는 마음입니다. [80]

---

[80] 리처드 십스는 이에 반대되는 마음으로 '굳은 마음'을 이야기하면서 그 특성을 다음과 같이 대조적으로 설명하였다. "그러나 굳은 마음은 (부드러운 마음과) 정반대이다. 굳은 마음은 마치 죽어 있어서 아무런 감각이 없는 것들과 같다. 그 어떤 자극에도 반응하지 않으며, 무엇을 주어도 튕겨 낸다. 굳은 마음은 여러 조각으로 부서질 수는 있으나 아무런 감동도 얻지 못한다. 마치 돌이 산산조각 나지라도 딱딱한 돌조각으로 남아 있듯이 굳은 마음도 그러하여 무엇이든 도로 내뱉어 버린다. 굳은 마음은 마귀에게 있어서는 (마음껏 주무를 수 있는) 밀랍과 같으나 하나님과 선에 대해서는 돌과 같다. 굳은 마음은 도무지 굴복하지 않으며, 모든 선한 것을 거부하고 밀어낸다. 그래서 성경은 이 굳은 마음을 금강석에 비유한다. 때때로 굳은 마음은 얼어붙은 마음이라고도 불린다. 왜냐하면 그 어떤 것에도 굽히지 않기 때문이다. 산산조각 낼 수는 있으나 아무런 쓸모도 없고 아무런 감동도 받지 않는다. 굳은 마음은 아무런 영향을 받지 않는다." Richard Sibbes, *Josiah's Reformation*, in *The Works of Richard Sibbes*, vol. 6, ed. Alexander B. Grosart (Edinburgh: The Banner of Truth Trust, 1983), 31-32.

아프리카의 사막들

세계 8대 불가사의라고 불렸던 리비아 대수로 공사를 기억하십니까? 당시 국토의 대부분이 사막이었던 리비아는 국운을 걸고 이 공사를 진행했습니다. 한 장의 넓이가 32평이나 되는 철판을 감아서 직경이 약 4m, 길이가 7.5m에 이르는 하나의 관을 만들었습니다. 그렇게 만든 송수관을 연결해 약 4천 km가 넘는 거리를 수로로 연결하는 공사를 시행했습니다. 단지 사막을 옥토로 바꾸려고 하는 국가적 열망 때문입니다.

영원한 사막은 없습니다. 비만 알맞게 오면 사막이 옥토로 바뀔 수 있습니다. 이처럼 영원히 굳은 마음은 없습니다. 하나님께서 은혜를 주시면 그 어떤 마음이라도 부드러운 마음이 됩니다.

저는 극단적인 비평주의 신학을 공부하며 급진적인 자유주의 사상에 빠졌던 한 학생을 기억합니다. 그는 신학교를 졸업한 후 학위 과정을 밟기 위하여 그런 신학을 가르치는 유럽의 대학으로 유학을 갔습니다. 그는 그곳에서 자유주의 신학자들로부터 극단적인 비평 신학을 배웠습니다.

그러던 중 놀라운 변화가 생겼습니다. 병에 걸려 죽음을 앞두고 기도하던 중 하나님을 만난 것입니다. 그는 복음 신앙으로 돌아왔습니다. 그러자 그에게 이전에 없던 모습이 나타났습니다. 단지 신학만 공부할 때는 볼 수 없었던 성경 말씀에 대한 진지한 태도였습니다.

그 후 그는 복음을 전하는 일에 대한 열정을 갖게 되었습니다. 그 이후로 자신이 교육받은 경력과는 상관없이 매우 훌륭하게 복음을 증거하는 설교자로 쓰임받고 있습니다.

신학생들은 공부하는 과정에서 이전의 진실했던 신앙의 태도를 잃어버리기 쉽습니다. 여기저기서 요령과 기술을 어깨 너머로 배워 목양의 현장에서 써먹어 보려는 생각이나 갖게 됩니다. 거기다가 성공을 이뤄 보려는 야망까지 품게 되지요. 이것은 그를 순결하게 하는 거룩한 정서의 부족에서 오는 것입니다.

신앙을 배우라

저는 신학 공부가 아니라, 신앙생활이 필요한 많은 학생들을 만났습니다. 신학 교육보다 신학생들을 위한 목회 사역이 필요하다는 느낌을 받은 적이 한두 번이 아니었습니다.

그러므로 제가 그리스도의 마음으로 여러분에게 권합니다. 좋은 신학교에 다니는 것보다 더 중요한 것은 좋은 교회에서 신앙을 배우는 것입니다. 끊임없이 말씀의 도전을 받을 수 있고 영적으로 변화받을 수 있는 교회에서 꾸준히 신앙생활을 하는 것입니다.

학문적으로 유능한 선생을 만나는 것도 중요하지만, 신앙과 인격에 감화를 줄 수 있는 훌륭한 목자를 만나는 것이 더욱 중요합니다. 한 사람의 신학생이 불꽃같은 사역자로 자신을 하나님께 다 드리게 하는 거룩한 정서는, 그러한 목양의 관계 속에서 잘 본받을 수 있을 것입니다.[81]

---

[81] 따라서 오늘날 신학 교육의 가장 커다란 문제 가운데 하나는 거룩한 감화력이 있는 설교자들에 의하여 주도되는 신학교 채플의 부재이다. 신학교 채플은 지식으로 말미암아 교만해지고 경건한 열정이 식기 쉬운 신학생들을 은혜의 물에 잠기게 함으로써 그들의 지식이 하나님을 섬기는 데 사용되게 하는 중요한 기능을 갖는다. 하나님과의 만남이 있는 예배를 통하여 복음에 관한 지식들을 현재적으로 경험하고, 그러한 예배의 정신으로 사역하게 만들어 준다. 결국 신학교에서 감화력 있는 탁월한 설교자들이 사라지고 있는 것은 교계에서 영적인 지도자들의 후예가 그치고 있는 것과 무관하지 않을 것이다. 또한 오늘날과 같이 목회와 신학이 오직 기능 중심으로 분할 구도를 갖게 된 것은 전문인으로

다른 곳에서 흘린 눈물은 쉽게 잊혀도, 신학을 공부하는 과정에서 흘린 눈물은 쉽게 잊혀지지 않습니다. 경건한 슬픔과 함께 열정으로 흘린 눈물은 반평생이 가도 잊혀지지 않습니다.

그때의 눈물과 열정이 이후 그의 말씀 사역에 정신을 불어넣어 주고 목회 철학에 혼(魂)을 담아 줍니다. 어떤 경우에도 복음을 위하여 신앙의 길을 가게 해줍니다. 이런 영적 분별력과 은혜에 대한 감각은 신학교에 들어오기 전에 생기고 신학을 공부하는 과정에서 성숙해집니다.

반짝인다고 모두 금일까?

설교자는 하나님의 말씀으로 냉담한 사람들을 변화시키도록 부름을 받은 사람입니다. 사람들의 마음에 주님을 경외하고 사랑하는 정서에 불을 붙이기 위한 도구로 부름받았습니다. 그리하여 그들로 하여금 배운 바대로 살아가게끔 인도하도록 부름받은 사람들입니다.

영국의 청교도 윌리엄 퍼킨스(William Perkins, 1558–1602)는 설교란 하나님의 말씀을 대언하는 것이며, 설교를 통해 말씀이 사람의 심령을 파헤치고 지나가게 하는 것이라고 말하였습니다.[82]

서의 신학자들을 길러 내는 데는 도움을 주었을지 모르지만, 영적인 자질과 학문적인 자질이 조화를 이룬 신학자들을 길러 내어 그들로 신학생들을 교육하게 하는 일에는 기여하지 못했다고 보아야 할 것이다.

[82] William Perkins, *The Art of Prophesying with the Calling of the Ministry* (Edinburgh: The Banner of Truth Trust, 1982), 7–11. 윌리엄 퍼킨스는 영국의 청교도 신학자로서 케임브리지 대학교 크라이스트 칼리지에서 공부하였다. 그는 가장 유력한 반(反)가톨릭 신학자이자 청교도 신앙 지지자로서 설교와 강연, 그리고 저술 활동에 있어 이름을 떨쳤다. 『개혁된 보편 교회』(*A Reformed Catholike*, 1597)와 『예정론의 순서와 방식』(*De Praedestinationis Modo et Ordine*, 1598) 등을 저술하였으며, 특별히 두 번째 언급된 작품은 아르미니우스(J. Arminius)의 반론을 불러일으켰

반짝이는 모든 것이 금이 아닙니다. 그리스도인들에게 나타나는 열정과 뜨거움이 모두 하나님으로부터 온 것은 아닙니다. 훌륭해 보이는 종교적인 열정과 뜨거움의 정서에도 가짜가 있습니다. 이것들을 분별할 수 있는 영적 통찰이 필요합니다.

하나님으로부터 온 사람들에게는 하나님의 마음이 있습니다. 그리고 하나님만을 위하여 살았던 사람들은 모두 하나님의 마음을 가지고 섬겼습니다.

오늘날은 개인의 수기(手記) 같은 것이 유행하는 시대입니다. 사업이나 사회 활동에 있어서 성공한 체험담 같은 것들이 인기를 끌고 있습니다. 이 같은 경향은 이제 교회 안에서도 예외 없이 나타납니다.

개척이나 목회에서의 성공 수기 같은 것들이 널리 읽히고 있는 시대입니다. 그리고 많은 독자들은 성공한 사람들의 입지전적인 체험담과 성공하기까지의 열정을 우러르고 배웁니다. 그러나 때로는 그런 열정이 이 시대를 향한 하나님의 마음과는 상관이 없을 때도 있다는 사실을 잊지 말아야 합니다.

사람들은 목표에 대한 자신의 열정을 하나님이 주신 것으로 오해하기

다. 퍼킨스의 저작들은 17세기 내내 칼뱅주의에 동조하는 신학자들 사이에서 명성을 얻었다. 『주기도문 강해』(An Exposition of the Lord's Prayer, 1592), 『사도신경 강해』(An Exposition of the Symbol or Creed of the Apostles, 1595) 등의 저작이 있다. F. L. Cross, E. A. Livingstone, eds., The Oxford Dictionary of the Christian Church (Oxford: Oxford University Press, 2005), 1264-1265. 그의 생애에 대한 전기는 다음 두 책을 참고하라. Ian Breward, ed., The Work of William Perkins, in The Courtenay Library of Reformation Classic, vol. 3 (Abingdon: The Sutton Courtenay Press, 1970), 3-13; Joel R. Beeke, J. Stephen Yuille, "William Perkins, the 'Father of Puritanism'," in The Works of William Perkins, vol. 1 (Grand Rapids: Reformation Heritage Books, 2014), ix-xxxii. 퍼킨스의 작품은 전집 형태로 출간되어 있다. William Perkins, The Works of William Perkins, 10 vols., eds. Joel R. Beeke, Derek W. Thomas (Grand Rapids: Reformation Heritage Books, 2020).

도 합니다. 자기의 성공을 위한 열심을 하나님을 위한 헌신으로 착각할 때가 있습니다. 그러나 그 두 가지는 결코 같은 것이 아닙니다.

어느 신도시의 목회자

저는 장년 교인 2, 3백 명이 모이는 어느 신도시 교회에 부임하여 불과 몇 해만에 1천여 명 가까운 교세를 이룬 목회자를 알고 있습니다. 그런데 그분은 한창 사역하여야 할 나이에 과로사로 돌아가셨습니다.

그 목회자는 부임할 당시 기존에 있던 연로한 장로들과의 잦은 갈등으로 고통받았습니다. 그는 자신이 목회하는 교회가 성장할 수 있다면 무엇이든지 배우고자 하였습니다. 또 자신의 목회 현장에 그것들을 적용하기 위하여 혼신의 힘을 다하였습니다. 그의 열정과 꿈은 오직 교회에 있었습니다. 그것은 곧 교회가 양적으로 성장하는 것이었습니다.

그 목회자가 과로사로 세상을 떠나기 얼마 전이었답니다. 심방에 동행했던 부교역자들은 종종 그분의 이상한 모습을 보았다고 합니다. 그 목회자는 시도 때도 없이, 옆에 누가 있는 줄도 모르는 채 중얼거리더랍니다. "그래, 두고 봐. 나는 반드시 해낼 거야. 다들 나를 지켜보라고 해. 내가 해내나 못 해내나. 꼭 하고 말 거야."

무엇인가 깊은 원망과 한에 서린 것 같은 표정이었답니다. 그 중얼거리던 혼잣말은 어디에서부터 비롯된 것일까요? 그분의 집념 어린 교회 성장의 욕구를 함부로 비난할 수 없습니다. 목회 사역을 자기의 일로 여기며 사랑하지 않는 사람들도 많기 때문입니다. 그러나 성경에서 말하는 '거룩한 열정'이나 '신적 정서'(神的情緒)와는 다르지 않습니까?

성경에서 말하는 거룩한 열정

성경이 말하는 '거룩한 열정'은 성공주의에 의하여 자극된 정서가 아닙니다. 은혜의 정서는 하나님의 거룩하심을 아는 데서 비롯된 것입니다. 그리고 그것은 하나님의 영광을 아는 지식에서 비롯됩니다.

인간적인 열정은 누구나 경험할 수 있고 불러일으킬 수 있습니다. 그러나 거룩한 열정은 오직 하나님의 거룩하심을 체험함으로써 함양됩니다. 하나님이 얼마나 거룩한 분이신지를 경험한 사람들만이 가질 수 있는 열망입니다. 이것이 목회자가 되기 위한 정서적 준비입니다.[83]

---

83) 신학적으로 '하나님의 거룩하심'(the holiness of God)은 두 가지 개념을 내포하는데, 하나는 하나님의 존재에 대한 것이고, 또 하나는 그분의 도덕적 성품에 관한 것이다. 전자는 '존재에 있어서 모든 피조물과 구별되는 초월성'을 가리키는 것으로 하나님께서는 만물을 지으셨으나 만물 위에 초월해 계시는 전적인 타자(wholly other)이시라는 사상을 지시한다. 후자는 '하나님 자신의 도덕적 완전성'을 의미하는 것으로 거기에서 비롯되는 하나님의 아름다움을 뜻한다. 따라서 인간이 하나님 앞에서 거룩함의 정서를 느끼는 것은 존재에 있어서 하나님과 자신 사이에 존재하는 무한한 질적 차이를 인식하는 것이며, 이것은 항상 자신의 비천함을 인식하고 비참하리만큼 겸비해지는 비하(卑下)의 정서, 하나님의 위대하심 앞에서 느끼는 두려움의 감정, 자신의 존재와 삶이 그분의 전능하신 통치를 벗어날 수 없다고 믿게 하는 절대 의존적인 사고를 가져온다. 그리고 그러한 거룩하심을 하나님의 도덕적인 성품과 관련하여 경험하게 될 때, 그 경험은 곧 자신의 죄에 대한 슬픔, 하나님의 사랑과 은혜 안에서 긍휼 얻기를 바라는 의탁의 정서, 하나님의 도덕적 성품을 닮고 싶어하는 갈망, 세상에서의 삶으로써 하나님의 도덕적인 성품을 만족시켜 드리지 못하는 것에 대한 경건한 아픔 등의 정서로 이어진다. 김남준, 『설교자는 불꽃처럼 타올라야 한다』(서울: 생명의말씀사, 2009), 290-301. 퍼카이저(W. T. Purkiser)는 거룩함은 하나님의 존재의 본질과 관련이 있으며 그분의 '속성의 총체'(the sum of the attributes)라고 말하면서, 이에 대한 인간의 반응이 바로 '두려움'과 '경외'라고 주장한다. W. T. Purkiser, *The Biblical Foundations*, in *Exploring Christian Holiness*, vol. 1 (Kansas: Bacon Hill Press, 1983), 27. 이러한 '거룩하심'(holiness)에 대한 존 웨슬리(John Wesley)의 정의는 다음과 같다. "'하나님이 거룩하시다.'라고 말할 때, 그것은 전적으로 그분의 고유한 탁월하심을 가리키는 것이다. 그리고 그것은 그분의 결합된 모든 속성들로부터 흘러나오는 영광이며, 그분이 행하신 모든 역사들로부터 비치는 영광이요, 그분의 영광 이외에 다른 모든 것들을 어둡게 하여 보이지 않게 하는 영광이다." John Wesley, *Explanatory Notes upon the New Testament* (New York: Lane & Tippett, 1847), 667.

그리고 이 같은 열망은 하나님의 거룩하심이 세상에 인정받기를 갈망하는 것에서 비롯된 것입니다. 이것은 바로 예수 그리스도로 하여금 매일 "하늘에 계신 우리 아버지여, 이름이 거룩히 여김을 받으시오며"라고 기도하시게 했던 갈망입니다(마 6:9).

하나님 나라의 회복에 대해 가지고 있는 우리의 열망이 진실하다면 현재 이루어지지 않고 있는 하나님 나라에 대해 고통을 느끼게 될 것입니다. 기다리는 부흥의 순도(純度)는 갈망하는 기도 속에 깃든 열정의 순도와 비례합니다. 따라서 말씀 사역자로서의 열정과 정서적인 준비는 하나님의 거룩하심에 대한 경험을 요구합니다.

예수님의 신적 정서

신적 정서는 사역의 성공을 꿈꾸는 정서가 아닙니다. 이 점에 있어서 예수 그리스도의 경험을 보십시오.

> "가까이 오사 성을 보시고 우시며 이르시되 너도 오늘 평화에 관한 일을 알았더라면 좋을 뻔하였거니와 지금 네 눈에 숨겨졌도다"(눅 19:41-42).

본문에서 '우시며'라고 번역된 부분은 헬라어로 에클라우센(ἔκλαυσεν)입니다. 이 말은 '(소리 내어) 엉엉 울다.'라는 뜻입니다. 예수님의 이같이 강력한 정서가 울음으로 묘사된 것은 특이합니다. 특히 동양 문화권에서는 윗사람이 아랫사람들 앞에서 울거나 눈물을 보이는 것이 부끄러운 일로 여겨지기 때문입니다. 그럼에도 불구하고 수많은 인파에 둘러싸인 채 예루살렘에 입성하시는 때에 예수님께서는 이처럼 통곡하셨습니다. 이러한 정서가 어디서 왔을까요?

잃어버린 평화에 통곡함

통곡하시는 슬픔의 정서는 하나님과의 평화를 잃어버린 채 살아가는 이스라엘 백성을 불쌍히 여기는 데서 온 것입니다.

가치 있는 일에 대한 냉담함과 무가치한 일에 대한 뜨거움은 회심하지 못한 자의 대표적 정서입니다. 세속적으로 뜨거우나 신앙적으로는 냉담한 것입니다. 이러한 이스라엘 백성의 정서는 곧 배교한 자의 정서입니다.

> "그들이 다 화덕같이 뜨거워져서 그 재판장들을 삼키며 그들의 왕들을 다 엎드러지게 하며 그들 중에는 내게 부르짖는 자가 하나도 없도다 에브라임이 여러 민족 가운데에 혼합되니 그는 곧 뒤집지 않은 전병이로다"(호 7:7-8).

그러나 자신들의 시대에 참된 부흥이 일어나서 하나님의 영광이 드러나기를 바라던 사람들이 있었습니다. 그 일을 위해 눈물로 기도하던 사람들의 정서는 바로 주님의 정서와 같은 것입니다.

헌신에 이르는 정서

하나님께서는 당신이 사랑의 정서 속에서 섬김을 받기를 원하십니다.

하품과 지루함을 참는 인내 속에서 드리는 예배에는 하나님이 계시지 않습니다. 얼음 같은 냉담함으로는 하나님의 불붙는 마음을 이해할 수 없습니다.

하나님의 사람들은 거룩한 정염(情炎)과 신적 정서에 불붙은 사람들이었습니다. 모두 하나님을 특별히 만났기 때문입니다.

참된 부흥을 누리던 사람들은 남다른 거룩한 정서 속에서 살았던 사람들입니다. 이들에 관하여 호레이셔스 보나(Horatius Bonar, 1808-1889)는 다음과 같이 말하였습니다.

"그들은 수고의 사람들이었다. 그들은 사는 날 동안 무거운 짐과 뜨거운 고난을 짊어지게 해 달라고 간구하였다. '즐거움을 경멸하였으며 힘든 나날들을 사랑하였다.'라는 말은 진실로 그들에게 해당되는 말이었다. 그들의 삶은 육체와 영혼의 부단하고도 굴하지 아니하는 노역(勞役)들의 연대기였다. 시간, 힘, 재산, 건강, 자신의 전 존재와 자기의 모든 소유를 아낌없이 주님께 드렸으며, 자신들을 위하여 아무것도 챙겨 두지 아니하였고 아무것도 아까워하지 아니하였다. 기쁨과 감사함으로 자기들을 사랑하신 주님께, 자기들의 죄를 구속하시기 위하여 육체를 깨뜨리사 흘리신 보혈로 죄를 씻어 주신 그리스도께 모든 것을 바쳤다."[84]

---

[84] Horatius Bonar, ed., "Editor's Preface," in *Historical Collections of Accounts of Revival* (Edinburgh: The Banner of Truth Trust, 1981), viii. 이 책은 원래 1754년에 조지 휘트필드(George Whitefield)의 친구인 존 길리스(John Gillies)에 의하여 편집, 출간되었는데, 후일 호레이셔스 보나가 19세기 자신의 시대까지 있었던 부흥의 기록들을 첨가하여 1845년에 재출판하였다. 부흥과 대각성의 생생한 역사의 기록들을 많이 담고 있어서 이 방면에 매우 유용한 책이다.

불타는 하나님의 마음

오늘 이 시대를 향한 하나님의 마음은 어떤 마음일까요? 이렇게 글을 쓰고 독서를 하는 동안에도 이 도시는 불타고 있습니다. 수많은 영혼들이 하나님을 모른 채 지옥의 불길 속으로 달려가고 있습니다. 교회가 잠들어 있는 동안에 이 불길은 더욱 뜨겁게 타오를 것입니다. 어디서든지 하나님을 향한 모욕과 불신앙을 볼 수 있습니다. 경건한 삶은 눈 씻고 찾아보아도 발견하기 어려운 도시가 되었습니다.

하나님을 대적하는 사상이 현대의 지성을 대변하고 있습니다. 사탄은 도시의 문화에 깊이 침투하여 하나님을 대적하도록 사람들을 부추깁니다. 진리의 빛보다는 죄악의 어두움을 사랑하게 합니다. 인간의 방종한 사고는 사상계 속에도 침투했습니다. 이 시대의 사상은 수많은 동시대의 사람들로 하여금 하나님의 존재를 인정하지 않도록 세뇌시키고 있습니다.

이 세상은 하나님에 의해 창조되었습니다. 인간은 하나님께서 만드신 땅에 세 들어 살면서도 하나님을 주인으로 인정하지 않습니다. 과연 이러한 세상을 바라보시는 하나님의 마음엔 어떤 정서가 있을까요?

하나님의 열정

"……내 마음이 내 속에서 돌이키어 나의 긍휼이 온전히 불붙듯 하도다 내가 나의 맹렬한 진노를 나타내지……아니하리니 이는 내가 하나님이요 사람이 아님이라 네 가운데 있는 거룩한 이니 진노함으로 네게 임하지 아니하리라"(호 11:8-9).

하나님의 마음은 타오르고 있습니다. 때로는 거룩한 분노와 진노, 때로는 긍휼과 연민의 정서가 교차하며 흐릅니다. 그분은 단숨에 도시를 심판하여 잿더미로 만드실 수 있습니다. 동시에 위대한 회개를 불러일으켜 돌아오게 하실 수도 있습니다.

하나님께서는 정서에 있어서도 위대하십니다. 우리가 하나님의 사람이라면 하나님의 마음이 우리 안에 있을 것입니다. 이러한 하나님의 마음은 우리의 설교와 기도를 통하여 나타날 것입니다. 때로는 슬픔의 정서 속에서, 때로는 분노의 정서 속에서 드러날 것입니다. 그렇지 않다면 우리가 어떻게 하나님으로부터 보냄받은 자이겠습니까?

하나님으로부터 보냄을 받은 종들과 제도 속에서 보냄을 받은 자들은 다릅니다. 둘의 소명의 차이는 신령한 정서와 값싼 인간의 정열의 차이로 나타납니다. 모든 열정이 하나님의 영광에 대한 열망은 아닙니다. 그러나 하나님의 영광에 대한 열망을 가진 사람은 거룩한 정염에 불붙은 정서를 가지고 있습니다. 타락한 도시와 하나님을 떠나 냉담해진 백성들 가운데 하나님의 이름이 거룩히 여김받기를 갈망합니다.

기억하십시오. 냉담하고 차디찬 정서는 기질의 문제가 아니라 하나님을 만나지 못한 자의 정서입니다.

냉담함으로 얻는 것은 없다

우리에게는 열정이 필요합니다. 그리고 하나님께서 원하신다면 우리 자신을 충천하는 화염처럼 태울 수 있어야 합니다. 이러한 정서적 준비는 하나님을 경험하는 데서 이뤄집니다.

신학은 교회를 위한 것이어야 합니다. 교회는 세상을 위한 것이어야 합니다. 나아가서 세상은 하나님을 위한 것이어야 합니다. 세상은 불타고 있습니다. 사람들 속에 있는 세상을 향한 사랑을 보십시오. 정욕에 불타고, 자기 신념에 불타고 있습니다. 이러한 세상을 정복하기 위한 우리의 마음은 무엇으로 불타올라야 할까요?

우리는 복음 사역을 위해 부름받았습니다. 그러나 세상은 복음을 거절합니다. 하나님의 거룩하신 통치를 싫어하고 대적합니다. 이때 우리의 마음이 어찌 뜨겁지도 않을 수 있겠습니까? 어떻게 안타깝지도 않을 수가 있겠습니까? 우리가 지금 단지 경건의 열정을 잃어버린 채 신학 지식이나 축적하는 것으로 만족할 때입니까? 우리가 안락한 삶에 애착을 가질 때입니까?

신학이 불붙을 때

신학은 신자의 마음에 불붙은 때에 진가를 발휘합니다. 지식이 성령에 의하여 불붙고, 성령의 체험이 거룩한 정서를 불러일으켜야 합니다. 하나님의 마음으로 교회와 세상과 자신을 바라볼 수 있어야 합니다. 이때 신학은 우리가 사명을 완수하는 데 이바지하게 됩니다.

특히 신학교의 선생이 되기를 원하는 사람들은 더욱 철저한 준비가 필요합니다. 학문적인 준비와 함께 영적인 정서도 잘 준비되어야 합니다. 그리하여 신학이 어떻게 신앙과 조화되는지 보여주어야 합니다. 성경과 학문에 관한 지식이 어떻게 인격 속에서 불붙여지는지를 보여주어야 합니다. 어떻게 하나님을 충성스럽게 섬기는지도 보여주어야 합니다. 그렇지 않으면 그는 단지 서기관이나 바리새인들의 후예를 길러 내게 될 것입니다.

18세기 미국 교회의 영적인 각성과 부흥의 역사를 살펴보면, 오늘날 볼 수 없는 현상에 깜짝 놀랄 것입니다. 그 시대의 신학교 학장들의 목록은 당시 큰 영향을 미치던 능력 있는 설교자의 목록과 거의 일치한다는 것입니다. 그들은 뛰어난 학자들이었고 동시에 뛰어난 설교자들이었습니다. 그들은 목회할 수 없는 신학자들이 아니었습니다. 오히려 모든 교회의 설교단이 사모하는 영적인 설교자들이자 목회자들이었습니다.

1790년대 미국 버지니아의 부흥과 대각성의 역사를 개관한 후 이안 머리(Iain H. Murray, 1931–)가 제시한 다음과 같은 지적은 교훈이 됩니다.

> "위대한 부흥은 장로교회들에게 (물론 그것이 교회에 있어서 필수 불가결한 것이기는 하지만) 정통적인 신앙과 올바른 설교만으로 충분하지 않다는 것을 보여준다. 권위, 부드러움, 열정, 긍휼과 같은 것들이 하늘로부터 쏟아 부어져야 한다. 그리고 기독교 사역 속에 이 같은 것들이 깃들 때 비로소 진정으로 신학이 불붙었다고 말할 수 있는 것이다."[85]

거룩한 정서에 붙잡힌 지성

이것은 단지 18세기에 갑자기 생겨난 것이 아니었습니다. 그것은 이미 영국 청교도 시대에 나타났습니다. 그들에게 목회자는 해박한 지식을 가진 뛰어난 지성인들이었으며 동시에 경건한 인격과 함께 뛰어난 열정을 소유한 사람들이었습니다.

---

[85] Iain H. Murray, *Revival & Revivalism: The Making and Marring of American Evangelicalism 1750-1858* (Edinburgh: The Banner of Truth Trust, 1996), 109.

그들은 신학을 할 수 없는 사람들이 목회를 하고, 목회를 할 수 없는 사람들이 신학을 가르치는 분업에 대하여 아는 바가 없었습니다. 더욱이 신학 지식이 해박해진다는 것이 곧 냉담하고 직업적인 학자가 된다는 것을 의미하지 않았습니다.

요점은 이것입니다. 신학을 공부하면서 거룩한 정서와 열정을 함께 배워야 한다는 것입니다. 단지 그들이 이루어 놓은 연구의 업적들과 신학의 결론에만 관심을 갖지 마십시오. 그들이 어떤 방식으로 하나님을 아는 지식에서 자라 갔는지를 배우십시오. 그들이 어떻게 신학하였는가에 대하여 생각해 보십시오.

성경의 진리를 주석해 나가다가 하나님께 드리는 긴 탄원으로 이어지는 장 칼뱅(Jean Calvin, 1509-1564)의 설교를 보십시오. 자신의 저서 『프로슬로기온』(*Proslogion*)에서 신(神) 증명을 기도로 시작하던 안셀무스(Anselmus, 1033경-1109)를 생각해 보십시오.[86]

신학을 통하여 성경의 진리를 터득하고, 성령의 역사로 거룩한 정서를 지니게 되지 않았습니까? 삶의 실천을 통하여 담대함을 보여주었던 마르틴 루터(Martin Luther, 1483-1546)나 존 오웬(John Owen, 1616-1683)의 글들을 보십시오.

---

[86] "오, 나의 주, 나의 하나님, 어디서 그리고 어떻게 당신을 찾고 발견하는지를 제 마음에 가르치소서. ……하나님께서 제게 가르쳐 주지 않으시면 저는 당신을 찾을 수 없고, 하나님께서 당신 자신을 제게 보여주지 않으시면 저는 당신을 발견할 수 없습니다. 저로 하여금 당신을 애타게 갈망하며 찾게 하시고, 찾으면서 애타게 갈망하게 하소서. 당신을 사랑하면서 발견하게 하시고, 발견하면서 사랑하게 하소서"(*Eia nunc ergo tu, Domine Deus meus, doce cor meum ubi et quomodo quaerat ubi et quomodo te inveniat. …quia nec quaerere te possum, nisi tu doceas, nec invenire, nisi te ostendas. Quaeram te desiderando, desiderem quaerendo, inveniam amando, amem inveniendo*). Anselmus, *Proslogion*, in *Patrologia Latina, Cursus Completus*, vol. 158, ed. J. P. Migne (Paris: Excudebatur et venit apud J. P. Migne, 1864), 227.

17세기 이후의 영국 청교도 계통의 많은 성학(聖學)[87]들의 생애를 살펴보십시오. 그들은 복음을 변증함에 있어서 성경을 즐겨 사용하였습니다. 그러나 단지 자신들의 주장을 입증하는 근거로 사용하는 데 그치지 않았습니다.

신학은 그들에게 성경에 대한 이해를 제공했습니다. 성령께서는 말씀을 영적으로 경험하게 해주었습니다.[88] 신학은 그들로 하여금 더욱 성경으로 다가가도록 만들어 주었습니다. 거룩한 감화를 사모하며 성경을 탐구하게 하였습니다.

그들은 깨달은 바를 체험하고 싶어하였습니다. 체험한 바는 신학과 성경을 통해 진리인지 검증하고 싶어했습니다. 그들은 결코 '메마른 신학자'가 아니었습니다. 그들이 '메마른 학생'으로서 신학을 배우지 않았기 때문입니다.

신학의 역사를 살펴볼 때 발견하게 되는 사실이 있습니다. 작은 신학자들은 신학 자체를 공부하면서 태어나지만, 위대한 신학자들은 성경을 통하여 탄생한다는 것입니다. 성경 말씀에서 하나님을 깊이 만나고 위대한 인물이 되는 것입니다. 로마서와 아우구스티누스, 로마서와 루터, 루터의

---

[87] '성학'(聖學, the Divine)이라고 불리는 사람들은 대체로 존 플라벨(John Flavel)이나 존 오웬(John Owen) 같은 청교도 신학자들을 가리킨다. 이들은 단지 학문 연구에만 몰두한 사람들이 아니라 실천적인 목회 사역을 감당하던 사람들이었다. 그들의 학문적인 능력과 거룩한 정서의 체험이 목회와 학문을 겸하여 감당할 수 있게 하였다.

[88] "기독교는 처음부터 경험에 뿌리를 내린 신앙이었다. 기독교는 지혁인 체제도 아니고 법직인 규약도 아니다. 기독교의 진리는 역사적 예수의 삶과 죽음과 교훈에 대한 확실한 증언에 기초해 있으며, 그런 사건에 직접 관계된 사람들의 체험 위에 서 있다. 그들은 그들의 삶 속에 나타난 실제적인 현상에 일치된 체험을 확신하고 있다. ……영적 진리가 없는 교회는 경건한 사고 모임 외에 아무것도 아니며, 기독교는 전설의 집합체로 전락하게 되고 윤리와 형이상학이 동일한 것으로 취급될 것이다." A. J. 크레일샤이머, 『기독교 위인들의 회심』, 채수일 역 (서울: 대한기독교출판사, 1988), 17-18.

로마서 주석서들과 존 웨슬리, 디모데전서와 에드워즈와 같은 연관성을 생각해 보십시오. 그들은 한결같이 성경을 직접 대하며 회심 또는 부흥을 경험했습니다.

성경을 통해 하나님의 성품을 경험할 때 편견과 무지로부터 해방됩니다. 그리고 거룩한 열정의 체험이 동반됩니다. 그래서 마르틴 루터는 이렇게 말했습니다.

"한 사람의 신학자가 되는 것은 이해하거나 책을 읽거나 명상함으로써가 아니라 실로 (진리를 향해) 살고, 죽고, 저주받음으로써이다."[89]

지식은 은혜에 잠겨야

지식은 우리를 교만하게 합니다. 신학도 마찬가지입니다. 아담과 하와가 범죄하였던 것도 바로 이 지식 때문이었습니다. 지식으로 말미암는 교만의 최종적인 바람이 무엇인지 아십니까? 자신이 하나님과 같아지는 것입니다.

---

[89] "*Vivendo, immo moriendo et damnando fit theologus, non intelligendo, legendo aut speculando.*" Marin Luther, *Operationes in Psalmos 1519-1521*, in D. *Martin Luthers Werke*, Schriften Teil 2, Bd. 5 (Weimar: Verlag Hermann Böhlaus Nachfolger, 2003), 163. 이 점에 있어서 마르틴 루터는 당시의 열광주의자들과 구별된다. 루터 연구가 알트하우스(Paul Althaus)는 이렇게 설명하고 있다. "성령께서 직접적으로, '어떤 수단도 없이'(without means) 일하실 수 있다는 사실을 루터 역시 알고 있었다. ……그러나 루터와 열광주의자들은 성령의 역사를 서로 다른 지점, 서로 다른 방식으로 일어난다고 각각 생각하였다. 열광주의자들은 성령을 받아들이는 일에 있어서 스스로를 준비시키는 방법들을 가르치고 연습하였으나, 루터는 이런 식으로 영혼을 다루는 기술들을 거부하였다. '하나님의 말씀은 내 편에서 하는 그 어떤 준비나 도움 없이 우리에게 다가온다.' (루터가 생각하였던) 유일하고 참된 준비는 바로 말씀을 설교하고 듣고 읽는 것이었다." Paul Althaus, *The Theology of Martin Luther*, trans. Robert C. Schultz (Philadelphia: Fortress Press, 1996), 40-42.

그래서 많이 공부한 사람이 겸손해지기 위해서는 자신의 지식보다 더욱 부요한 하나님의 은혜에 잠겨야 합니다. 거기서 신령한 정서가 함양됩니다. 지식은 교만하게 하고 은혜는 겸손하게 합니다. 신학 지식이 은혜의 물에 잠겨야 합니다. 거룩한 정서를 불러일으켜야 합니다. 그래서 하나님을 위하여 살아가게 해주어야 합니다.

어느 선배 목사님의 말씀이 생각납니다. "신학교에서 흘린 눈물은 입학하기 전이나 졸업한 후에 흘린 눈물과는 다릅니다. 신학교에서 흘린 눈물은 30년을 가더군요."

거룩한 정서의 준비는 영혼 사랑과 하나님 나라에 대한 열정으로 이어집니다. 어떻게 주님의 마음으로 목양할 수 있을까요? 어떻게 해야 사명을 완수하기 위하여 고난의 길도 기꺼이 걸어갈 수 있게 될까요? 죄를 대적하여 싸우는 길은 무엇일까요? 거룩한 목표에 대한 사모함으로 시련에 굴하지 않는 삶을 살게 되는 방법은 무엇일까요?

이 모든 것들은 거룩한 정서에 불타는 마음 없이는 불가능한 일들입니다. 설교자는 단지 설교의 의무를 감당하도록 부름받은 사람이 아닙니다. 하나님을 대신해서 사람들에게 증언하도록 부름받은 사람들입니다. 그러기 위해서는 하나님의 정서가 있어야 하지 않겠습니까?

불꽃처럼 살았던 전도자들은 모두 복음을 위해 피 끓는 자들이었습니다. 거룩한 진리에 불붙여진 신령한 정서의 사람들이었습니다. 그리고 그러한 정서는 영적 생활에서 비롯된 것입니다. 이런 정서는 학문과 신앙이 분리되는 신학 함의 탈선을 막아 줍니다. 그래서 헬무트 틸리케(Helmut Thielicke, 1908-1986)는 말합니다.

"역사 비평적 성경 연구 방법이 젊은 신학자들에게 끼쳤던 영향들을 보면서 몇 가지 분명한 점을 느꼈다. 무엇보다도 중요한 것은 그리스도인이 공동체 속에 성경 말씀과 연결된 강건한 영적 생명력이 신학 연구 작업에 기반이 되어야 한다는 것이며, 젊은 신학생들의 미성숙하고 희미한 사고력은 영적 생명력에서 그 생명을 유지시키는 피를 공급받는다는 것이다."[90]

신학과 신학 함

한 신학자의 위대함은 신학을 연구하는 '신학 함'(doing theology)의 독특성에서도 입증됩니다.

칼뱅은 파리에서 하나님을 깊이 경험하였습니다. 그리고 개혁 신앙을 갖게 되었습니다. 그가 언제나 삶의 좌우명으로 삼았던 것이 있습니다. 바로 '경건과 학문'(pietas et scientia)입니다. 보십시오. 경건이 먼저였습니다. 그리고 학문이었습니다. 하나님을 섬기는 경건한 삶에 유익을 주지 않는 학문은 학문이 아니었습니다. 그는 말합니다.

"하나님에 관한 지식에 대해 말하자면, 그것은 단지 하나님이 계시다는 사실만을 아는 것이 아니라 무엇이 우리의 관심사여야 하며 그분께 영광을 돌리는 것이 무엇인지를 이해하는 것이다. 요컨대 하나님을 아는 지식을 통해서 우리가 마땅히 하지 않으면 안 되는 것이 무엇인지를 아는

---

90) 헬무트 틸리케,「친애하는 신학생 여러분」, 배응준 역 (서울: 도서출판 나침반, 1995), 33-34.

것이다. 왜냐하면 신앙이나 경건이 없는 곳에 하나님을 아는 지식이 있다고 말할 수 없기 때문이다."[91]

결국 하나님의 살아 계심을 느껴야 합니다. 그분과 교통을 나누는 인격적인 앎이 있어야 합니다. 거기에서 비롯되는 거룩한 정서가 필요합니다. 그것 없이는 신학이 하나님을 알게 하는 데 기여할 수 없습니다.

신학생 시절에는 이런 평범한 사실을 잊어버립니다. 우리의 신학 함이 올바르지 않으면 신학을 통해 하나님이 누구신지를 아는 것은 수학을 통해 천국이 어딘지 아는 것만큼이나 어려울 것입니다. 칼뱅은 계속해서 말합니다.

"마음으로 하나님을 경외하지 않고는 그분을 이해할 수 없다. 그러나 하나님만이 모든 선(善)의 근원이시며 이에 관한 어떤 것이라도 그분 밖에서 찾아서는 안 된다는 것을 확신하지 않으면서 단지 하나님을 경외와 찬양의 대상으로 주장하는 것은 충분하지 못하다. ……하나님께서는 이 세상을 창조하신 것처럼 당신의 무한한 권능으로 세상을 유지하신다. ……이러한 하나님의 완전하심을 의식하는 것은 신앙을 낳게 하는 경건을 우리에게 가르쳐 주기 때문이다. 경건은 하나님에 대한 경외와 사랑이 결합된 것을 가리키는데, 이 사랑은 그분의 은혜를 깨달아 앎으로써 오는 것이다."[92]

---

[91] John Calvin, *Institutes of the Christian Religion*, vol. 1, trans. Henry Beveridge (Grand Rapids: Wm. B. Eerdmans Publishing Company, 1981), 40.
[92] John Calvin, *Institutes of the Christian Religion*, vol. 1, trans. Henry Beveridge (Grand Rapids: Wm. B. Eerdmans Publishing Company, 1981), 40-41.

보십시오. 그는 신학을 공부하는 사람으로서 잘못된 신학 함의 위험을 알고 있었습니다. 하나님을 아는 지식이 더해지면, 은혜를 아는 지식에서도 자라 가야 합니다. 은혜를 아는 지식에서 자라 가야 하나님을 더 사랑하게 됩니다. 이 탐구는 지식과 경건 안에서 이루어져야 합니다.

칼뱅이 제네바에서 목회할 때에 옷소매에 항상 새겨 둔 문장(紋章)이 있었습니다. 심장을 들고 있는 손이었습니다. 그리고 거기에는 이런 글귀가 있었습니다. "주여, 나의 마음을 당신께 드리나이다. 기꺼이 그리고 진심으로"(Cor meum tibi offero Domine, prompte et sincere).

사실 '마음'이라고 번역된 단어(cor)는 원래 '심장'을 의미하는 말이었습니다. 이 표현은 자신을 전부 드리고 싶어하는 하나님의 사람의 전 존재적인 갈망의 표현이었습니다.

칼뱅이 박해를 피하여 도망한 바젤에서 불후의 명저인 『기독교 강요』(Institutio Christianae Religionis)를 저술하였을 때는 바로 마르틴 루터가 성경을 번역하고 있던 시기였습니다. 칼뱅주의자도 아니고 개신교도도 아닌 불신자 역사가인 쥘 미슐레(Jules Michelet, 1798-1874)는 칼뱅의 개혁 교리를 두고 다음과 같이 말했습니다.

"제네바는 그 도덕적 힘 때문에 존속했다. 그 도시는 영토도, 군대도, 공간과 시간과 물질을 위한 그 어떤 것도 가지지 못했다. 제네바는 은혜로 말미암는 선택이라는 반석 위에서 스토이시즘(Stoicism) 가운데 세워진 성령의 도시였다. 프랑스의 방종으로 유럽이 사로잡혀 있었던 무시무시한 흑암의 손아귀에 맞서서 영웅들을 위한 이 학교가 필요했다. 스파르타가 위험에 빠진 각 나라에 스파르타인을 군대로 보내었듯이 제네바는 그렇게 존재했던 것이다. ……로욜라가 그 땅을 훼손하도록 두라. 기즈 가문의 스페인 금화와 검에 눈이 멀어 매수되도록 내버려 두라. 이 평화로운 곳에, 아직은 어스름한 하나님의 이 정원에 영혼의 구원과 자유를 위해 칼뱅의 손 아래서 선홍빛 장미들이 피어나고 있었다. 유럽에 순교자가 요구되는 어떤 상황이 생긴다면, 불에 태워지고 바퀴에 깔려 죽어야 할 필요가 요구된다면, 기꺼이 찬송을 부르며 나아갈 사람이 있으니 바로 제네바의 이 사람이었다."[93]

하나님의 부르심이 있는 사람들은 단지 진리를 말하기만 하는 삶을 살 수 없습니다. 온몸으로 그것을 살아낼 것입니다. 그 사람 안에 거룩한 정서가 있다면 말입니다. 신학교 시절 거룩한 열정과 정서에서 자라 가길 바랍니다.

주님의 누명을

신학교에서 섬기던 때였습니다. 책상 위에 펼쳐져 있는 어느 신학생의 성경에 그가 적어 놓은 글귀가 눈에 띄었습니다. "나는 세상이라는 법정에 서 있는 그리스도의 증인이다. 내 평생 이 세상 사람들 앞에서 그리스도의 누명을 벗겨 드리고야 말리라."

우리는 그리스도의 증인들입니다. 그리고 우리는 그리스도를 증거함으로써 사람들로 하여금 그분을 믿게 하도록 부름받았습니다(요 1:7-8).

---

[93] Emanuel Stickelberger, *Calvin*, trans. David Georg Gelzer (Cambridge: The Lutterworth Press, 2002), 34.

이것은 세례 요한의 사명인 동시에 우리의 사명입니다. 가슴에 솟아오르는 거룩한 정서 없이 어떻게 그리스도에 관하여 증언할 수 있겠습니까? 그러므로 말씀을 통해서 변화받기를 사모하십시오. 만약 신령한 정서가 마음에 없다면 그것에 대해 안타까워하십시오.

하나님의 말씀이 파도처럼 밀려와서 우리를 깨뜨릴 때 어찌 아무것도 느끼지 않을 수 있겠습니까? 말씀에 사로잡혀서 산다는 말은 말씀하시는 하나님의 마음에 사로잡힌다는 것이 아니고 무엇이겠습니까?

사도 바울을 보십시오. 그는 자주 자신의 인생을 돌아보며 이런 고백을 하였습니다.

"내가 복음을 전할지라도 자랑할 것이 없음은 내가 부득불 할 일임이라 만일 복음을 전하지 아니하면 내게 화가 있을 것이로다"(고전 9:16).

"보라 이제 나는 성령에 매여 예루살렘으로 가는데 거기서 무슨 일을 당하는지 알지 못하노라 오직 성령이 각 성에서 증언하여 결박과 환난이 나를 기다린다 하시나 내가 달려갈 길과 주 예수께 받은 사명 곧 하나님의 은혜의 복음을 증언하는 일을 마치려 함에는 나의 생명조차 조금도 귀한 것으로 여기지 아니하노라"(행 20:22-24).

소명 의식과 정서

그로 하여금 복음을 전하는 일 자체를 숙명처럼 여기며 살아가게 한 것이 무엇입니까? 그리스도에 대한 체험이었습니다. 이 소명은 언제나 특이한 정서를 동반한 것이었습니다. 이에 대해 김세윤(金世潤, 1946-) 교수는 자신의 책 『바울 복음의 기원』(The Origin of Paul's Gospel)에서 다음과 같이 말합니다.

> "사도 바울의 소명 안에 있는 강제력의 요소는 이렇게 설명하는 것이 적절할 것이다. 바울은 다메섹의 체험을 통하여 자신이 그리스도에게 사로잡혀 버렸다고 느꼈으며(빌 3:12), 복음을 전하여야 하는 숙명적이고 신적인 긴장 아래 놓이게 되었다(고전 9:16 이하). 바울 자신이 그리스도의 대적자로서 행동하였는데도 그리스도께서 그를 사로잡아 자신의 종으로 삼아 버리셨으며(롬 1:1, 갈 1:10, 빌 1:1), 복음을 전할 사명을 맡겨 주셨다. 그리하여 그 후로는 주 예수 그리스도와 복음을 전하여야 할 '필연'(ἀνάγκη)으로부터 떨어질 수가 없었다. 그리고 이 소명은 특별히 바울로 하여금 이방인들에게 복음을 전하게 하는 것이었다. 그리하여 바울은 헬라인에게나 야만인에게나 빚진 자가 되었다(롬 1:14)."[94]

그는 복음을 대할 때마다 끊임없는 신적인 강제력을 느꼈습니다. 아가페 사랑의 강제력이었습니다. 복음을 전하며 살지 않을 수 없는 강제력을 느꼈던 것입니다. 그 강제력은 언제나 마음속에서 사랑의 정서를 동반하였습니다. 그에게 정서 없는 소명 의식이라는 것은 생각할 수 없는 것이었습니다.[95]

---

94) Seyoon Kim, *The Origin of Paul's Gospel* (Tübingen: J. C. B. Mohr [Paul Siebeck], 1981), 65-66.
95) 다음 성경 구절도 이에 관한 좋은 예증이 된다. "형제들아 너희는 함께 나를 본받으라 그리고 너희가 우리를 본받은 것처럼 그와 같이 행하는 자들을 눈여겨보라 내가 여러 번 너희에게 말하였거니와 이제도 눈물을 흘리며 말하노니 여러 사람들이 그리스도의 십자가의 원수로 행하느니라"(빌 3:17-18).

신학의 도상에서 거룩한 정서가 자라게 하십시오. 어떻게 하면 그럴 수 있을까요?

말씀을 깨달으라

첫째로, 성경 말씀을 깨달으십시오. 성경을 통하여 하나님을 만나는 것이야말로 모든 영적인 변화의 비결입니다. 거룩한 정서로 준비되는 가장 훌륭한 길입니다.

성경의 진리를 깨닫게 되는 지성적인 승복이 필요합니다. 그렇지 않은 영적 체험은 불안하고 위험합니다. 때로는 우리의 영적 눈을 멀게 합니다. 그러면 성경 속에 일관되게 흐르는 진리의 체계들을 낯설게 느끼게 됩니다.

엠마오로 가던 두 제자를 생각해 보십시오. 그들은 아무것도 느끼지 못한 채 냉담하게 그리스도의 부활 소식에 관하여 이야기를 나눴습니다. 심지어 예수님께도 그런 태도로 말씀드렸습니다(눅 24:13-24). 그러던 그들이 새로운 영적 경험을 갖게 되었습니다.

"그들이 서로 말하되 길에서 우리에게 말씀하시고 우리에게 성경을 풀어 주실 때에 우리 속에서 마음이 뜨겁지 아니하더냐 하고"(눅 24:32).

그들의 마음이 뜨거워졌습니다. 전에 느끼지 못했던 새로운 정서를 경험하게 되었습니다. 그 일은 그들이 구약성경에 대한 새로운 해석을 깨달음으로써 일어나게 된 것입니다.

어느 날 밤에

어느 날 밤이었습니다. 몸이 불편해서 일찍 잠자리에 들었으나 잠이 오지 않아 뒤척이다가 일어났습니다. 책상 앞에 앉아 신약성경을 펼쳤습니다. 시계는 밤 10시 20분을 가리키고 있었습니다. 저는 읽던 차례대로 누가복음을 읽어 갔습니다. 그런데 다음 성경 구절을 읽는 동안 저는 온몸이 감전되는 것 같은 전율을 경험하였습니다.

"가까이 오사 성을 보시고 우시며 이르시되 너도 오늘 평화에 관한 일을 알았더라면 좋을 뻔하였거니와 지금 네 눈에 숨겨졌도다 날이 이를지라 네 원수들이 토둔을 쌓고 너를 둘러 사면으로 가두고 또 너와 및 그 가운데 있는 네 자식들을 땅에 메어치며 돌 하나도 돌 위에 남기지 아니하리니 이는 네가 보살핌받는 날을 알지 못함을 인함이니라 하시니라 성전에 들어가사 장사하는 자들을 내쫓으시며 그들에게 이르시되 기록된 바 내 집은 기도하는 집이 되리라 하였거늘 너희는 강도의 소굴을 만들었도다 하시니라"(눅 19:41–46).

반복해서 같은 부분을 읽어 갔습니다. 성경 전체에 걸쳐 흐르는 '기도의 신학'이 보이기 시작하였습니다. 그리고 그리스도께서 목 놓아 우시는 데도 여전히 슬픔을 이해하지 못하는 당시 이스라엘 백성들이 떠올랐습니다. 그 무지가 우리 시대 교회의 영적인 상태와 오버랩이 되었습니다.

성경을 읽다가 복받쳐 오르는 슬픔과 아픔을 경험했습니다. 책상 위에 엎드려 한없이 울었습니다. 한편으로는 거룩하시고 엄위하신 하나님의 성품 때문에 울었고, 또 한편으로는 하나님의 마음을 모른 채 영적으로 잠들어 있는 조국교회 때문에 울었습니다.

무엇보다도 제가 그런 어두움을 더하며 살아왔다는 사실에 가슴 아팠습니다. 교회가 하나님 앞에 심판을 받아야 한다면 저의 책임을 피할 수 없다고 느꼈습니다.

얼마나 시간이 흘렀을까요? 기도를 마친 후 깨달은 내용들을 묵상 노트에 적었습니다. 그런데 시계는 이튿날 아침 8시 40분을 가리키고 있었습니다. 그 후에도 유사한 체험이 없었던 것은 아니지만, 그때의 말씀 체험은 저로 하여금 평생 기도의 사람으로 살아가기를 결심하게 했습니다.

목 놓아 울게 하실 때

그 이후로부터 더욱 풍부한 눈물 속에서 주님을 섬기게 하셨습니다. 차를 몰고 거리를 지나다가 그리스도의 십자가가 생각났습니다. 자기의 육체를 깨뜨려 우리를 구원하시는 그 사랑을 이 도시가 거절하고 있다고 생각하니 가슴이 미어지는 것 같았습니다.

그토록 생명 주기를 원하시는데도 여전히 완악한, 핏기를 잃은 가엾은 영혼들을 떠올렸습니다. 심장을 쥐어뜯는 것 같은 고통이 밀려왔습니다. 가로수 변에 차를 세웠습니다. 핸들을 붙든 채 목 놓아 울었습니다.

그때 저는 순간적으로 이것이 저의 마음이 아님을 깨달았습니다. 이 시대를 바라보시는 하나님의 마음이 제게 전해진 것임을 느꼈습니다. 이런 슬픔은 세상 아무에게 위로받을 수 없었습니다. 그리고 위로받고 싶지도 않았습니다. 격렬한 슬픔 속에서, 제 안에 주님이 계시고 주님 안에 제가 있음을 알 수 있었습니다. 기도하였습니다. 그때 마치 주님께서 제 안에 들어오셔서 저를 껍질로 사용하시고, 당신의 기도를 마치신 후에 제 안에서 빠져나가시는 것을 느꼈습니다.

저는 오직 두 가지 소원에 불탔습니다. 하나는 이렇게 아파하시는 주님의 마음을 평생 간직하고 싶은 것이었습니다. 또 하나는 어두운 세상을 사는 동안 하나님의 이름이 높아질 수만 있다면 더 이상 소원이 없겠다는 것이었습니다. 그래서 저 자신을 다 태워서 그 일에 이바지하고 싶었습니다.

지금도 기억납니다. 그때 마침 차 안에서는 영화 '미션'(Mission)의 주제가 중 하나인 엔니오 모리코네(Ennio Morricone, 1928-2020)의 '지상에 임한 하늘나라'(On Earth as It Is in Heaven)가 울려 퍼지고 있었습니다.

전기를 읽으라

둘째로, 전기를 읽으십시오. 그것은 위대한 신앙의 선배들이 어떻게 하나님을 섬겼는지 살피는 것입니다. 진정으로 복음 사역을 위하여 소명받았습니까? 그렇다면 신앙의 선배들이 넘치는 수고로 하나님을 영화롭게 한 이야기를 접할 때에 마음이 뜨거워질 것입니다. 그렇게 살고 싶을 것이기 때문입니다.[96]

---

[96] 그러나 여기서는 조심해야 할 것이 있다. 대리 만족을 통하여 정서적인 배설 효과를 즐기는 것이다. 즉 청교도를 비롯해 거룩한 순교자들이나 개혁자들의 파란만장한 생애를 읽으며 감동받으면서, 자신의 불충한 삶에 대한 보상 심리를 대리 만족으로 채워 보려고 하는 종교적 심리다. 비겁한 병사들이 불후의 무용담을 즐기는 것과 같은 심리다. 이런 심리를 가진 사람들은 자신이 거룩한 생애를 산 사람들의 생애에 대하여 감동할 수 있다는 사실을 매우 커다란 의로 여기는 경향이 있다.

그러므로 독서로 머리는 차갑게 하고 기도로 가슴을 뜨겁게 하십시오. 기름 부음의 감화가 있는 책을 자주 접하십시오. 그런 책이 영향을 크게 끼치도록 그렇게 신학 공부를 하십시오. 읽고 나면 기도하게 하는 책을 탐구하게 하는 책보다 중요하게 여기십시오.

그들의 헌신적인 생애를 당신은 살고 싶습니까? 진리에 대한 그들의 해박한 지식과 경건을 진심으로 부러워하고 있습니까? 그렇다면 당신은 그와 비슷한 삶을 살아가고 있을 것입니다.

그러한 위인들의 삶과 만날 때 중요한 사실을 발견하게 될 것입니다. 그들의 삶이 거룩한 정서에 의하여 움직이고 있었다는 사실을 말입니다. 그리고 좀처럼 거룩한 정서에 불타지 않는 자신의 모습을 발견하게 될 것입니다. 좀 더 깊이 들어가면 자신이 영적으로 무감각하다는 사실을 알게 될 것입니다. 아직도 깨어지지 않는 아집의 강고함을 느끼게 될 것입니다. 그 지점이 영적인 변화에 이르는 출발점입니다.

하나님을 추구하라

셋째로, 하나님을 추구하십시오. 많은 신학생들은 사랑과 열정이 부족하다는 것에 대하여 심각성을 거의 못 느낍니다. 그래서 자신의 영혼의 상태에 대해 그리 고민하지 않습니다. 대부분 영적으로 태만합니다.

세례 요한은 타오르는 정염을 가졌습니다. 그는 하나님을 떠난 이스라엘의 역사의 비탈길에 나타났습니다. 그전에 30년 가까운 세월 동안 광야에서 준비되었습니다. 그는 고독한 광야에서 말씀과 기도로 하나님의 마음을 배워 갔습니다. 이따금씩 전해지는 예루살렘의 종교계 소식을 들었을 것입니다. 그의 마음은 고통 가운데 눌렸을 것입니다. 그러한 그의 유일한 소망은 예수 그리스도를 바라보는 것이었을 것입니다.

그는 목회 사역의 성공을 배우기 위하여 광야에 있었던 것이 아닙니다. 하나님과 홀로 대면하기 위해서 있었습니다. 그분의 마음을 배우기 위하여 광야에 있었습니다. 긴 세월 동안 이러한 갈망을 가지고 살았습니다. 그러는 가운데 신적인 정서가 그의 인격 속에서 함양되었습니다. 거룩한 분노와 하나님의 백성을 향한 사랑의 정서를 소유하게 되었습니다.

만져 주소서

넷째로, 주님을 깊이 만나십시오. 복음 사역을 위해 필요한 신령한 열정과 사랑을 소유하게 되는 마지막 비결입니다. 하나님께서 영혼을 깊이 만져 주시는 것입니다. 이것은 능력 있는 말씀 사역을 위하여 꼭 필요합니다.

세례 요한의 경우에는 공적인 선포 사역을 시작하기에 앞서 한 사건이 있었습니다. 하나님의 말씀이 임함으로써 그의 훈련은 끝났고 설교 사역은 시작되었습니다.

"……하나님의 말씀이 빈 들에서 사가랴의 아들 요한에게 임한지라"(눅 3:2).

거룩한 정서와 열정은 영적인 변화의 결과입니다. 하나님께서 영혼을 어루만져 주신 결과입니다. 따라서 설교자로 부름받은 우리는 말씀으로 성령을 깊이 체험하기를 사모해야 합니다. 거룩한 정서와 열정을 우리 안에 충만하게 채워 주시길 간구해야 합니다.

이 정서적인 준비에 있어서 두 가지를 함께 생각하여야 합니다. 신령한 정서가 오랜 연단의 과정을 통하여 서서히 함양되는 면과 성령의 역사로 한번에 체험되는 면이 그것입니다.[97]

삶으로 나타나는 영성

교회는 자기 시대의 사람들을 끌어안고 역사의 변혁을 위하여 씨름해야 합니다. 사람들이 눈물을 흘리면 닦아 주고 피를 흘리면 치료해 줘야 합니다. 그렇지 아니하면 부흥이 와도 소수가 열광하다 사라지는 잔치로 끝나기 마련입니다. 역사와 단절된 교회의 영성, 개인의 삶과는 동떨어진 영적 삶은 전부 다 거짓입니다. 그것은 성경에서 말하는 참된 영적 삶이 아닙니다. 자신이 바뀌어 세상을 바꾸라고 있는 신앙입니다.

영적 은혜는 반드시 삶으로 투영되는 힘이 있습니다. 따라서 삶으로 '아멘' 하지 않는 것은 진정한 의미의 '아멘'이 아닙니다.

신사 참배로 인하여 한국 교회에 대한 대대적인 핍박이 눈앞에 다가온

---

[97] 이 같은 원리는 영적인 준비에서도 동일하게 나타난다. 세례 요한의 소명 체험이 구약의 다른 선지자들과 마찬가지로 거룩한 성령의 능력 임함을 동반하는 것이었다는 사실은 재론의 여지가 없다. 그렇지만 성경은 이와 함께 광야에서 있었던 세례 요한의 지속적인 영적 성장에 관해서도 말한다(눅 1:80). "아이가 자라며 심령이 강하여지며 이스라엘에게 나타나는 날까지 빈 들에 있으니라"(τὸ δὲ παιδίον ηὔξανεν καὶ ἐκραταιοῦτο πνεύματι, καὶ ἦν ἐν ταῖς ἐρήμοις ἕως ἡμέρας ἀναδείξεως αὐτοῦ πρὸς τὸν Ἰσραήλ). 이 점에 관하여 리처드 렌스키(Richard C. H. Lenski)의 설명은 귀담아들을 만하다. 그에 의하면, 여기서 '아이'(παιδίον)는 방금 할례받은 어린아이를 뜻하며, '자라며'(ηὔξανεν)라는 단어가 꾸미는 말 없이 미완료형으로 사용되고 있는 것은 방해받지 않는 상태에서 육체적으로 자라 가는 성장을 의미한다는 것이다. 그렇다면 '강하여지며'(ἐκραταιοῦτο)라는 표현 역시 오랜 시간을 통하여 방해받지 않고 그의 심령이 강하여져 가는 성장 과정을 겪었다는 것을 의미한다. Richard C. H. Lenski, *The Interpretation of St. Luke's Gospel* (Minneapolis: Augsburg Publishing House, 1961), 113.

때의 일이었습니다. 이미 교계에 이 같은 일본의 방침이 전달되었습니다. 어느 교회에서 지역 목회자들이 모여 기도회를 갖고 있었습니다. 그중 한 목사가 일어나서 회중들에게 말하였습니다. "저는 이제 이 신사 참배를 거부하기 위하여 모든 것을 각오하였습니다. 우리 가족에게 유언까지 남겼습니다. 저는 신앙을 지키기 위해 죽음을 불사할 것입니다."

다른 목회자들은 그의 그런 신앙의 용기와 결단에 경의를 표했습니다. 유언이 될지도 모를 그의 연설을 경청하고 있었습니다. 그 용기를 부러워하면서 말입니다.

바로 그때 목회자들의 모임에 끼어 예배당 뒤편에 앉아서 하염없이 눈물 흘리던 무명의 성도가 있었습니다. 그는 순교의 결단을 촉구하는 연설 앞에서 차마 '아멘'도 하지 못했습니다. 그저 눈물만 흘리고 있었습니다. 그러나 정작 핍박이 시작되었을 때 큰소리치던 목사는 배교했고, 아멘도 하지 못했던 그 성도는 신앙의 절개를 지켰습니다.

냉담한 정서를 가지고는 주님을 위해 희생할 수 없습니다. 말로는 할 수 있을 것입니다. 그러나 행동과 삶으로는 할 수 없습니다. 거룩한 정서가 십자가를 지게 합니다.

하나님의 영광을 위해 살았던 신앙의 선배들은 모두 열렬한 정서를 지닌 사람들이었습니다. 냉담한 사람들은 신사 참배의 위협 앞에서 배교하였습니다. 핍박 앞에서 신앙의 절개를 지키는 일에 실패했습니다. 그러나 거룩한 정서에 불타는 사람들은 정절을 지켰습니다. 사자처럼 살아 세상이 감당할 수 없었던 사람들은 구차히 사는 것보다 영광스럽게 죽기를 택했습니다. 그리스도를 위해 받는 능욕을 이 세상의 보화보다도 자랑스럽게 여겼습니다.

신학교에 입학하고 나서

　신학교에 입학하고 나서 이런 거룩한 정서가 깃들도록 자신을 준비하는 것이 얼마나 힘든지를 곧 깨닫게 됩니다. 한 학기도 채 걸리지 않습니다. 더욱이 분명한 소명감도 없이 신학교에 입학한 경우에는 문제가 더욱 복잡해집니다. 이러한 본질적인 문제를 가지고 고민하기는커녕 환경에 떠밀려서 학적부의 잉크가 마르기 전에 교역자 노릇을 해야 하기 때문입니다.

　오늘날은 하나님 앞에서 거룩한 정서를 배워 가기 보다는 목사가 되기에 바쁩니다. 성령의 역사로 거룩한 정서를 함양하는 일에 크게 마음을 쓰지 않습니다. 제도를 통해 목회자로서의 외적인 조건을 갖추는 일에 급급해 합니다.

　자신의 영적인 자질과 신앙의 진보에 대해 크게 마음을 쓰지 않습니다. 이러한 상황에서 하나님 앞에서 거룩한 고독을 통해 거룩한 정서를 배우는 것은 쉬운 일이 아닙니다.[98]

　거룩한 정서는 직업적인 의식으로 대치됩니다. 하나님을 향한 사랑과 거룩한 열정이 아니라 경제적인 필요에 의해 사역의 현장에 서게 됩니다.

---

[98] 이 점에 대해 마틴 로이드존스(D. Martyn Lloyd-Jones) 목사는 이렇게 말한다. "(소명에 대한) 그런 거짓된 견해에 대한 답변은 설교란 사람이 해야겠다고 결심하는 일이 아니라는 것입니다. 오히려 소명을 인식하게 되는 일이 있다는 것입니다. ……소명은 일반적으로 사람의 심령 안에서 의식의 형태로 시작되는데, 일종의 압력과 같은 자각이 심령에 가해지며, 영적인 면에 있어서 어떤 혼란을 느끼게 됩니다. 그 다음엔 그의 마음이 온통 설교라는 문제로 향하게 됩니다. ……참된 소명은 언제나 다른 사람들에 대한 걱정과 관심을 포함합니다. 곧 타락한 그들의 신분과 상태를 깨닫고 그들에게 무언가를 해주고 싶고, (복음의) 메시지를 전하며 구원의 길을 알려 주어야겠다는 열망을 가지게 됩니다. 이것이 바로 소명의 본질적인 부분입니다. 특별히 이것은 우리 자신을 점검해 볼 수 있는 방편으로도 중요한 것입니다." D. Martyn Lloyd-Jones, *Preaching and Preachers* (London: Hodder & Stoughton, 1998), 103-105.

이렇게 신학교 시절을 보내서는 훌륭한 일꾼이 될 수 없습니다. 제가 여러분에게 또 하나의 신학교가 필요하다고 강조하는 것도 바로 이런 이유 때문입니다. 광야의 신학교가 필요합니다.

삯꾼과 참목자의 정서

요한복음 10장의 선한 목자의 비유를 기억하실 것입니다. 삯꾼과 참목자의 가장 중요한 차이는 바로 정서입니다.

섬김의 외면적인 모습만을 가지고 말한다면, 삯꾼과 선한 목자 사이에 차이는 없습니다. 두 사람 모두 양을 치는 일에 종사하는 사람들입니다. 그러나 선한 목자는 양이 자기의 양이라는 사실을 압니다. 양들도 목자를 압니다. 그들은 서로의 관계를 알고 있으며 그 관계에는 사랑의 정서가 흐릅니다.

목자가 양에게 꼴을 먹이고 물을 주는 것은 생계를 위한 의무감 때문이 아닙니다. 오직 양 떼를 사랑하는 사랑의 정서에서 비롯된 것입니다. 그러나 삯꾼에게는 그러한 정서와 열정이 없습니다. 삯을 받고자 하는 계산은 있을지언정 사랑의 정서는 없습니다.[99]

---

[99] 당시 이스라엘의 가난한 가정들은 자신의 양을 갖는 것이 쉽지 않았다. 그들에게는 마을에서 공동으로 양을 기르는 축사가 있었고, 그 일을 위해서는 품삯을 공동으로 부담하여 고용하는 일꾼이 있었다. 요한은 이렇게 고용된 일꾼의 직업적인 봉사와 자기 소유의 양을 치는 참된 목자의 정신을 대비하고 있는 것으로 여겨진다. 윌리엄 헨드리슨(William Hendriksen)은 여기서 언급되고 있는 '삯꾼'(hireling)이 바로 바리새인들을 비롯한 당시 종교 지도자들이라고 보았으며, 이스라엘 백성을 향한 관심이나 사랑이 없었던 그들의 그러한 정서의 결핍이 곧 삯꾼의 요건이라고 간주했다. William Hendriksen, *Exposition of the Gospel According to John*, in *New Testament Commentary* (Grand Rapids: Baker Book House, 2004), 111-112. 또한 요한복음 10장 12절의 '삯꾼은 목자가 아니요'(ὁ μισθωτὸς καὶ οὐκ ὢν ποιμήν)라는 표현은 헬라어 본문에서 통상적인 표현이 아니

너무 쉽고 경솔한 태도로 사역에 뛰어들지 마십시오. 자칫하면 훈련의 기회를 잃어버립니다. 오히려 교회와 세상에 흐르는 사악한 풍조가 여러분을 판에 박힌 기성 제품처럼 찍어 낼 것입니다. 오래전 사도 바울이 주었던 권면을 기억하십시오.

"너희는 이 세대를 본받지 말고 오직 마음을 새롭게 함으로 변화를 받아 하나님의 선하시고 기뻐하시고 온전하신 뜻이 무엇인지 분별하도록 하라"(롬 12:2).[100]

성경과 거룩한 정서

거룩한 정서가 우리의 안에 깃들게 해야 할 실제적인 이유가 또 있습니다. 거룩한 정서와 열정은 성경을 바르고 깊게 이해하는 데에도 매우 필수적이기 때문입니다.

다. 하나의 관사로 두 단어가 묶여 있기 때문이다. 이를 굳이 직역한다면 '삯꾼이자 목자가 아닌 자'(the hireling and not-shepherd)가 될 것이다. 이 같은 표현은 구약에 부정어와 함께 등장하는 명사, 예를 들어 '로루하마'(לֹא רֻחָמָה, no mercy)나 '로암미'(לֹא עַמִּי, not my people)를 생각나게 한다(호 1:6, 9). 이처럼 부정어를 함께 묶어서 하나의 명사를 표현한 것에 대하여 몰턴(James Hope Moulton)은 삯꾼을 생각하는 동안에 그가 목자가 아니라는 사실을 오래도록 기억시키기 위한 어법이라고 보았다. Leon Morris, *The Gospel According to John*, in *The New International Commentary on the New Testament* (Grand Rapids: Wm. B. Eerdmans Publishing Company, 1995), 454.

[100] '너희는 이 세대를 본받지 말고'(καὶ μὴ συσχηματίζεσθε τῷ αἰῶνι τούτῳ)에서 '본받다.'라고 번역된 동사 쉬스케마티조(συσχηματίζω)는 원래 주물(鑄物)을 만들 듯이 틀에 찍어 내는 것을 가리켜 '순응하다.', '일치 하게 하다.'의 의미를 갖게 되었다. 한 시대는 시대 정신을 가지고 있으며, 그것은 그 시대를 살아가는 모든 사람을 그 시대의 아들로 만드는 힘이 있다. Joseph Henry Thayer, *A Greek-English Lexicon of the New Testament* (Grand Rapids: Baker Book House, 1982), 608.

성경을 기록하게 하신 동기는 하나님과의 만남입니다. 창세기로부터 요한계시록에 이르기까지 죄인이 거룩하신 하나님을 만난 이야기들로 가득 차 있습니다. 역사 속에서 인간들과 하나님 사이에 이루어지는 만남은 획일적이지 않습니다. 또 계시의 폭과 넓이도 각각 다릅니다. 시대도 다르고, 만나 주신 사람들도 다르고, 만남의 동기도 다양합니다.

그렇지만 하나님과 인간 사이의 만남에는 하나의 통일성이 있습니다. 그 만남을 통해서 사람들은 공통적인 경험을 갖습니다. 성경은 그런 사람들을 도구 삼아 기록되었습니다. 따라서 성경을 가장 잘 이해하는 길은 성경 기록자가 경험한 하나님의 은혜를 체험하는 것입니다.

호세아를 알고 싶어요

가을 오후의 햇살이 눈부시던 어느 날이었습니다. 호세아서를 강의하고 신학교 강의동의 돌계단을 내려오고 있었습니다. 어느 학생이 제게 다가와 물었습니다. "교수님, 호세아서를 더 깊이 깨닫고 싶습니다. 어떻게 하면 이 선지서를 깊이 이해할 수 있을까요?" 저는 그 계단에 선 채 꽤 오랜 시간 그 학생의 질문에 답해 주었습니다.

"호세아서를 가장 잘 이해하는 길은 먼저 호세아의 마음을 갖는 것입니다. 연구하기 전에 우선 호세아서를 여러 번 읽고 호세아의 마음을 갖도록 기도하십시오. 그가 이름난 창녀에게 장가들어야 했던 상황에 자신을 대입시켜 보십시오. 고멜과 부정하게 낳은 자녀들을 향하여 갖게 된 호세아의 처절한 사랑의 정서를 생각하십시오. 그리고 그런 마음을 내 조국, 이 도시의 사람들을 향해 갖게 해 달라고 기도하십시오. 그리고 호세아는 사마리아의 거리를 걸었지만, 학생은 타락한 도시 한복판을 걸어 보아야 합니다. 호세아의 그 마음이 그대에게 있다면, 하룻밤에 수십 억 원의 돈이 술값으로 지불된다는 이 환락의 거리, 강남에서 눈물을 흘리게 될 것입니다. 술집이 많아서 모텔이 늘어나고, 그렇게 죄를 많이 지어서 교회가 자꾸 생긴다는 이 환락의 거리를 향하여 치밀어 오르는 언어를 가슴으로 느끼게 될 것입니다. 그것이 바로 오늘 이 도시에서 그대가 선포해야 할 하나님의 말씀일 것입니다. 그러나 그렇게 선포하기 전에 이미 호세아서를 연구했던 많은 저자들과 먼저 만나서 협의하고 배우십시오. 그리고 성령의 도우심을 기도하십시오. 회중들에게 말하지 않고는 견딜 수 없을 때, 그때가 바로 외쳐야 할 때입니다. 외치십시오. 이것이 바로 호세아서가 그대에게 요구하는 것입니다."

대답이 끝나자 그 학생은 마치 보화를 발견한 것처럼 환한 얼굴로 교실을 향해 뛰어갔습니다. 지금 이 글을 읽고 계신 여러분에게도 같은 말씀을 드리고 싶습니다.

불꽃같은 정서의 사람들

선지자들의 인격 안에 있었던 것은 진리와 신념, 정서와 사랑입니다. 하나님을 향한 사랑의 정서는 철저한 충성으로 나타났습니다. 백성을 향해서는 불쌍히 여기는 마음으로 나타났습니다. 그들은 모두 타는 듯한 불을 가슴에 안고 산 사람들이었습니다.

호세아는 타락한 고멜을 다시 찾았습니다. 단지 도덕적 양심에서 비롯된 것이 아니었습니다. 하나님의 명령에 순종하는 극기심에서 비롯된 것도 아니었습니다. 그의 마음속에 실제로 불타오르고 있던 사랑 때문이었습니다. 처절한 사랑의 정서가 그 일을 시킨 것입니다. 거역할 수 없는 사랑의 정서가 그로 하여금 열정적으로 아내를 용서하게 하였습니다. 그는 그 과정을 통하여 범죄한 이스라엘을 향한 하나님의 심정을 알게 되었습니다.

우리는 이 냉담한 시대에 그들 자신도 관심 갖지 않는 영혼의 운명에 대해 설교하여야 합니다. 따라서 우리에게는 하나님의 거룩한 정서가 필요합니다. 삶과 역사의 현장에 대한 정서는 거룩하신 하나님에 대해서 느끼는 정서와 똑같이 중요합니다.

맺는말

우리에게는 선지자들이 가졌던 것과 동일한 삶의 목표가 있습니다. 하나님의 영광입니다. 우리는 마침내 여호와의 영광을 인정하는 지식이 물이 바다를 덮음과 같이 세상에 가득하게 되기를 소망합니다. 이것이 바로 우리가 신학 수업의 도상에 있는 이유입니다.

우리는 그 거룩한 그리움과 목마름 때문에 여기 있습니다. 하나님의 때에 우리를 쓰셔서 하나님을 인정하는 지식이 세상 가득하게 될 날이 오게 하실 것을 믿기 때문에 살아 있습니다.

저 역시 이렇게 참된 부흥의 그리움을 한처럼 품고 살아갑니다. 언젠가 조국과 교회를 사랑하시는 주님께서 척박한 땅을 하나 되게 하실 것이라고 믿습니다. 정의를 물같이, 공의를 마르지 않는 강같이 세상에 넘치도록 흐르게 하실 것이라고 믿습니다. 또한 하나님의 말씀대로 변화된 교회를 보게 되리라는 믿음 때문에 살아갑니다.

지금은 신학생인 여러분들이 백성들의 고달픈 얼굴에 흐르는 눈물을 씻겨 주기를 기도합니다. 조국과 교회의 부끄러운 역사조차 사랑하며 섬기게 되기를 간구합니다.

우리에게는 거룩한 열정이 필요합니다. 하늘의 진리를 그 거룩한 정염으로 불붙여야 합니다. 그래서 교회 구석구석 무성하게 자라고 있는 냉담함의 덤불들을 불살라 버려야 합니다. 성도들을 이 어두운 세상에서 불꽃처럼 살아가게 만들어야 합니다. 주님을 위하여 흘릴 피와 눈물과 땀이 있는 신령한 사랑으로 가득 찬 목회자들이 되어야 합니다.

A Guide for Seminary Students on
How to Prepare for Pastoral Ministry

예수님을 믿으면서도 변화되지 않는 사람들의 궁극적인 문제가 무엇인지를 살펴본다. 그리고 구별된 경건과 거룩한 영력이 깊은 관계를 가지고 있다는 사실을 세례 요한의 출생 예언 기사를 통하여 밝힌다. 아울러 훈련으로 교인을 만드는 것과 성령의 능력으로 그리스도인이 되는 것 사이의 차이가 얼마나 큰 것인지를 보면서, 훈련과 공부로 성령의 역사를 대치할 수 있을 것처럼 생각하는 세태의 어리석음이 얼마나 큰 거 없는 착각인지를 보여준다. 목회 사역의 목표는 '균형 잡힌 그리스도인'을 만들어 내는 것이 아니라, 그리스도께 사로잡힌 사람들로 다시 태어나게 하여 세상을 변혁시키는 것임을 논증한다. 그러면서 이 일을 위한 보다 큰 영력을 사모하라고 촉구한다.

제6장

영적 준비:
심령과 능력

몸 파는 여전도회장

미군이 많이 주둔해 있던 시절이었습니다. 그 지역에서 윤락 여성들을 대상으로 열심히 전도하던 목사님이 있었습니다. 비록 몸을 팔아 먹고사는 처지에 있는 여인들이었지만, 교회 다니는 사람이 여럿 있었다고 합니다. 그런데 이상한 것은 교회에 출석하면서도 여전히 윤락 행위를 하며 살아간다는 것이었습니다.

그들은 자신들의 하는 일이 단지 직업일 뿐이라고 생각했다고 합니다. 그래서 교회에 나와 예배드리고 신앙생활을 하면서도 그 일은 계속하였습니다. 더 이해할 수 없는 것은 교회가 그들에게 세례를 주었답니다. 또한 그들은 열심히 교회를 섬기고 헌금도 잘하였다고 합니다. 심지어 여전도회 연합회 임원이나 회장까지 하고 노회 모임에도 참석하곤 했다고 합니다.

그런데 문제는 그 여인들에게 열심히 복음을 전하면 교회 출석하고 봉사까지는 하는데 그 이상의 변화는 없었다는 것입니다. 말씀을 전하였던 목사님은 자신의 판단을 말했습니다. 그것이 바로 성령의 특별한 역사하심 없이 행하는 복음 사역의 한계라는 것입니다.

열심히 애를 쓰고 노력하면 사람들을 교회 다니게 만들 수는 있을지 모릅니다. 그러나 생계의 위협을 무릅쓰고 잘못된 삶을 버리게 하는 것은 성령께서 역사하셔야 합니다.

변하지 않는 사람들

오늘날 우리가 직면하고 있는 가장 커다란 문제가 있습니다. 그것은 교회 안에 있는 신자들이 변화되지 않는다는 것입니다. 무엇 때문입니까? 그들은 왜 그토록 변화되지 않는 것일까요?

예배에도 참석하고 신앙을 버리지도 않습니다. 그런데 여전히 은혜를 사모하는 마음이 없습니다. 냉담한 심령으로 싸늘하게 식은 종교 생활을 이어갑니다. 무엇 때문일까요? 영혼이 변하지 않기 때문입니다. 성령의 능력으로 삶이 바뀌지 않았기 때문입니다. 그런데 그런 사람을 변화시키는 것이 목회 사역의 핵심 아닙니까?

우리는 인간의 겉모양만 바꾸도록 부름받지 않았습니다. 살아가는 환경을 개선하도록 부름받지도 않았습니다. 인간의 고통의 문제를 궁극적으로 해결하도록 부름받았습니다.

인간의 모든 불행의 근원은 하나님과의 망가진 관계에 있습니다. 죄인들이 회개하고 구원받음으로써만 그 고통에서 벗어날 수 있습니다. 우리는 그들로 하나님의 창조 목적을 따라 살게 하기 위해 부름받았습니다. 전도와 목양을 통해 이 일을 하게 하셨습니다.

성령을 의지하라

우리의 관심은 하나님과 용서받아야 할 죄인들에게 있습니다. 그리스도 안에서 용서받은 사람들에게는 구원의 의미를 깨닫게 해주어야 합니다. 그들이 무엇을 위하여 어떻게 살아야 할지를 알려 주어야 합니다.

또한 용서받지 못한 죄인들에게는 심판과 사랑을 증거함으로써 구원받게 하는 것이 우리의 사명입니다. 이 모든 일에 있어서 오직 성령을 의지할 수밖에 없습니다. 왜냐하면 성령께서 함께해 주시지 않으면 결코 이 일을 이룰 수 없기 때문입니다.

우리가 그리스도에 관하여 증거할 때 성령께서 함께하시면 놀라운 일이 일어납니다. 우리의 설교를 듣는 사람의 영혼이 변화됩니다. 성령의 역사 없이 결코 인간은 변하지 않습니다. 진리의 말씀과 함께하시는 성령의 역사만이 사람을 근본적으로 바꿀 수 있습니다.

"……진실로 진실로 네게 이르노니 사람이 물과 성령으로 나지 아니하면 하나님의 나라에 들어갈 수 없느니라 육으로 난 것은 육이요 영으로 난 것은 영이니"(요 3:5-6).

회개 요한

세례 요한은 회개 요한이었습니다. 그리스도께서 오시는 앞길을 예비하도록 부름받았습니다. 어떻게 그 앞길을 예비하였습니까? 그것은 사람들의 마음에 믿음의 길을 내는 것을 통해서였습니다.

"……너희는 광야에서 여호와의 길을 예비하라 사막에서 우리 하나님의 대로를 평탄하게 하라 골짜기마다 돋우어지며 산마다, 언덕마다 낮아지며 고르지 아니한 곳이 평탄하게 되며 험한 곳이 평지가 될 것이요 여호와의 영광이 나타나고 모든 육체가 그것을 함께 보리라……"(사 40: 3-5).

이 말씀은 그가 하나님의 말씀을 통하여 사람들을 회개하게 할 것을 가리킵니다. 그가 말씀을 외치자 사람의 교만한 마음이 무너질 것을 예고한 것입니다. 교만해진 마음은 예수님을 맞이할 마음이 아닙니다. 사람들은 자기들의 죄를 깨달아 낮아짐으로써 잠시 후에 오실 메시아를 믿을 준비를 갖추게 됩니다. 그러한 역사는 그와 함께하시는 성령의 능력을 힘입은 것이었습니다.

그가 '회개 요한'인 이유는 그를 따라다니던 강력한 역사가 바로 회개였기 때문입니다. 그래서 성경은 요한의 세례를 '회개의 세례'라고 부릅니다(눅 3:3). 실제로 그는 회개하는 회중들에게 둘러싸여 말씀을 증거하였습니다. 믿고자 하는 자들에게 세례를 주었습니다. 성경은 말합니다.

"이때에 예루살렘과 온 유대와 요단 강 사방에서 다 그에게 나아와 자기들의 죄를 자복하고 요단 강에서 그에게 세례를 받더니"(마 3:5-6).

회개의 원동력

무엇이 그런 회심을 가능하게 했습니까? 돌처럼 굳어지고 얼음처럼 냉담하던 마음에 회개를 불러일으킨 것은 무엇이었습니까? 당시 하나님의 말씀을 가르치는 사람은 세례 요한 말고도 많았습니다. 그럼에도 불구하고 그들조차도 그의 투박한 설교 앞에서 두려워한 것은 무엇 때문이었습니까? 무엇이 세례 요한의 설교를 듣는 백성으로 하여금 죄에 눈뜨게 하였습니까?

그것은 바로 성령의 역사였습니다. 성령께서 세례 요한과 함께하셨습니다. 그러자 "회개하라."라는 메시지가 거룩한 감동을 불러일으켰습니다. 수많은 사람들이 일시에 각성하게 되었던 것입니다.

세례 요한은 그들의 잘못을 구체적으로 지적하지 않았습니다. 성령께서 함께하시자 사람들은 죄로 가득 찬 자신의 내면을 보게 되었습니다. 그들은 회개하였습니다. 이것은 성령께서 행하신 일입니다. 이 일은 이미 예고된 일이었습니다(눅 1:16-17).

세례 요한은 하나님의 부르심을 받아 선포 사역을 시작했습니다. 그러나 사람들은 너무나 완악했습니다. 너무나 오랜 세월 동안 하나님의 은혜를 모르고 살았기 때문입니다. 그래서 그리스도께서 오셔도 그분을 영접할 마음의 준비가 되어 있지 않았습니다. 그들의 생각은 신학적인 편견과 종교적인 오해로 가늑 찼습니다. 그들의 정서는 은혜에 메말랐으며, 그들의 의지는 잘못된 것들을 선택하고 있었습니다. 한마디로 그들은 영적으로 말라깽이가 되어 버린 것입니다. 이러한 그들의 신앙과 삶을 변화시키기 위해서는 성령의 역사가 필수적이었습니다.[101]

---

[101] 교회의 참된 부흥은 궁극적으로 세상의 구원과 사회 변혁에 커다란 영향을 가져온다. 이에 대한 올바른 연구가 없었기 때문에 부흥이라는 주제 자체가 종교 개혁을 움직인 원동력과 청교도 신학(Puritanism)의 전통을 떠나서 논의되는 결과를 가져왔다. 웨슬리 시대의 부흥을 중심에 두고 신앙 부흥 이전과 이후의 사회적 변화를 본격적으로 다룬 존 웨슬리 브레디(John Wesley Bready)의 아래 책은 이런 점에서 대단히 유용한 통찰을 준다. 그에 의하여 보도된 18세기 영국의 신앙 부흥 이

심령과 능력

이 문제와 관련해서 또 한 가지를 기억해야 합니다. 세례 요한이 이처럼 비범한 능력을 가지고 나타날 수 있었던 것은 그의 심령이 구별되었기 때문입니다. 그의 출현에 대한 천사의 예고를 보십시오.

"······엘리야의 심령과 능력으로 주 앞에 먼저 와서······"(눅 1:17).

사가랴에게 보냄받은 천사는 '심령'과 '능력'이라는 말을 나란히 놓았습니다. 세례 요한이 선지자로서 남다른 능력을 가지고 이스라엘의 역사와 마주할 것을 예고했습니다. 그 일이 있기 전에 먼저 그의 심령이 구별될 것임을 말했습니다.

하늘의 능력은 성별(聖別)된 심령에 깃드는 것입니다. 하나님께서 그를 매우 특별한 능력의 사람으로 이스라엘에 보내셨습니다. 그러나 그에 앞서 긴 광야의 훈련을 감당케 하셨습니다. 그의 심령은 구별되었습니다. 심령으로 순결을 배웠습니다. 그는 시대의 사조와 인간의 풍조로 물들지

전의 사회 상황은 매우 부패하고 타락한 상황이었다. 유흥을 위한 동물 학대, 서민들의 알코올 중독, 아프리카 흑인들에 대한 노예사냥 및 매매, 노예로 팔기 위한 인신 납치, 빈민가 어린이들의 높은 사망률, 사회적으로 보편화된 노름벽, 잔혹한 감옥의 규칙과 피비린내 나는 형법, 풍기 문란, 극장의 퇴폐적인 운영, 무정부 상태, 외설적인 사회 분위기, 정치의 부패와 공직자의 뇌물 수수, 성직자의 태만 및 오만피 횡포, 이신론의 유행, 위선과 타락 등이 당시 영국 사회에 대한 설명이었다. 사람들이 보는 앞에서 목매달아 죽이는 것(hanging show)에 해당되는 죄목이 160가지나 되었는데, 그중에는 담벼락에 낙서하는 죄까지 포함되었다. 그러나 사회는 전혀 개선되지 않고 있었다. 결국 사람이 근본적으로 변화되지 아니하면 엄격한 법만으로 세상을 교화하는 것이 얼마나 어려운지를 보여주는 역사적인 실례이다. J. Wesley Bready, "Before the Spiritual Awakening," in *England: Before and After Wesley* (New York: Harper & Brothers, 1938), 126-127.

않았습니다. 오히려 거룩하시고 엄위로우신 하나님의 임재 앞에서 자랐습니다. 그의 심령이 정결케 되는 과정을 거쳤습니다.

어린 요한은 영적으로 점점 강하여져 갔습니다. 그리고 어느 한순간에 하나님께서는 하늘을 여셨습니다. 말씀을 주셨습니다. 기이한 능력을 그의 심령 속에 부으셨습니다. 그러자 그는 전하는 진리의 내용뿐 아니라, 전하는 능력에 있어서도 다른 종교 지도자들과 구별되었습니다.

이 같은 사실은 요한에 대한 헤롯왕의 회고를 통해서도 나타납니다. 예수님의 능력 행하심을 본 헤롯과 많은 사람들은 놀랐습니다. 죽은 세례 요한을 생각하였습니다. 그만큼 세례 요한은 사역하는 동안 성령의 능력이 함께한 사람이었습니다.

"이에 예수의 이름이 드러난지라 헤롯왕이 듣고 이르되 이는 세례 요한이 죽은 자 가운데서 살아났도다 그러므로 이런 능력이 그 속에서 일어나느니라 하고"(막 6:14).

능력으로 오는 나라

하나님 나라는 능력으로 이루어지는 나라입니다. 예수 그리스도께서는 승천하시는 마지막 순간에 말씀하셨습니다. 하나님 나라가 세상 나라와 같지 않은 방법으로 이루어질 것이라고 말입니다.

"오직 성령이 너희에게 임하시면 너희가 권능을 받고 예루살렘과 온 유대와 사마리아와 땅 끝까지 이르러 내 증인이 되리라 하시니라"(행 1:8).

아무리 하나님을 위해 큰일들을 계획한다고 할지라도 성령의 권능 없이는 결코 영적인 일을 이룰 수 없습니다. 우리의 말씀 사역은 영적 전쟁입니다. 무엇 때문일까요? 그것은 우리의 사역이 영적인 사역이기 때문입니다. 본질적으로 우리가 오직 성령의 능력을 의지하여야 하기 때문입니다. 그래서 윌리엄 바클레이(William Barclay, 1907-1978)는 이에 관하여 이렇게 말했습니다.

"설교자는 학자일 수도 있고, 목사일 수도 있고, 교회 행정가일 수도 있고, 교회 정치가일 수도 있으며, 재치가 번뜩이는 연설가일 수도 있고, 사회 개혁자일 수도 있다. 그러나 그가 성령의 사람이 아니라면 그는 아무것도 아니다."[102]

순진하면 마귀의 밥

오늘날 목회에 대한 우리의 생각은 너무나 순진하고 소박합니다. 그중의 하나가 바로 이것입니다. 목회 사역을 그저 일이라고 보는 것입니다. 따라서 영적인 싸움에 관한 긴박한 위기의식이 보이지 않습니다. 위기의식이 사라지는 곳에는 언제나 나태와 안일이 깃듭니다. 그리고 도덕적인 타락은 그것을 둥지 삼아 깨어나는 새끼 새와 같습니다.

이제는 영적인 전쟁에 대한 원색적인 설교들이 사라지고 있습니다. 현대인의 지성을 거스르지 아니하는 도덕적인 설교들이 강단을 채우고 있

---

[102] William Barclay, *The Promise of the Spirit* (Louisville: Westminster John Knox Press, 2001), 105.

습니다. 그러나 이러한 설교의 풍토는 시대의 탓만이 아닙니다. 목회자 자신이 하나님을 깊이 만나지 못했기 때문입니다. 말씀 사역에 있어서 영적인 도전 의식을 잃어 가고 있기 때문입니다.

하나님께서 교회를 새롭게 하시고 한 도시를 영적으로 변화시키실 때 어떤 일이 먼저 있었습니까? 반드시 복음 사역이 치열한 영적 전쟁임을 인식하던 사람들이 있었습니다.

그들은 그러한 영적인 싸움을 승리로 이끌기 위해 긴박감을 가지고 기도했습니다. 자신의 말씀 사역에 하늘의 영력을 부어 주시도록 부르짖었습니다. 그런 사람들이 강단을 지키고 있을 때 마귀는 결박되었습니다. 세상이 감당할 수 없는 성도들이 세워졌습니다. 그래서 성경은 말합니다.

"우리의 씨름은 혈과 육을 상대하는 것이 아니요 통치자들과 권세들과 이 어둠의 세상 주관자들과 하늘에 있는 악의 영들을 상대함이라"(엡 6:12).

하나님의 복

하나님께서 복을 주시지 않으면 말씀 사역은 성공할 수 없습니다. 그 복은 다른 것이 아닙니다. 하나님께서 우리의 사역을 기뻐하시고 하늘을 여시는 것입니다. 특별히 성령을 부어 주시는 것입니다. 그래서 거룩한 성령의 능력을 절실하게 필요로 해야 합니다.

전투적인 목회 사역을 감당하기를 원하던 사람들은 언제나 기억하였습니다. 영적인 승리 없이는 목회 사역에 성공이 없다는 사실을 말입니다.

더 많은 열매로 하나님을 기쁘시게 하고자 애쓰던 사람들은 언제나 이 사실을 잊지 않았습니다. 그들은 마음을 오롯이 하여 하나님께 매달렸습니다. 왜냐하면 성령을 부어 주시는 것은 오직 하나님의 주권에 속한 일이었기 때문입니다.

성령의 능력이 그들과 동행할 때 어떤 일이 일어났습니까? 평범한 사람들이 수십 년에 걸쳐서 해야 할 일들을 짧은 기간 동안 성취할 수 있었습니다. 세례 요한이 하나님의 말씀을 증거할 때 나타났던 회중의 반응을 보십시오. 애통하며 회개했습니다. 무엇 때문입니까? 그와 함께하시는 성령의 능력 때문이었습니다.

죄를 물 마시듯 범하며 살아오던 영혼들에게 하나님의 거룩하심을 알게 하였습니다. 하나님을 떠나서 살아가고 있는 현실을 직시하게 해주었습니다. 이러한 영적 각성을 통해 구원의 은혜를 갈망하게 만들어 주었습니다.

훈련과 능력의 차이

저는 한때 제자 훈련에 미친 적이 있었습니다. 네댓 해 동안 오직 그 프로그램 하나에 매달렸습니다. 많은 기쁨이 있었고 열매도 있었습니다. 헌신된 청년들이 저의 사역을 돕겠다고 나서게 되었고, 따뜻한 작은 공동체가 하나 만들어졌습니다. 물론 저는 뿌듯한 보람을 느끼며 사역했습니다. 그 같은 열매에 대하여 스스로 대단히 만족하였습니다. 지체들이 조금씩 변화되어 가는 것을 보며 만족하였습니다.

저는 햇수로 8년이 넘게 섬겨 온 그 정든 교회를 떠나 다른 교회로 사역지를 옮겼습니다. 지체들과의 가슴 아픈 이별에 여러 달을 울었습니다.

세월은 흘러갔습니다. 어느 해 저는 하나님의 영광을 깊이 체험하였습니다. 그리고 설교자로 부름받았습니다. 설교의 중요성에 눈을 뜨게 되었습니다. 기도가 깊어졌습니다. 말씀을 보는 눈이 열렸습니다. 신학의 여러 분과들이 어떻게 하나로 연결되어 성경의 진리를 드러내는지에 대해 지성의 눈이 열리는 경험을 하였습니다.

2년 동안 토요일마다 교회 강단에서 밤을 보내며 기도했습니다. 저의 설교에 성령의 능력으로 축복해 주시도록 하나님 앞에 매달리며 기도했습니다. 그러던 중 저는 한 편의 설교를 통해 얼마나 많은 영혼들이 변화될 수 있는지를 경험했습니다.

어느 주일 아침이었습니다. 설교하기 위하여 강단에 올라 회중을 바라보는 순간이었습니다. 머리끝부터 발끝까지 저의 몸과 마음 전부가 기이한 힘에 사로잡혀 있는 것을 경험하였습니다. 말씀을 증거하면서 죄에 대한 분노와 양 떼를 향한 불붙는 긍휼이 타오르는 것을 느꼈습니다.

회중들이 교회에서 늘 들어 왔을 본문이었습니다. 한 시간 남짓 설교하였습니다. 제일 먼저 한 지체가 비명을 지르며 의자에서 떨어져 땅에 주저앉았습니다. 두려움에 떨리는 소리로 알아들을 수 없는 기도를 올렸습니다. 이어서 수많은 영혼이 일시에 애통하였습니다. 자신들의 죄를 회개하였습니다. 어떤 사람들은 마음을 굳게 세우고 하나님께 반항했습니다. 그러나 대부분의 사람들은 통절히 회개하였습니다. 그들은 오랜 세월 볼 수 없었던 자신의 참모습을 그 순간 보았습니다. 하나님의 거룩하심에 대하여 새로운 인식을 갖게 되었습니다. 그것은 부흥이었습니다.

그 거룩하심의 빛 아래서 하나님을 의지할 수밖에 없음을 일시에 깨닫게 된 것입니다. 그것은 전적으로 성령께서 그 설교 위에 함께하셨기 때문입니다. 어떤 지체들은 후일 말하기를 함께 드리던 예배 시간에 '커다란 두려움'을 느꼈다고 하였습니다. 그리고 무서워서 예배 시간에 도망쳐 버린 적도 있었다고 고백하였습니다.

지금도 대치할 수 없는 소망은 이것입니다. 이런 축복을 더해 주시는 것입니다. 우리는 지금의 설교 사역이 매우 부끄럽게 느껴질 정도로 앞으로 더 크고 위대한 성령의 능력이 함께하기를 기도해야 합니다. 사도 바울도 말합니다.

"내 말과 내 전도함이 설득력 있는 지혜의 말로 하지 아니하고 다만 성령의 나타나심과 능력으로 하여 너희 믿음이 사람의 지혜에 있지 아니하고 다만 하나님의 능력에 있게 하려 하였노라"(고전 2:4-5).

얄팍한 말장난

훈련이 성공하면 '균형 잡힌 교인'들이 만들어지지만, 성령의 능력으로 부흥을 경험하면 '그리스도께 사로잡힌 용사'들이 태어납니다. 그래서 우리의 말씀 사역에는 더욱 강력한 성령의 역사가 나타나야 합니다.

'균형 잡힌 그리스도인'이라는 말도 알고 보면 얄팍한 지성주의의 말장난에 불과합니다. 하나님의 위대한 능력을 경험해 보십시오. 영혼을 압도하는 하나님의 성품에 관한 지식에 사로잡혀 보십시오. 마음속에 그리스도를 향한 경외심이 솟아올라 보십시오. 그래서 유일한 소망이 오직 그리스도의 십자가인 것을 알게 되어 보십시오. 구원을 주시는 그분 앞에서 잡는다는 균형이 도대체 무엇입니까? 오히려 그는 치우칠 것입니다. 좌

우가 아니라 중심에 치우칠 것입니다. 그렇게 중심에 치우친 것만큼 삶의 모든 방면에서 하나님의 영광을 위해 살고자 할 것입니다.

성령의 능력은 우리를 하나님의 영광에 사로잡히게 만들어 줍니다. 그 권세는 우리를 반드시 복음을 향해 치우치도록 만들어 줄 것입니다. 그리고 우리가 그렇게 치우치지 않으면 세상은 결코 변하지 않을 것입니다.

말씀 사역은 영적 권세로 이루어져야 합니다. 우리의 말씀 사역에 나타날 성령의 능력이 우리가 누구인지를 인쳐 줍니다. 성령의 능력에 사로잡혔을 때, 설교가 허공을 맴돌다 사라지는 경우는 없습니다.

진리는 모든 사람들의 것이 아닙니다. 그러나 진리가 어둠 속에서 손을 내밀면 그 손을 붙잡는 사람이 반드시 있기 마련입니다. 어떤 회중들의 마음에는 거룩한 슬픔이 불러일으켜질 것입니다. 또 어떤 회중들의 마음은 완악하게 될 것입니다. 내리는 봄비가 살아 있는 나무에게는 생명을 주지만 죽은 나무는 더욱 썩어가게 하기 때문입니다.

그러나 성령의 능력은 누군가를 회개하게 하고 하나님 앞에서 통회하게 만듭니다. 어떤 사람들은 위로를 받게 하고, 어떤 사람들은 절망하게 합니다. 또 어떤 사람들은 슬픔을, 어떤 사람들은 기쁨을 이기지 못하게 만듭니다. 이것이 바로 성령께서 하시는 일입니다.

칼뱅을 굴복시킨 능력

장 칼뱅(Jean Calvin, 1509-1564)이 개혁 사상을 전파한 죄로 수배를 받아 프랑스를 떠나 도망치던 때의 일입니다. 칼뱅은 스트라스부르로 가고자 하였으나 그 길목이 차단된 관계로 제네바를 경유하는 길을 선택해야만

하였습니다. 그리고 제네바에서는 오직 하룻밤만 묵을 예정이었습니다. 당시 제네바에서의 종교 개혁을 주도하던 기욤 파렐(Guillaume Farel, 1489-1565)과의 첫 만남이 바로 그때 이루어졌습니다. 칼뱅은 그와의 대화 속에서 성령의 능력을 경험하였습니다. 그로 인해 제네바의 종교 개혁에 숙명적으로 참여하게 되었다는 것은 널리 알려진 이야기입니다.[103]

칼뱅은 제네바의 종교 개혁에 동참해 달라는 파렐의 요구를 거절하였습니다. 건강 때문에 휴식이 필요하다는 구실을 비롯하여 여러 가지 이유를 나열했습니다. 파렐은 칼뱅에게 말했습니다.

"마지막으로 묻겠소. 당신은 하나님의 부르심을 따르기를 원합니까? 아닙니까? ……당신은 당신 자신의 휴식과 개인적인 이익에만 관심을 가지고 있습니다. ……하나님의 명령을 거역하는 당신에게, 전능하신 그 하나님의 이름으로 선포합니다. 당신의 사역 위에 하나님의 복이 머물지 말지어다. ……하나님께서 당신의 휴식에 저주를 내리시기를, 당신의 사역에 저주를 내리시기를!"[104]

파렐의 이 추상(秋霜) 같은 발언 앞에서 칼뱅은 온몸이 떨리는 것을 경험했습니다. 의심할 수 없는 어떤 명료함이 그의 어두운 마음에 빛으로 다가왔습니다. 바로 그 자리에서 하나님께서 말씀하고 계시다는 사실이었

---

[103] John Calvin, "The Author's Preface," *Commentary on the Book of Psalms*, in *Calvin's Commentaries*, vol. 4, ed. James Anderson (Grand Rapids: Baker Book House, 1998), xlii-xliv.

[104] Emanuel Stickelberger, *Calvin*, trans. David Georg Gelzer (Cambridge: The Lutterworth Press, 2002), 48.

습니다. 그는 파렐의 선언 앞에서 하나님의 임재를 느꼈습니다. 하나님의 손이 그의 말을 통해 하늘로부터 내려와서 칼뱅 자신의 머리 위에 머무는 것을 의심할 수 없었습니다.[105)]

파렐을 통하여 뿜어지는 말에서 거룩한 권세를 느꼈습니다. 칼뱅은 어린아이처럼 울었습니다. 그리고 이렇게 말했습니다. "하나님께 순종하겠습니다."

그 젊은 신학자의 회개는 지성에 있어서 자신보다 결코 뛰어나지 않았던 파렐의 협박으로 이뤄진 것이 아니었습니다. 파렐과 함께하시던 성령의 능력으로 말미암은 것이었습니다.

철원의 홍수를 보며

저는 아주 오래전 엄청난 수해가 휩쓸고 지나간 철원 지역을 다녀온 적이 있습니다. 얼마나 엄청난 물이 산맥을 타고 흘러내렸는지 산은 골짜기마다 패여 있었습니다. 승용차만 한 바윗덩어리들이 수류에 떠밀려 와서 계곡 아래 가득히 쌓여 있었습니다. 대형 트럭들이 지나다니던 다리는 폭격 맞은 것처럼 절단되었고 불로도 녹일 수 없을 것같이 단단하고 우람한 철제 교각들은 엿가락처럼 휘어져 있었습니다.

당시 엄청난 물난리가 일어난 날 밤에 그 광경을 지켜보았던 한 주민이 말했습니다. "우리 마을에 물난리가 나던 날, 개울에서는 밤새도록 천둥치는 소리가 그치지 않았습니다. 알고 보니 물에 떠밀려 내려온 집채만

---

105) Emanuel Stickelberger, *Calvin*, trans. David Georg Gelzer (Cambridge: The Lutterworth Press, 2002), 48–49.

한 바위들이 쉬지 않고 굴러가며 물속에서 다른 돌들과 부딪히며 내는 소리였습니다."

신학생에게 필요한 준비가 바로 이것입니다. 물이 바다를 덮는 것과 같은 거룩한 하늘의 권세가 교회와 세상을 뒤덮어 흐르는 것입니다.

주 앞에 큰 사람

세례 요한, 그는 초라한 들사람에 불과했습니다. 그러나 그가 말씀 사역을 시작했을 때 하나님께서는 그를 기뻐하셨습니다. 하늘의 능력을 그의 선포 위에 부어 주셨습니다. 그는 단지 말쟁이가 아니었습니다. 사회 개혁의 투사도 아니었습니다. 그는 능력의 사람이었습니다. 그는 사람을 회개시켜서 그 마음에 예수님 오실 길을 예비하였습니다.

세례 요한이 가는 곳에는 언제나 성령의 역사가 일어났습니다. 그의 사역을 하나님께서 기뻐하신다는 사실을 인치셨습니다. 그의 사역의 특이함은 단지 지적인 능력을 통해 드러난 것이 아니었습니다. 만약 그가 성령의 사람이 아니었다면 그의 뛰어난 인격과 고상한 성품, 철저한 지적인 준비, 열렬한 정서도 역사 속에서 잊혀지고 말았을 것입니다.

성령의 사람으로 준비된다는 것은 잔재주로 목회하려는 사람들에게는 너무나 낯선 것입니다. 심령의 준비 없이는 영적인 준비가 불가능합니다. 세례 요한이 거룩한 하늘의 능력으로 권능을 부여받게 되었을 때기 선지자로서의 준비가 끝나던 때였습니다. 길고 철저한 광야의 수련이 끝났습니다. "이는 그가 주 앞에 큰 자가 되며……"(눅 1:15)라는 능력 주심의 예언이 성취되었습니다.

능력을 사모했던 사람들

부패하고 안일한 사람들이 능력 있는 삶을 살아갈 리가 없습니다. 성령의 은혜로 목회 사역의 동기가 정화되지 않은 사람들이 능력을 사모할 수 있겠습니까? 그런 척한다면 그것은 탐심에 지나지 않습니다. 그들이 꿈꾸는 것은 하나님 나라가 아니라 자신의 성공이기 때문입니다.

목회자의 대치할 수 없는 직무는 말씀을 전하여 죄인들을 회심에 이르게 하는 것입니다. 이 사실을 깨달은 사람들은 성령의 능력을 절박하게 필요로 하였습니다. 그들은 말씀 사역에 하늘의 능력이 깃들 수만 있다면 무엇이든지 버릴 각오가 된 사람들이었습니다.

그들은 흑암의 세력들에게 두려움의 대상이었습니다. 그들의 단순한 증언 속에서 많은 사람들이 능력을 경험하였습니다. 그들은 미련한 방법으로 위대한 열매들을 수확하였습니다. 그리고 그 일을 행하신 분이 하나님 자신이라는 사실을 인정하였습니다.

19세기의 부흥의 역사를 회고한 호레이셔스 보나(Horatius Bonar, 1808-1889)의 발언을 가슴에 새기십시오. 그는 19세기 부흥의 역사를 다음과 같이 회고하였습니다.

"하나님께서 쓰시는 도구들이 그러했다. 주 성령의 능력으로 그들을 통해 성취하신 놀라운 일들이 그러했다. 다양한 영적 각성에는 의심할 여지없이 성령께서 강력한 표적과 기사들을 행하실 때에 당신이 쓰시고자 하는 인물들이 얼마나 연약하고 불완전한 존재인지를 보여주는 일이 있었다. ……그러나 부흥을 반대하는 모든 것들에도 불구하고 하나님의 손은 분명히 거기 계셔서 마귀의 강력한 요새들 가운데서 사탄의 성벽과 성채들을 그 밑바닥까지 뒤흔들어 놓는 놀라운 역사를 일으키셨고, 심화시키셨으며, 확장시키시고 진전시키셨다."[106]

광야에서 세례 요한의 지성은 자라 갔습니다. 인격은 고매해져 갔습니다. 육체도 성숙되어 갔습니다. 그러나 그것으로 그가 말씀 사역을 감당하기에는 충분하지 않았습니다. 그는 철저하게 자신의 심령을 정결케 하였습니다. 하나님의 능력을 받았습니다. 하나님을 거스르는 백성들의 마음에 예수 그리스도께서 오실 길을 예비하였습니다. 이 일을 위해 말씀을 증거하였습니다. 이 일에 자신을 바치기 위해 영력을 길러 갔습니다.

긴 세월이 흘렀습니다. 때가 오자 하늘이 열렸습니다. 그 시대를 향하여 말씀을 주셨습니다. 하나님을 추구하는 그의 마음에 성령의 능력이 주어진 것입니다.

피 끓는 외침

하나님의 은혜가 나타나는 것은 사람의 일이 아닙니다. 죄인들을 그리스도 안에 있는 새로운 피조물로 다시 태어나게 하는 것은 하나님의 영으로써만 가능한 일입니다.

인간은 단지 인간일 따름입니다. 하나님의 성령 없이는 단 한 사람이라도 회심하게 할 수 없습니다. 인간의 능력으로 어떻게 흑암의 권세에

---

106) Horatitus Bonar, ed., "Editor's Preface," in *Historical Collections of Accounts of Revival* (Edinburgh: The Banner of Truth Trust, 1981), xiii-xiv.

사로잡힌 영혼들을 마귀의 손에서 탈취할 수 있겠습니까? 마른 뼈와 같은 신자들로 가득한 교회를 살아나게 할 수 있겠습니까?

목회에 있어서 하나님의 영이 함께하시지 않으면 어떻게 될까요? 방법이 성공하면 기껏해야 형식적인 신자가 증가할 것입니다. 그들은 마른 뼈들일 것입니다.

참된 그리스도인들은 오직 성령의 역사를 통하여 태어납니다. 그러므로 성령의 능력을 믿지 못하거나 그것을 갈망하지 않는 사람들이 되어서는 안 됩니다.

반(反)소키누스주의가 기승을 부리던 시대에 로버트 홀(Robert Hall, 1764-1831)이 외친 피 끓는 울부짖음을 들어 보십시오.

"한편으로 다음과 같은 사실에 주목할 필요가 있는데, 서로 다른 지역에 살았으나 가장 탁월하고도 성공적으로 복음을 전하였던 설교자인 브레이너드, 백스터, 슈바르츠와 같은 사람들은 무엇보다도 영적인 도우심을 순전하게 의지한 것으로 유명하다. 반면 이 가르침을 무시하거나 거부하였던 사람들의 목회에는 그 어떤 성과도 따르지 않았다. ……주의 팔을 믿지 않는 기독교의 거짓 교사들에게 언제 그 팔이 나타난 적이 있었는가? 그런 사람들은 하나님께서 구름으로 하여금 비를 뿌리지 못하게 명하신 밭에서 일하도록 내버려 두라. ……하나님의 도우심이 전혀 필요 없는 것이 바로 이단의 전파이다."[107]

---

107) Charles H. Spurgeon, *The Holy Spirit in Connection with Our Ministry*, in *Lectures to My Students*, vol. 2 (Pasadena: Pilgrim Publications, 1990), 12-13.

가장 끔찍한 욕

한때 미국인들 가운데 유행했던 욕이 있었답니다. 고생이나 실컷 하고 체면 구기는 인생을 살도록 저주하는 말이었답니다. "야, 이 나쁜 놈아! 성령 받지 말고 목회나 실컷 하거라."

성령의 능력 아래서 목회하여야 합니다. 만약 그렇지 않다면 그것은 단지 밥벌이에 지나지 않습니다.

지금 우리에게 그러한 능력이 함께하고 있습니까? 그것을 지키십시오. 영혼의 시선을 하나님께만 고정하고 기도의 불을 끄지 마십시오.

만약 심각한 부족을 느낍니까? 그렇다면 간절한 마음으로 울부짖어야 할 것입니다. 마치 그것밖에는 더 이상 원하는 것이 없는 사람이 되어 하나님께 매달려야 할 것입니다.

그런 당신을 불쌍히 여기실 때까지 하나님 앞에서 떠나지 마십시오. 그러면 마침내 성령의 능력을 부어 주실 것입니다.

목사는 안 변한다

신학교 시절에 복음 사역이 요구하는 영적 자질을 갖추도록 애써야 합니다. 목회를 하면서 변화된다는 것은 그리 쉬운 일이 아닙니다. 제 주위에서 목사가 되고 난 후에 하나님을 만나고 놀라운 영적 변화를 경험하게 된 사람들은 아주 소수입니다. 목회의 방향을 바꾸거나 새로운 사역을 하는 사람들은 보았습니다. 그러나 세례 요한처럼 목자 자신이 영적 변화를 받아서 목회를 하는 사람들은 매우 드뭅니다.

신학교에 가기 전 말씀의 은혜를 받던 때가 가장 잘 변합니다. 다음은 신학교 입학한 직후입니다. 그 다음은 목회하기 전입니다. 가장 안 변하는 때가 목사가 된 다음입니다.

교회가 부르는 사람들

방법으로 소문난 목회자들은 구경꾼들을 모읍니다. 그러나 말씀의 권능으로 소문난 목회자는 변화된 회중을 만듭니다. 교회를 사람으로 가득 차게 하는 것은 사람도 할 수 있습니다. 그러나 모인 사람을 하나님으로 충만하게 하는 일은 성령만이 하실 수 있습니다.

우리는 신학교 다니는 기간을 광야에 있는 때로 삼아야 합니다. 역사를 움직였던 하나님의 사람들이 세상으로 보냄을 받았을 때 나타났던 그런 모습으로 목회 사역에 들어서야 합니다.

예수 그리스도께서 첫 설교지로 돌아가셨을 때 어떤 모습이셨습니까? 그분은 하나님의 아들이셨지만 약 30년 동안 자신을 준비하셨습니다. 40일 동안 금식하며 마귀와 싸우셨습니다.

"마귀가 모든 시험을 다한 후에 얼마 동안 떠나니라 예수께서 성령의 능력으로 갈릴리에 돌아가시니 그 소문이 사방에 퍼졌고"(눅 4:13-14).

사도 바울의 전설적인 설교 사역에 숨겨진 비밀은 성령의 권능이었습니다.

"아나니아가 떠나 그 집에 들어가서 그에게 안수하여 이르되 형제 사울아 주 곧 네가 오는 길에서 나타나셨던 예수께서 나를 보내어 너로 다시 보게 하시고 성령으로 충만하게 하신다 하니"(행 9:17).

이스라엘 백성은 하늘같이 생각하던 불세출의 지도자 모세를 잃게 되었습니다. 그들은 가나안 정복을 위한 커다란 싸움을 앞두고 있었습니다. 그리고 그 카리스마적인 지도자의 뒤를 이을 후계자는 여호수아였습니다. 이스라엘 백성은 얼마간 불안한 느낌을 떨쳐 버릴 수 없었을 것입니다. 그러나 요단강이 마르는 이적을 통하여 하나님께서는 여호수아의 지도력에 인쳐 주셨습니다. 그러자 백성들의 태도는 바뀌었습니다.

"……싸우려고 여리고 평지에 이르니라 그날에 여호와께서 모든 이스라엘의 목전에서 여호수아를 크게 하시매 그가 생존한 날 동안에 백성이 그를 두려워하기를 모세를 두려워하던 것같이 하였더라"(수 4:13-14).

여호수아의 이런 영적인 자질이 어떻게 형성되었습니까? 다음의 성경 구절은 광야 교회 시절 그가 어떻게 하나님을 추구했는지를 보여줍니다.

"모세가 항상 장막을 취하여 진 밖에 쳐서 진과 멀리 떠나게 하고 회막이라 이름 하니 여호와를 앙모하는 자는 다 진 바깥 회막으로 나아가며 ……사람이 자기의 친구와 이야기함같이 여호와께서는 모세와 대면하여 말씀하시며 모세는 진으로 돌아오나 눈의 아들 젊은 수종자 여호수아는 회막을 떠나지 아니하니라"(출 33:7-11).

그의 영적인 자질은 모세가 지도권을 넘겨주는 순간에 이루어진 것이 아니었습니다. 이미 오래전 모세의 수종자로서 광야 길을 걸어올 때부터 서서히 준비되고 있었습니다. 그렇게 준비된 그의 영적 자질 위에 하나님께서 성령의 권세를 더하여 주셨습니다. 여러분도 신학교 시절에 영적으로 준비되어야 합니다.

마케팅과 영성 계발?

한때 유행하였던 마케팅 목회나 영성 계발 목회 같은 것들도 결국 목회적인 한계를 극복하고자 하는 의도에서 만들어진 프로그램들입니다. 그러나 이런 것들은 모두 사라질 '상품 같은 유행'이었습니다. 이는 입증된 사실입니다.

많은 사람들이 목회 사역의 지름길을 가고 싶어합니다. 그러나 모든 지름길은 실패한 길입니다. 신학생들과 목회자들은 광야에 자신을 세워야 합니다. 하나님의 영광을 경험해야 합니다. 그런 노력을 프로그램으로 대신해 보려고 한다면 목회는 피상성을 면할 수 없을 것입니다. 만약 목회자의 영적 준비가 그런 식으로 대치될 수 있다면 성경의 선지자들은 어리석게 사역을 준비한 사람들일 것입니다.

진리의 말씀으로 변화되기를 사모하십시오. 성령께서 성령의 사람으로 빚으십니다. 교회가 거룩한 진리로 가득 차기 전 먼저 설교자의 마음을 그렇게 만드십니다. 무엇보다도 자신의 초라한 영력에 크게 낙심하십시오. 절망하십시오. 그리고 믿음을 가지십시오. 성령의 충만한 기름 부으심을 간구하십시오.

맺는말

우리는 세례 요한의 때와 매우 유사한 시대에 부름받았습니다. 연일 뉴스에 오르내리는 부패한 지도자들의 이야기가 우리를 안타깝게 합니다. 신자들의 세속적인 삶과 하나님에 대한 무관심이 마음을 아프게 합니다. 목자 잃은 양같이 고생하며 유리하는 사람들을 향해 무력한 교회를 바라보며 한숨 짓습니다.

바리새인 같은 위선자들이 필요한 것이 아닙니다. 율법사 같은 직업적인 말쟁이들이 필요한 것이 아닙니다. 세례 요한과 같이 준비된 영적인 지도자가 필요한 때입니다. 조국교회에 필요한 것은 방법으로 성공을 이룩한 목회꾼들의 성공 사례가 아닙니다. 광야에서 준비된 큰 지도자들이 필요합니다.

당신은 목자가 되시렵니까? 목회꾼이 되시렵니까?

세례 요한이 하나님의 쓰심에 합당하게 준비되기까지 실로 오랜 세월 동안 기다리며 지냈다는 사실을 상기시킨다. 또한 사역의 현장에서 우리가 우리 자신을 알리고 드러내려는 것과 하나님께서 친히 사람을 높이시는 것 사이의 차이에 대하여 설명해 준다. 하나님께서 우리가 신학 수업을 받게 하시는 것은 우리로 하여금 먼저 교회를 변혁시키게 하기 위함이었음을 논증하면서, 하나님께서 쓰실 때까지 때를 기다리는 지혜를 배우도록 충고한다. 그리고 마지막으로 목회자로 부름받은 우리의 대치할 수 없는 소명은 하나님의 영광을 위한 것임을 다시 한 번 강조한다.

제7장

기다림의 미학

긴 기다림

마지막으로 생각해 볼 것이 있습니다. 기다림의 미학(美學)입니다. 기다림은 아름답습니다.

세례 요한이 말씀 사역을 시작했습니다. 이스라엘 백성에게 선포했습니다. 오랫동안 준비한 자기의 말이 아니었습니다. 하나님께서 주신 메시지였습니다. 그리고 그 메시지는 자기의 소명을 구체화하였습니다.

"……이스라엘에게 나타나는 날까지 빈 들에 있으니라"(눅 1:80).

이 구절은 우리가 배워야 할 기다림의 미학을 보여줍니다. 그는 긴 세월 동안 광야에서 외로운 훈련을 감당했습니다. 하나님께서 그를 인정해 주실 때까지 기다렸습니다. 진리의 말씀을 선포할 기회를 주실 때까지 기다렸습니다. 이제 이 문제를 하나씩 살펴보겠습니다.

이스라엘에 나타남

첫째로, 세례 요한이 이스라엘에게 나타났습니다. 하나님께서는 그를 이스라엘 백성에게로 보내셨습니다. 무엇 때문이었을까요? 이는 예수 그리스도께서 오시기 전 세례 요한으로 하여금 이스라엘에게 먼저 말씀하게 하시기 위함이었습니다. 이스라엘 백성이 먼저 들어야 했던 말씀은 무엇이었을까요?

"회개하라 천국이 가까이 왔느니라……"(마 3:2).

그는 처음부터 이스라엘 자손 중 많은 사람들을 하나님께로 돌아오게 하기 위하여 선택되었습니다(눅 1:16).

그러나 이스라엘 백성에게는 세례 요한의 이러한 소명 자체가 낯설었습니다. 충격적이었습니다. 그들은 자기들이 하나님을 떠나 있었다고 느낀 적이 없었기 때문입니다. 자기들의 나라가 곧 하나님의 나라라고 생각했기 때문입니다. 따라서 그가 나타나서 "회개하라. 천국이 가까이 왔느니라."라고 외쳤을 때에 그의 설교를 이해할 수 없었습니다.

그들은 회개할 필요를 느끼지 못했습니다. 은혜에 대한 잘못된 교리 때문입니다. "회개하라니? 선택받은 우리가 이렇게 하나님을 경배하고 제사하고 있다. 우리가 무엇을 잘못했다는 말인가? 두대체 무엇을 회개하라는 것인가?"

더 이해가 가지 않는 것은 회개하여야 하는 이유였습니다. 천국이 가까이 왔으니 회개해야 한다는 것이었습니다. 그들은 생각했습니다. '천국이 가까이 왔다고? 그렇다면 우리는 천국 밖에 있다는 말인가? 더욱이 천국이 가까워 오는 것이 무슨 재앙이란 말인가?'

이것은 중요한 교훈을 던져 줍니다. 이스라엘은 선택된 하나님의 백성이었지만 대부분의 사람들이 하나님을 떠나 있었다는 사실입니다. 그래서 그들 중 많은 사람들이 하나님께로 돌아와야 했습니다.

오늘날 우리도 마찬가지입니다. 우리는 먼저 교회로 보냄을 받습니다. 복음이 우리를 통해 온 세상에 알려지기 전에 먼저 교인들이 그리스도께로 돌아와야 합니다.

먼저 교회로 보내심

하나님께서는 소명받은 우리를 먼저 교회로 보내십니다. 거기서 우리의 말씀 사역을 통해 사람들을 당신과 만나게 하십니다. 그리고 성경을 통하여 깨닫는 참된 신앙과 유행하고 있는 그릇된 신앙 사이에서 격차를 발견하게 하십니다. 그 가운데 먼저 신자들이 참된 믿음의 길로 돌아와야 할 필요성을 느끼게 하십니다.

여러분이 이 책이 말하는 준비들을 하고 있다면, 사실상 불신자와 다름없이 살아가는 교회 안의 사람들을 바라보며 그런 마음을 갖게 될 것입니다. 그들의 불신앙에 분노하면서도 그들을 긍휼히 여기게 될 것입니다.

주의 도를 만방에

세상이 하나님께로 돌아오는 방법은 무엇입니까? 변화된 교회를 통해 세상은 변화됩니다. 세상이 바뀌기 전에 먼저 하나님의 교회가 바뀌는 일이 있었습니다. 그것이 바로 부흥의 원리입니다.

"하나님은 우리에게 은혜를 베푸사 복을 주시고 그의 얼굴 빛을 우리에게 비추사 (셀라) 주의 도를 땅 위에, 주의 구원을 모든 나라에게 알리소서"(시 67:1-2).

하나님의 자녀들이 먼저 여호와께로 돌아가야 합니다. 사실상 불신자들과 다름없는 교인들이 자기의 모습을 깨닫고 애통하여야 합니다. 그들의 회개 역사가 일어나야 합니다. 형식적인 예배 속에서 안일한 삶을 이어가던 그들이 변화되어 주님을 사랑하게 되어야 합니다.

교회와 세상

교회 역사는 언제나 이러한 사실을 증거해 줍니다. 변화된 세상 한가운데는 변화된 교회가 있었습니다. 변화된 교회 중심에는 하나님을 만난 설교자가 있었습니다.

어떻게 죽은 자와 방불한 교회가 하나님의 은혜로 살리심을 얻었습니까? 어떻게 거룩한 정서 속에서 하나님을 찬송하게 되었습니까? 준비된 말씀의 사람을 통해서였습니다. 그러면 교회는 하나님을 대직하며 사는 이 세상을 불쌍히 여기고, 그들을 구원하는 일에 헌신하게 됩니다.

하나님께서는 깨어난 교회를 통하여 잠들어 있는 세상을 깨우십니다. 교회를 버리시지 않으십니다. 교회가 당신의 아들의 신부이기 때문입니다.

다. 그렇기에 교회가 아무리 절망적이라 할지라도 여전히 역사의 소망은 교회에 있습니다.

하나님께서 잠들어 있는 교회를 깨우실 때에는 항상 먼저 깨우신 사람이 있었습니다. 더욱 철저하고 엄격한 기준으로 그를 훈련시키시고 연단시키셨습니다. 그리고 하나님께서는 큰불을 일으키기 위한 불씨로 삼으셨습니다. 이것이 바로 그리스도께서 오시는 앞길을 예비하시는 하나님의 방법이었습니다.

사랑의 정서가 마르지 않도록

세례 요한의 설교는 광야에서 살아온 그의 신앙이 자연스럽게 표현된 것이었습니다. 그러나 이스라엘 백성들에게는 충격적이었습니다. 그가 특별했기 때문이 아니라 그 사람들이 참된 신앙을 버렸기 때문입니다. 의로움과 경건 대신 악함과 오류가 그들을 지배하였습니다. 성결과 의 대신 편견과 무지가 그들의 신학이 되었습니다.

우리가 마주하여야 할 교회도 그러하다는 것을 기억하십시오. 결코 만만한 싸움이 아닙니다. 무지를 밝히는 찬란한 지성과 사람들의 마음을 굴복시키는 고매한 인격이 필요합니다. 죄인을 섬기면서도 자신을 지키는 거룩한 순결이 필요합니다. 그러나 무엇보다도 성령의 능력이 필요합니다.

어떤 의미에서, 우리는 교회를 하나님께로 돌아오게 하기 위하여 준비되고 있는 사람들입니다. 그러므로 신학 수업을 하는 동안 언제나 교회에 대한 사랑의 정서가 마르지 않도록 해야 합니다.

'한 사람'을 알리심

둘째로, 세례 요한을 이스라엘 역사의 무대에 등장시키신 분은 하나님 자신이셨습니다. '이스라엘에게 나타나는 날까지' 세례 요한은 빈 들에 있었습니다. 그러나 때가 되자 하나님께서 그를 역사의 무대에 세우셨습니다.

세례 요한은 자기 이름을 알리는 일에 관심이 없었습니다. 그의 최대 관심사는 그리스도께서 오시는 앞길을 예비하는 것이었습니다. 그것은 바로 하나님께서 주신 소명이었습니다. 그 일만 성취되면 그는 모든 것을 성취하는 것이었습니다.

그는 말씀 사역을 시작하기에 앞서 사람들의 추천서를 받으러 다니지 않았습니다. 자기가 이렇게 여러 가지 면에서 준비되고 있다는 사실을 선전하지도 않았습니다. 심지어 자기가 구약성경이 예언하고 있는 바로 그 마지막 선지자라는 사실도 광고하지 않았습니다.

그를 역사 속에 드러내신 분은 하나님이셨습니다. 하나님께서 그를 역사 속에 드러내셨을 때, 그는 사람들을 모을 필요가 없었습니다. 하나님께서 그를 직접 이스라엘 백성에게 소개시켜 주셨습니다. 그리고 그의 선포에 귀를 기울이도록 만들어 주셨습니다.

그렇습니다. 우리를 역사의 무대에 드러나게 하시는 분은 하나님이십니다. 그리고 하나님께서는 당신의 손에서 준비가 끝난 사람을 세상에 나타나게 하십니다. 그 사람의 의사와는 상관없이 무명하나 유명한 자로 만드십니다. 연약하나 강한 자로 만드십니다. 그를 붙드신 하나님의 능력 때문에 그렇게 됩니다.

때를 기다리라

사람들이 여러분을 알아주지 않습니까? 거기에 너무 마음 쓰지 마십시오. 많은 사람들이 자신을 기억하는 것으로 우쭐해 하지도 마십시오.

사람들의 알려짐과 숨겨짐, 높아짐과 낮아짐 모두 하나님의 손안에 있습니다. 하나님의 뜻을 이루는 데 필요할 경우에만 그것들이 의미가 있는 것입니다.

"……하나님은 교만한 자를 대적하시되 겸손한 자들에게는 은혜를 주시느니라 그러므로 하나님의 능하신 손 아래에서 겸손하라 때가 되면 너희를 높이시리라"(벧전 5:5-6).

하나님으로부터 보냄을 받은 사람들은 자신의 이름이 알려지고 싶어하지 않습니다. 오히려 자기를 통하여 하나님의 이름이 알려지기를 사모합니다. 그리고 이것은 진실한 소명의 증거이기도 합니다.

어차피 우리는 빛이 아닙니다. 그 빛을 증거하도록 부름받았습니다. 우리가 천사의 말을 하고 기적을 일으킨다 해도 우리는 결코 빛이 아닙니다.

"그는 이 빛이 아니요 이 빛에 대하여 증언하러 온 자라"(요 1:8).

세례 요한, 그는 빛이 아니었을 뿐만 아니라 스스로 빛으로 인정받기를 거절하였습니다. 그는 자기의 이름이 기억되기를 원하지 않았습니다. 사람들이 예수 그리스도를 바라보게 되기를 원하였습니다. 우리의 소명도 빛이신 그리스도를 증거하는 것입니다. 우리의 증거 때문에 많은 사람들이 그분을 믿게 하는 것입니다.

맺는말

우리는 하나님의 사랑 때문에 힘에 넘치도록 수고하고 헌신하며 하나님을 섬깁니다. 그러나 여전히 우리의 섬김에 대한 보상은 세상에 있지 않다는 사실을 알아야 합니다.

모든 수고가 끝나는 날 그리스도 예수 앞에서 받을 영광스러운 상급을 바라보아야 합니다. 고난도 참고 시련도 이기고 핍박도 견뎌야 합니다. 우리는 이 길을 걷도록 부름을 받은 사람들이기 때문입니다. 그 길은 결코 쉬운 길이 아닙니다. 때로는 광야의 추위에 떨어야 합니다. 때로는 어두운 벌판에서 울부짖는 맹수의 포효 앞에 홀로 마주하기도 해야 합니다. 아무도 공감해 주지 않는 거룩한 고독을 경험할 때도 있습니다.

그러나 우리에게는 우리를 목회로 부르신 하나님이 계십니다. 우리는 모든 준비를 마치고 하나님께서 우리로 세상에 파송하실 날을 기다립니다. 그때를 기다리며 신학 수업의 도상에 서 있습니다.

하나님께서 기뻐하시는 목양의 길을 걷기 위해서입니다.

참고 문헌

국내서

金光洙, 『韓國基督敎殉敎史』 (서울: 한국교문사, 1979).

김남준, 『거룩한 부흥』 (서울: 생명의말씀사, 2003).

_____. 『설교자는 불꽃처럼 타올라야 한다』 (서울: 생명의말씀사, 2009).

_____. 『신학공부, 나는 이렇게 해왔다』, vol. 1 (서울: 생명의말씀사, 2016).

_____. 『청중을 하나님 앞에 세우는 설교자』 (서울: 생명의말씀사, 2000).

김치성, "책과 사람: 열정으로 불타는 설교자", 『그 말씀』, 통권 37호 (1995년 8월).

롤런드 베인턴, 『마르틴 루터』, 이종태 역 (서울: 생명의말씀사, 2016).

박형용, 『성경 해석의 원리』 (서울: 도서출판 엠마오, 1994).

박희천, "설교자의 자질 문제와 성경 외의 자료에 대한 태도", 『목회자와 설교』, 총신대학 부설 한국교회문제연구소 편 (서울: 도서출판 풍만, 1987).

엠마누엘 스티켈베르거, 『하나님의 사람 칼빈』, 박종숙, 이은재 역 (서울: 도서출판나단, 1992).

이안 머레이, 『조나단 에드워즈: 삶과 신앙』, 윤상문 역 (서울: 이레서원, 2006).

이안 머리. "설교자와 책", 『진리의 깃발』, 1996년 4월호, 한제호 역 (서울: 한국개혁주의설교연구원, 1996).

임영섭. 『한국 기독교 순교자 100인 전기』 (서울: 도서출판양문, 1991).

정성구, 『나의 스승 박윤선 박사』 (용인: 킹덤북스, 2018).

조지 M. 마즈던. 『조나단 에드워즈 평전』, 한동수 역 (서울: 부흥과개혁사, 2006).

허순길. 『高麗神學大學院 50年史: 1946-1996』 (부산: 고려신학대학원출판부, 1996).

헬무트 틸리케. 『신학을 공부하는 이들에게』, 박규태 역 (서울: IVP, 2019).

_____. 『친애하는 신학생 여러분』, 배응준 역 (서울: 도서출판 나침반, 1995).

홍정길. "설교의 문제점과 강해 설교", 『목회자와 설교』, 총신대학 부설 한국교회문제연구소 편 (서울: 도서출판 풍만, 1987).

A. J. 크레일샤이머. 『기독교 위인들의 회심』, 채수일 역 (서울: 대한기독교출판사, 1988).

국외서

Alexander, David. & Alexander, Pat. eds. *The Lion Handbook to the Bible* (Sutherland: Albatross Books Pty Ltd., 1988).

Althaus, Paul. *The Theology of Martin Luther*, trans. Robert C. Schultz (Philadelphia: Fortress Press, 1996).

Anselmus. *Proslogion*, in *Patrologia Latina, Cursus Completus*, vol. 158, ed. J. P. Migne (Paris: Excudebatur et venit apud J. P. Migne, 1864), 227.

Bainton, Roland H. *Here I Stand: A Life of Martin Luther* (Nashville: Abingdon Press, 1978).

Barclay, William. *The Promise of the Spirit* (Louisville: Westminster John Knox Press, 2001).

Bauer, Walter. *A Greek-English Lexicon of the New Testament and Other Early Christian Literature*, ed. William F. Arndt, F. Wilbur Gingrich (Chicago: University of Chicago Press, 1986).

Beeke, Joel R. & Yuille, J. Stephen. "William Perkins, the 'Father of Puritanism'," in *The Works of William Perkins*, vol. 1 (Grand Rapids: Reformation Heritage Books, 2014).

Boer, Harry R. *A Short History of the Early Church* (Grand Rapids: Wm. B. Eerdmans Publishing Company, 1976).

Bonar, Horatius. ed. "Editor's Preface," in *Historical Collections of Accounts of Revival* (Edinburgh: The Banner of Truth Trust, 1981).

Bready, J. Wesley. *England: Before and After Wesley* (New York: Harper & Brothers, 1938).

Breward, Ian. ed. *The Work of William Perkins*, in *The Courtenay Library of Reformation Classic*, vol. 3 (Abingdon: The Sutton Courtenay Press, 1970).

Bruce, F. F. "John the Baptist," in *New Bible Dictionary*, 3rd ed., ed. J. D. Douglas (Downers Grove: InterVarsity Press, 2006).

Calvin, John. *Institutes of the Christian Religion*, vol. 1, trans. Henry Beveridge (Grand Rapids: Wm. B. Eerdmans Publishing Company, 1981).

Calvin, John. "The Author's Preface," *Commentary on the Book of Psalms*, in *Calvin's Commentaries*, vol. 4, ed. James Anderson (Grand Rapids: Baker Book House, 1998).

Cross, F. L. & Livingstone, E. A. eds. *The Oxford Dictionary of the Christian Church* (Oxford: Oxford University Press, 2005).

Dallimore, Arnold A. *George Whitefield: The Life and Times of the Great Evangelist of the 18th Century Revival*, vol. 1 (Edinburgh: The Banner of Truth Trust, 1995).

_____. *George Whitefield: The Life and Times of the Great Evangelist of the 18th Century Revival*, vol. 2 (Edinburgh: The Banner of Truth Trust, 1995).

Dowley, Tim. *A Lion Handbook: The History of Christianity* (Surry Hills: Anzea Books, 1978).

Edwards, Jonathan. *Religious Affections*, in *The Works of Jonathan Edwards*, vol. 2, ed. John E. Smith (New Haven: Yale University Press, 1959).

_____. *The Works of Jonathan Edwards*, 26 vols. (New Haven: Yale University Press).

Fant, Clyde E. Jr. & Pinson, William M. Jr. *20 Centuries of Great Preaching: Biblical Sermons to Savonarola, A. D. 27-1498*, vol. 1 (Waco: Word Books, 1979).

_____. *20 Centuries of Great Preaching: Wesley to Finney, 1703-1875*, vol. 3 (Waco: Word Books, 1971).

Gerstner, John H. *The Rational Biblical Theology of Jonathan Edwards*, vol. 1 (Powhatan: Berea Publications, 1991).

Gesenius, H. W. F. *Gesenius' Hebrew-Chaldee Lexicon to the Old Testament*, trans. Samuel Prideaux Tregelles (Grand Rapids: Baker Book House, 1984).

Gonzalez, Justo L. *A History of Christian Thought: From Augustine to Eve of Reformation*, vol. 2 (Nashville: Abingdon Press, 1987).

_____. *A History of Christian Thought: From the Protestant Reformation to the Twentieth Century*, vol. 3 (Nashville: Abingdon Press, 1987).

Gould, Ezra P. *The International Critical Commentary: Gospel According to St. Mark* (Edinburgh: T&T Clark, 1983).

Hendriksen, William. *Exposition of the Gospel According to John*, in *New Testament Commentary* (Grand Rapids: Baker Book House, 2004).

_____. *Exposition of the Gospel According to Luke*, in *New Testament Commentary* (Grand Rapids: Baker Book House, 1978).

Holladay, W. L. ed. *A Concise Hebrew and Aramaic Lexicon of the Old Testament* (Grand Rapids: Wm. B. Eerdmans Publishing Company, 1986).

Hollenbach, Paul W. "John the Baptist," in *The Anchor Bible Dictionary*, vol. 3, ed. David Noel Freedman (New York: Doubleday, 1992).

Keynes, J. M. "Alfred Marshall, 1842-1924," *The Economic Journal*, vol. 34, No. 135 (Sep. 1924).

Kim, Seyoon. *The Origin of Paul's Gospel* (Tübingen: J. C. B. Mohr [Paul Siebeck], 1981).

Koehler, L. & Baumgartner, W. eds. *Lexicon in Veteris Testamanti Libors* (Leiden: Brill, 1958).

Lenski, Richard. C. H. *The Interpretation of St. Luke's Gospel* (Minneapolis: Augsburg Publishing House, 1961).

Lindberg, Carter. ed. *The Pietist Theologians: An Introduction to Theology in the Seventeenth and Eighteenth Centuries* (Malden: Blackwell Publishing, 2005).

Lloyd-Jones, D. Martyn. *Knowing the Times: Addresses Delivered on Various Occasions 1942-1977* (Edinburgh: The Banner of Truth Trust, 1989).

_____. *Preaching and Preachers* (London: Hodder & Stoughton, 1998).

_____. *Romans: An Exposition of Chapter 1, The Gospel of God* (Edinburgh: The Banner of Truth Trust, 1985).

Longfellow, Henry W. "The Arrow and the Song," in *The Works of Henry W. Longfellow*, vol. 1 (Dessau: Katz Brothers, 1854).

Luther, Martin. *Operationes in Psalmos 1519-1521*, in *D. Martin Luthers Werke*, Schriften Teil 1, Bd. 5 (Weimar: Verlag Hermann Böhlaus Nachfolger, 2003).

Marsden, George M. *Jonathan Edwards: A Life* (New Haven: Yale University Press, 2003).

Mickelsen, A. Berkeley. *Interpreting the Bible* (Grand Rapids: Wm. B. Eerdmans Publishing Company, 1977).

Moody, William R. *The Life of Dwight L. Moody by His Son* (Eugene: Wipf and Stock Publishers, 2018).

Morris, Leon. *The Gospel According to John*, in *The New International Commentary on the New Testament* (Grand Rapids: Wm. B. Eerdmans Publishing Company, 1995).

Murray, Iain H. *Jonathan Edwards: A New Biography* (Edinburgh: The Banner of Truth Trust, 1987).

_____. *Revival & Revivalism: The Making and Marring of American Evangelicalism 1750-1858* (Edinburgh: The Banner of Truth Trust, 1996).

Needham, George Carter. *The Life and Labors of Charles H. Spurgeon* (Boston: D. L. Guernsey, 1882).

Owen, John. *Of the Mortification of Sin in Believers*, in *The Works of John Owen*, vol. 6, ed. William H. Goold (Edinburgh: The Banner of Truth Trust, 1991).

_____. *The Grace and Duty of Being Spiritually Minded: Declared and Practically Improved*, in *The Works of John Owen*, vol. 7, ed. William H. Goold (Edinburgh: The Banner of Truth Trust, 1988).

Packer, James I. *A Quest for Godliness: The Puritan Vision of the Christian Life* (Wheaton: Crossway Books, 1990).

_____. *Laid-back Religion?: A Penetrating Look at Christianity Today* (Leicester: Inter-Varsity Press, 1993).

Perkins, William. *The Art of Prophesying with the Calling of the Ministry* (Edinburgh: The Banner of Truth Trust, 1982).

Plummer, Alfred. *The International Critical Commentary: Gospel According to S. Luke* (Edinburgh: T&T Clark, 1981).

Purkiser, W. T. *The Biblical Foundations*, in *Exploring Christian Holiness*, vol. 1 (Kansas: Bacon Hill Press, 1983).

SDHS, ed. *The New Testament in Hebrew and English* (Edgware: The Society for Distributing the Holy Scriptures to the Jews, 1993).

Sibbes, Richard. *Josiah's Reformation*, in *The Works of Richard Sibbes*, vol. 6, ed. Alexander B. Grosart (Edinburgh: The Banner of Truth Trust, 1983).

Simeon, Charles. *Memoirs of the Life of the Rev. Charles Simeon*, ed. William Carus (London: Hatchard and Son, 1847).

Spijker, Willem van't. *Calvin: A Brief Guide to His Life and Thought*, trans. Lyle D. Bierma (Louisville: Westminster John Knox Press, 2009).

Spurgeon, Charles H. "Death and Life: The Wage and the Gift," in *The Metropolitan Tabernacle Pulpit*, vol. 31 (Pasadena: Pilgrim Publication, 1986).

_____. "Heart Disease Curable," in *The Metropolitan Tabernacle Pulpit*, vol. 27 (Pasadena: Pilgrim Publication, 1984).

_____. "On Being Diligent in Business," in *A Good Start: A Book for Young Men and Women* (Morgan: Soli Deo Gloria, 1995).

_____. *The Call to the Ministry*, in *Lectures to My Students*, vol. 1 (Pasadena: Pilgrim Publications, 1990).

_____. *The Holy Spirit in Connection with our Ministry*, in *Lectures to My Students*, vol. 2 (Pasadena: Pilgrim Publications, 1990).

Stickelberger, Emanuel. *Calvin*, trans. David Georg Gelzer (Cambridge: The Lutterworth Press, 2002).

Stonehouse, Ned B. *J. Gresham Machen: A Biographical Memoir* (Grand Rapids: Wm. B. Eerdmans Publishing Company, 1954).

Swinnock, George. *Christian Man's Calling*, in *The Works of George Swinnock*, vol. 1 (Edinburgh: James Nichol, 1868).

Thayer, Joseph Henry. *A Greek-English Lexicon of the New Testament* (Grand Rapids: Baker Book House, 1982).

Thomas, Geoff. "The Preacher's Progress: A Biography," in *A Marvelous Ministry: How the All-round Ministry of Charles Haddon Spurgeon Speaks to Us Today* (Ligonier: Soli Deo Gloria Publications, 1993).

Tracy, Joseph. *The Great Awakening: A History of the Revival of Religion in the Time of Edwards & Whitefield* (Edinburgh: The Banner of Truth Trust, 1976).

Watson, Thomas. *The Duty of Self-Denial and Ten Other Sermons* (Morgan: Soli Deo Gloria, 1996).

_____. *The Lord's Prayer* (Edinburgh: The Banner of Truth Trust, 1993).

Wesley, John. *Explanatory Notes upon the New Testament* (New York: Lane & Tippett, 1847).

_____. "Preface," in *The Works of John Wesley*, vol. 5 (Grand Rapids: Zondervan Publishing House, 1872).

Whitefield, George. *A Recommendatory Preface to the Works of Mr. John Bunyan*, in *The Works of the Reverend George Whitefield*, vol. 4 (London: Edward and Charles Dilly, 1771).

_____. "All Men's Place," in *Eighteen Sermons* (New Brunswick: A. Blauvelt, 1802).

Williams, William. *Personal Reminiscences of Charles Haddon Spurgeon* (London: The Religious Tract Society, 1895).

Young, Edward J. *Thy Word is Truth* (Grand Rapids: Wm. B. Eerdmans Publishing Company, 1981).

색인

주제 색인

ㄱ

강인함 42, 134
강학 165
개혁 신앙 87, 92, 93, 202
거룩한 열정 162, 189, 190, 200, 205, 216, 222
거룩한 정서 35, 103, 161, 162, 168, 169, 172, 174, 178, 182, 183, 186, 193, 196, 197, 201, 203, 206, 208, 212, 213, 215, 216, 218, 221, 255
거룩함 57
게으름 46, 96, 97, 98
경건과 학문 148, 202
경건주의 운동 70, 164, 165
경외 32, 60, 169, 179, 187, 203, 237
광야 26, 34, 36, 37, 40, 42, 43, 66, 96, 103, 135, 162, 212, 217, 231, 241, 246, 248, 252, 259
광야 교회 247
교리보다는 삶 165, 166
군자형 110, 111
기도의 신학 209

ㄴ

나의 복음 129
나태 97, 98, 148, 233
놀라운 자유 71

ㄷ

다르다누스에게 89
디지털 중독 83

ㄹ

레드우드 69
로잔 87, 92
리더십 110, 112

ㅁ

메마른 신학자 199
메마른 학생 183, 199
메마른 학자 177, 183
메서디스트 175
메서디스틱 19
목회의 소명 35, 36
몬타누스주의 163
무기력 96

ㅂ

바울 복음의 기원 207
반소키누스주의 244
반지식주의 68, 70
방향키 180
베드로 집사를 위한 신앙론 89
부드러운 마음 184, 185
부흥 24, 73, 74, 85, 165, 191, 192, 193, 197, 200, 214, 236, 237, 242, 255
부흥 운동 70, 71
비평주의 신학 185

ㅅ

사랑의 원자탄 127
선(善) 203
선교 일지 48
성경 원어 77, 80
성령 운동 71
성만찬 87, 91
성학 199
성화 100, 116
소명 30, 35, 36, 37, 40, 41, 43, 47, 55, 58, 125, 134, 195, 206, 207, 211, 216, 252, 253, 254, 257, 258
소인배형 110, 111, 112
수정 자본주의 160
순결 35, 42, 51, 52, 60, 61, 62, 63, 66, 140, 186, 231, 256
스콜라주의 164
스콜라 철학 165
신비주의 운통 164
신안주교회 97
신적 정서 189, 191, 193
신학 함 76, 178, 201, 202, 203, 204

ㅇ

아스테리스크 84
안식년 43, 44
알다 167
어느 신학도의 불행한 귀향 18
열정 69, 83, 84, 85, 86, 94, 109, 122, 161, 162, 163, 164, 171, 172, 173, 181, 182, 183, 187, 188, 189, 190, 191, 194, 195, 197, 200, 205, 212, 213, 216, 217, 218, 220, 222
열정주의 71
영적 무능력 97
영적 불감증 173
영적 성품 123
예의 116
오벨리스크 84
오지안더파 19
1차 대각성 운동 85

ㅈ

자유주의 사상 185
자유주의 신학자 166, 185
자족 147
정동 170, 180
정염 42, 157, 193, 195, 212, 222
제네바 49, 87, 93, 204, 238
종교 개혁 49, 68, 84, 87, 91, 92, 93, 165, 239
종교 개혁자 44, 49, 68, 70, 83, 87, 88, 92, 93
종교 다원주의 166
종교 회담 87, 92
지성주의 70, 164, 237
지성주의 운동 164
진정성 84

ㅊ
창자 176, 177

ㅋ
큰 바위 얼굴 132

ㅍ
평양신학교 154
포스트모더니즘 166
프로슬로기온 198

ㅎ
확인 목록 99
황금의 입 145
회개 17, 32, 46, 62, 76, 142, 155, 169, 182, 194, 227, 228, 229, 230, 235, 236, 240, 241, 253, 255
훈련 27, 37, 47, 90, 94, 95, 122, 123, 139, 144, 147, 148, 162, 213, 218, 231, 235, 237, 252, 256
히포크라테스의 선서 155, 156

인명 색인

ㄱ
간하배 99
교황 요한네스 22세 165
기욤 파렐 49, 87, 93, 239
길선주 57
김세윤 207
김예진 154

ㄴ
너새니얼 호손 132

ㄷ
데이비드 브레이너드 47, 48
드와이트 무디 81

ㄹ
로버트 맥체인 47, 109
로버트 홀 244
롱펠로 119
리처드 맥니머 71
리처드 십스 184

ㅁ
마르틴 루터 84, 93, 198, 199, 200, 204
마이스터 에크하르트 164
마틴 로이드존스 74
메이첸 99
몬타누스 163
미마르 87

ㅂ
박윤선 137
비레 87

ㅅ

사도 바울 60, 83, 206, 207, 218, 246
세례 요한 25, 26, 27, 30, 34, 37, 40, 41, 42, 66, 96, 103, 133, 135, 143, 156, 162, 171, 181, 206, 212, 213, 228, 230, 231, 235, 241, 243, 249, 252, 253, 256, 257, 258
손양원 127

ㅇ

아리스토텔레스 164
아우구스티누스 83, 87, 89, 199
안셀무스 198
앨프리드 마셜 160
얀 판 뤼즈브루크 164
에크 84
엔니오 모리코네 211
요하네스 타울러 164
요한네스 크리소스토무스 88, 145
윌리엄 바클레이 233
윌리엄 퍼킨스 187
이안 머리 197

ㅈ

장 칼뱅 48, 87, 90, 93, 198, 202, 238
장 탕디 91
제임스 패커 69
조나단 에드워즈 73, 85, 93, 170, 200
조셉 얼라인 47
조지 스윈녹 97
조지 휘트필드 48, 69, 73, 99, 101, 151, 175
존 오웬 180, 183, 198
존 웨슬리 47, 69, 72, 73, 150, 175, 200
쥘 미슐레 204

ㅊ

찰스 스펄전 36, 48, 49, 102, 175
찰스 시므온 75
최원초 97

ㅋ

케인스 160

ㅌ

테르툴리아누스 88
토머스 왓슨 54

ㅍ

프로망 87

ㅎ

하인리히 주조 164
한상동 141
헬무트 틸리케 18, 201
호레이셔스 보나 193, 242
호메로스 84
호세아 167, 219, 221

사명선언문

너희가 흠이 없고 순전하여······세상에서 그들 가운데 빛들로
나타내며 생명의 말씀을 밝혀 _ 빌 2:15-16

1. 생명을 담겠습니다
만드는 책에 주님 주신 생명을 담겠습니다.
그 책으로 복음을 선포하겠습니다.

2. 말씀을 밝히겠습니다
생명의 근본은 말씀입니다.
말씀을 밝혀 성도와 교회의 성장을 돕겠습니다.

3. 빛이 되겠습니다
시대와 영혼의 어두움을 밝혀 주님 앞으로 이끄는
빛이 되는 책을 만들겠습니다.

4. 순전히 행하겠습니다
책을 만들고 전하는 일과 경영하는 일에 부끄러움이 없는
정직함으로 행하겠습니다.

5. 끝까지 전파하겠습니다
모든 사람에게, 땅 끝까지, 주님 오시는 그날까지
복음을 전하는 사명을 다하겠습니다.

서점 안내

광화문점 서울시 종로구 새문안로 69 구세군회관 1층
02)737-2288 / 02)737-4623(F)

강남점 서울시 서초구 신반포로 177 반포쇼핑타운 3동 2층
02)595-1211 / 02)595-3549(F)

구로점 서울시 동작구 시흥대로 602, 3층 302호
02)858-8744 / 02)838-0653(F)

노원점 서울시 노원구 동일로 1366 삼봉빌딩 지하 1층
02)938-7979 / 02)3391-6169(F)

일산점 경기도 고양시 일산서구 중앙로 1391 레이크타운 지하 1층
031)916-8787 / 031)916-8788(F)

의정부점 경기도 의정부시 청사로47번길 12 성산타워 3층
031)845-0600 / 031)852-6930(F)

인터넷서점 www.lifebook.co.kr